ADAC
Reiseführer

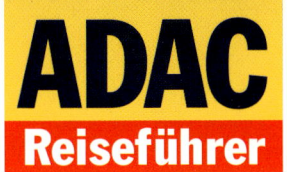

Burgund

von Edda und Michael
Neumann-Adrian

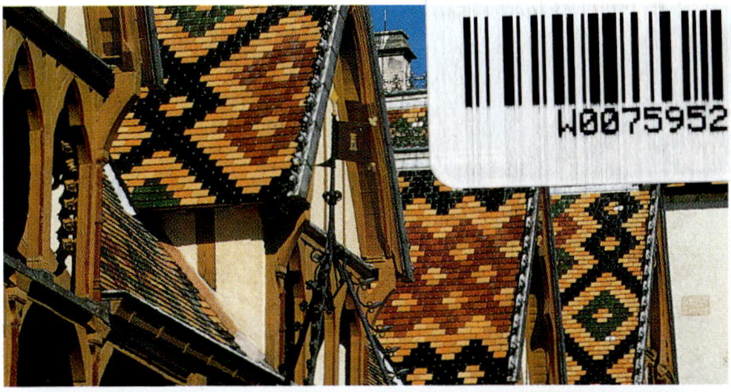

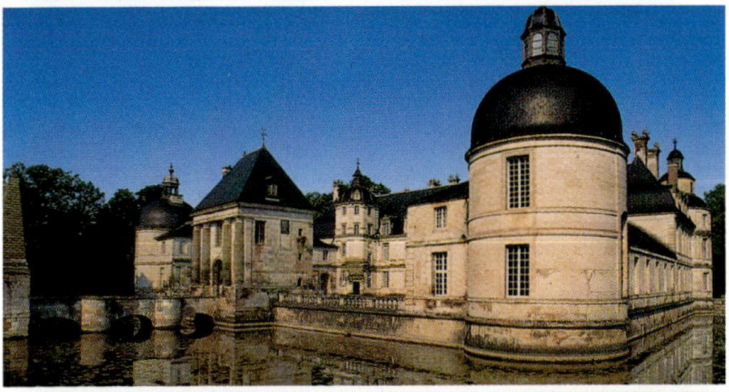

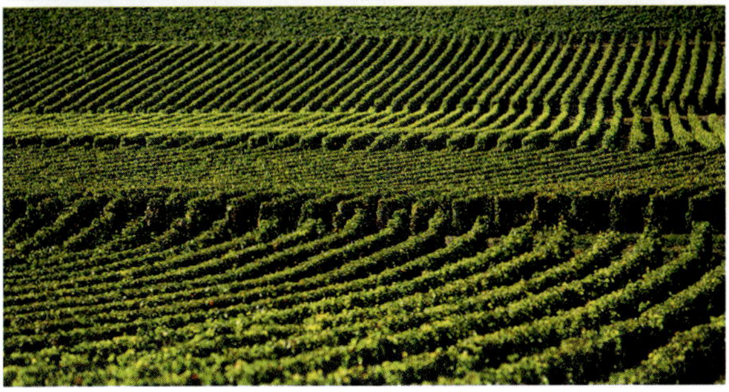

☐ Intro

☐ Unterwegs

☐ Service

Leserforum

Die Meinung unserer Leserinnen und Leser ist wichtig, daher freuen wir uns von Ihnen zu hören. Wenn Ihnen dieser Reiseführer gefällt, wenn Sie Hinweise zu den Inhalten haben – Ergänzungs- und Verbesserungsvorschläge, Tipps und Korrekturen – dann kontaktieren Sie uns bitte:

Redaktion ADAC Reiseführer
ADAC Verlag GmbH
Am Westpark 8, 81365 München
Tel. 089/76 76 41 59
verlag@adac.de
www.adac.de/reisefuehrer

Burgund Impressionen

Die Kunst und die Freude zu leben

Burgund verwöhnt – mit seiner waldreichen **Landschaft** und den stillen Dörfern zwischen den Flüssen Saône, Loire und Seine. Und mit seinen Städten, die alle fußgängerfreundlich, geprägt von der Patina historischer Architektur und voller Leben sind. Burgund verwöhnt mit den **Weinbergen** der Côte d'Or, an denen einige der herrlichsten Rotweine der Erde gekeltert werden. Auch die Liebhaber von Weißwein haben ihre Freude: am Chablis und an den Reben von Pouilly-sur-Loire. Über 200 Weingüter öffnen ihre Keller zur *Dégustation*, zur Weinverkostung, und die meisten noch gratis.

Urlaubsvergnügen und Erholung für Leib und Seele

Die burgundische Gastronomie gehört mit ihren *Produits de terroir*, den frischen Produkten des eigenen Bodens, zu den besten im gelobten Lande der **Gourmets**. Warum sollte französische Küche immer so teuer sein wie an der Côte d'Azur oder in Paris? In Burgund können Genießer tafeln, ohne unmäßig zur Kasse gebeten zu werden. Zugleich ist diese Region ein attraktives Feriengebiet mit Badeseen, Freizeitparks und zahllosen Wanderwegen. Für **Sportler** gibt es Wildwasserfahrten und Drachenflug, Reiterzentren und VTT-Routen (vélo tout terrain = Mountainbike), Golfern stehen etliche 18-Loch-Plätze zur Verfügung. **Kunstfreunde** finden interessante Museen vor, von denen viele neue Qualität gewonnen haben – durch beispielhaft moderne Präsentationen.

Eine burgundische Attraktion ist das Kanalnetz, das das Gebiet vor 200 Jahren industriell erschloss. Heute wird es von **Freizeitkapitänen** und Hausbootlenkern befahren, ganz ohne Umstände und Steuermannspatent. Wer sein Rad mit an Bord nimmt, den erwartet eine besonders schöne Urlaubsvariante. Am Himmel schweben lautlos **Ballonfahrer** dahin und Burgunds Erde öffnet sich für **Grottenfans** und Höhlenforscher.

Nicht zuletzt die Qualität der Unterkünfte trägt zur Attraktivität Burgunds als Ferienland bei. Familiäres Ambiente z. B. bieten die **Chambres d'Hôtes**, Quartiere auf Landgütern, in Mühlen, in Schlössern

Oben: *Burgund, das sind weinlaubgeschmückte Häuser in La Rochepot ...*
Rechts oben: *Dolce vita in Chalon-sur-Saône ...*
Rechts unten: *und dörfliches Ambiente im Weinland – hier ein Blick auf Vergisson*

und urigen Burgtürmen – meistens zu günstigeren Preisen als in vergleichbaren Hotels.

Kirche, Klöster und Keller

»Gute Fahrt ins Paradies der Kirchen und der Keller!« riefen uns die Freunde nach, als wir zur jüngsten Burgundtour aufbrachen. Der **Keller**, sagt man in diesem weinverliebten Land, ist der wichtigste Teil des Hauses und die Kellertreppe führt hinab ins Paradies.

Ein kunsthistorisches Paradies offenbaren die **Kirchen** und **Klöster** des Landes. Das reiche burgundische Erbe der **Romanik** und frühen **Gotik** ist berühmt. Es zählt Hunderte von Kirchen, und anders als in vielen europäischen Regionen wurden sie nicht allerorten barockisiert. Die romantische Begeisterung für das Mittelalter im frühen 19. Jh. rettete viele baufällige und von den Attacken der Grande Révolution geschändete Kirchen und Kathedralen. Auf vordersten Plätzen engagierten sich **Prosper Mérimée** (1803–1870), Autor der Erzählung ›Carmen‹, und **Eugène-Emmanuel Viollet-le-Duc** (1814–1879), der Wegbereiter der modernen Denkmalpflege.

Offenbarung und Rätsel liegen dicht beieinander, dringt man in die Bilderwelt der romanischen **Skulpturen** an den *Kapitellen* von Säulen und Pfeilern und in den *Bogenfeldern* über den Portalen der Kirchen ein. Vieles ist zerstört, doch was erhalten ist, zeugt von Größe. Mit einer Eindringlichkeit, zu der spätere Zeiten selten fanden, sprechen die Szenen der Geburt und Passion Christi, die Gestalten der Apostel und die gemeißelten Visionen vom Jüngsten Gericht. Am Rande

Unten: Burgund ist eine Reise wert: Basilique du Sacré-Cœur in Paray-le-Monial …
Rechts oben: Autun mit seinen romanischen Meisterwerken …
Rechts unten: und das im 19. Jh. wieder erstandene Château de La Rochepot

Kraft und Geheimnis der Kelten

Ein bis zwei Jahrtausende alt sind die Spuren, welche **Kelten** und **Gallorömer** in Burgund hinterlassen haben. Darstellungen von Drachen mit Schlangenleibern und Pferden mit Menschenköpfen, aber auch von Lebensbäumen kennt man aus dem keltischen Gallien. Bei Bibracte und Alesia, heute **Mont Beuvray** und **Alise-Ste-Reine**, trifft man auf zwei der wichtigsten Stätten keltischer Vergangenheit auf französischem Boden. Der einstige Staatspräsident François Mitterrand, der ein Gefühl für die Symbolik des Ortes hatte, gab den Anstoss zur Gründung des *Musée Celtique de Bibracte* am Mont Beuvray und eines benachbarten Forschungszentrums.

In Bibracte hatten im Jahr 53 v. Chr. die Fürsten der keltischen Stämme den Averner **Vercingetorix** zu ihrem kommandierenden General im Verteidigungskampf gegen Caesars Legionen gewählt – vergeblich, wie man weiß. Für sportliche Keltenfreunde wurde 1996 ein 120 km langer Weg *Bibracte–Alesia* eröffnet, auf dem man dem Marsch des Vercingetorix zum Ort seiner Niederlage folgt – zu Fuß, per Rad oder zu Pferd.

dieser Bildprogramme zur Heilsbotschaft entdeckt man dann ganz anderes, Dämonen und fabelhafte Ungeheuer, eine mittelalterliche Fantasiewelt, die noch längst nicht bis ins letzte entschlüsselt ist, aber gleichwohl fasziniert.

Während die Schauplätze der kriegerischen Auseinandersetzungen gut dokumentiert sind, blieben die Poesie der *Druiden* und die ursprüngliche *keltische Religion* weitgehend unbekannt. Die Gestalten keltischer Gottheiten werden zum Beispiel häufig von römischen überformt. Anrührende Zeugnisse keltischer Quellen-Verehrung jedoch werden in **Dijon** bewahrt: holzgeschnitzte Votivfiguren, die zwei Jahrtausende im moorigen Grund der Seine-Quellen überdauerten.

Spirituelles: vom hl. Bernhard bis zu den Buddhisten von La Boulaye

Früh predigten christliche Missionare in der gallorömischen Provinz Gallia Lugdunensis (sie reichte von der Rhône bis zum Atlantik und war benannt nach dem jetzigen Lyon). Viele wurden zu *Märtyrern*, und ihre Reliquien ruhen noch heute in burgundischen Kirchen. Von Burgund, das seinen klangvollen Namen erst im 5. Jh. nach einem versprengten Germanenstamm bekam, und von seinen Reformzentren **Cluny** und **Cîteaux** gingen im 11. und 12. Jh. bedeutende Impulse für die katholische Kirche aus. **Bernhard von Clairvaux**, um 1090 bei Dijon geboren, einer der großen Mystiker des Mittelalters, war zugleich auch politisch aktiver Kirchenführer, gründete 68 Zisterzienserklöster und wurde 1174 heilig gesprochen.

Welche Region Europas hat nicht ihre Heiligen, ihre Kirchen und Wallfahrten? Heute ist im katholischen Burgund die Zahl aktiver Christen ähnlich gering wie anderswo in Frankreich. Wegen zweier erst im 20. Jh. heilig gesprochener Frauen pilgern jedoch Hunderttausende nach **Paray-le-Monial**, dem Ort der Visionen der *Marguerite-Marie Alacoque*, und nach **Nevers** – dort starb *Bernadette Soubirous*, mit deren Marienerscheinungen der Lourdes-Kult begann. Ihre Geschichte erzählte 1941 **Franz Werfel** in seinem Roman ›Das Lied von Bernadette‹, zum Dank für seine Rettung vor dem Hitler-Regime.

Zur gleichen Zeit begann damals im burgundischen Dorf **Taizé** der 2005 ermordete Schweizer Roger Schutz die *Communauté de Taizé* aufzubauen, die über die Grenzen der Konfessionen hinausreicht. Sein ökumenisches Werk arbeitet für Versöhnung und zieht Jahr um Jahr junge Menschen aus aller Welt nach Burgund.

Ein letztes Beispiel für die Vitalität des Spirituellen ist der *Tempel der tausend Buddhas* bei **La Boulaye** südlich von Autun. Seit Ende der 80er-Jahre des 20. Jh. ist mit diesem Heiligtum tibetischer Buddhismus in Burgund heimisch.

Herzöge und andere Prominente

Burgund: eine Großmacht in der europäischen Politik? Die Zeiten haben sich geändert, aber im 15. Jh., dem Jahrhundert der **Großen Herzöge**, reichte das Land bis zur Nordsee. Die Tochter des Herzogs *Karl des Kühnen* war mit dem habsburgischen Kaiser verheiratet, und der Orden vom Goldenen Vlies, 1429 von Herzog *Philipp dem Guten* gestiftet, wurde zur exklusivsten Adelsrunde des Abendlandes. Authentische Zeugnisse dieser Ära sind das *Herzogspalast* in **Dijon** und das *Hôtel-Dieu*, das mittelalterliche Krankenhaus in **Beaune** mit seinem unverwechselbaren glänzenden Buntziegeldach.

Zur burgundischen Prominenz späterer Jahrhunderte gehörten bedeutende **Wissenschaftler** wie der Naturforscher *Georges Louis Leclerc de Buffon* und der Sprachforscher *Pierre Athanase Larousse*, Urvater ganzer Generationen von Wörterbüchern und Enzyklopädien. Bemerkenswerte **Autoren** waren der Nobelpreisträger und Pazifist *Romain Rolland* und die Erzählerin *Sidonie-Gabrielle Colette*.

Wirtschaftlicher Wegbereiter war die **Industriellendynastie** Schneider. Die Familie schuf im Kohle- und Stahlgeschäft um **Le Creusot** ein burgundisches *Ruhrgebiet*. Heute produziert und exportiert Burgund eine breite Palette industrieller Güter im **High-Tech-Bereich**. Gleichzeitig aber gelang der Region das Kunststück, ihr ländlich-traditionelles Bild zu bewahren. Die burgundische Industrie bleibt zwar nicht unsichtbar, aber vielerorts ist sie kaum zu bemerken. Und in den Dörfern, die auch hier von der jüngeren Generation verlassen werden, haben viele Auswärtige ihre Zweitwohnsitze gefunden und tragen damit zur Erhaltung urbaner Strukturen bei.

Links oben: *Fahnen- und Wappenschmuck in den Straßen von Beaune*
Oben: *Zu jeder Kanalreise gehören beschauliche Pausen in den Schleusen*
Unten: *Zu jeder Stadterkundung gehört eine kleine Rast im Restaurant wie hier vor der Maison de Bois in Mâcon*

L'Art et le Plaisir de Vivre

All das gehört zu Burgund, und vieles bleibt unvergesslich: Hausboote, die scheinbar durch Wiesen schwimmen, die weißen Flecken der Charolais-Rinder auf den Weiden, die Stände auf den Jahrmärkten, an denen man mit einer Boule-kugel auf ein Ei zielt und eine Flasche Sekt gewinnen kann, die verschwenderische Blütenpracht der Schwertlilien im Frühjahr und die Feste zur Weinlese im Herbst, die Eleganz der Schlösser und ihrer Parks mit Wassergräben, Pavillons und jahrhundertealten Bäumen. *La Bourgogne vert*, das grüne Burgund, ist für viele eine wunderbare Entdeckung.

L'Art et le Plaisir de Vivre, die Kunst und die Freude zu leben, das ist mehr als nur ein touristischer Slogan. Man könnte auch sagen: Burgund lehrt die Kunst der Lebensfreude.

Der Reiseführer

Dieser Band stellt Burgund in *sechs Kapiteln* vor. Die Autoren beginnen ihre **Rundfahrt** an der Côte d'Or im Osten, in Dijon. Im Uhrzeigersinn setzen sie die Reise über die Départements Saône-et-Loire, Nièvre, Yonne und den nördlichen Teil der Côte d'Or fort, um mit einer Fahrt durch den Morvan-Naturpark im Zentrum zu enden. Detaillierte **Übersichtskarten** und **Stadtpläne** erleichtern die Orientierung. Besondere Empfehlungen zu Sehenswürdigkeiten, touristischen Attraktionen, Hotels, Restaurants etc. bieten die **Top Tipps**. Den Besichtigungspunkten sind **Praktische Hinweise** angegliedert. **Burgund aktuell A bis Z** bietet Nützliches von Informationen vor Reiseantritt über Essen und Trinken, Feste und Feiern bis zu Sport und Verkehrsmittel im Land. Hinzu kommt ein umfassender **Sprachführer**. Ein **Kaleidoskop** mit Kurzessays zu einzelnen Themen aus der Region Burgund rundet den Reiseführer ab.

Geschichte, Kunst, Kultur im Überblick

Römische Eroberung und Großreich der Herzöge, französisches Département und Zentrum des Weinbaus

18000–15000 v. Chr. Besiedelung am Felsen von Solutré bei Mâcon (Funde von Steinwerkzeugen und Knochen).

8./7. Jh. v. Chr. Kelten siedeln in der Region (Hallstatt-Zeit), Warenaustausch mit dem Mittelmeerraum (Funde von Vix bei Châtillon-sur-Seine).

Römer und Gallorömer

125–122 v. Chr. Rom erobert das keltische Gallien von der Provence bis zum Genfer See.

59–52 v. Chr. Caesar unterwirft die nördlichen gallischen Gebiete bis zum heutigen Belgien.

58 v. Chr. Caesars Sieg bei Bibracte (Oppidum der Häduer, heute Mont Beuvray) über die keltische Helvetier.

52 v. Chr. Der gallische Fürst Vercingetorix aus dem Stamm der Averner und sein Heer werden bei Alesia von Caesar besiegt. Caesar schreibt sein Werk ›Der gallische Krieg‹.

1.–4. Jh. n. Chr. Gallorömische Epoche: Das Land wird romanisiert. Römische Städte wachsen: Autun (gegründet um 15 v. Chr.), Mâcon, Nevers, Auxerre, Alesia. Der Weinbau floriert.

4. Jh. Christianisierung in mehreren gallorömischen Zentren.

5. Jh. Zeit der Völkerwanderung. Die ostgermanischen Burgunder sind von der Ostsee an den Rhein gezogen, ihr Königreich um Worms wird 437 von hunnischen Heeren vernichtet. Überlebende Burgunder siedeln sich auf Betreiben der Römer im Gebiet des heutigen Savoyen an. Das neue Königreich Burgund dehnt sich aus und gibt dem Land den Namen Burgund, der jedoch später nur im Gebiet der heutigen Bourgogne erhalten bleibt.

Merowinger und Karolinger

532 Der Burgunderkönig Godomar wird bei Autun von den fränkischen Merowingern geschlagen, die über Gebiete des heutigen Belgiens, Deutschlands und Frankreichs herrschen. Binnen weniger Jahrzehnte wird die Einheit des Merowinger-Reichs durch Erbstreit und Intrigen zerstört, Burgund entsteht neu als eines von drei Teilreichen.

Ende 8. Jh. Karl der Große aus der Familie der fränkischen Karolinger schließt die Territorien zwischen Elbe, Atlantik, Pyrenäen und Oberitalien zu einem Reich zusammen.

843 Im Vertrag von Verdun wird das Reich Karls aufgeteilt. Burgund gehört nun teils zum Westfrankenreich, teils zum Mittelreich und erstreckt sich gen Süden bis zur Provence.

9.–10. Jh. Zeit der Normannenüberfälle. Mit ihren Booten dringen sie flussaufwärts ins Land ein, plündern Städte, Dörfer und Klöster, töten oder entführen die Bewohner.

Ende 9. Jh. Die Königreiche Niederburgund (zwischen Lyon und der Mittelmeerküste) und Hochburgund entstehen; das Lehnsherzogtum Burgund ist von der Westfränkischen Krone abhängig.

910 Gründung der Benediktinerabtei Cluny, von der im 11./12. Jh. nicht nur eine Reform des Benediktinerordens, sondern auch starker

◁ *In einstiger Größe: die Kirche von Cluny*

1098: Gründung von Cîteaux, dem Mutterkloster des Zisterzienserordens

moralischer und politischer Einfluss in Europa ausgeht.

Hochmittelalter

934–1033 Beide burgundischen Königreiche sind zum Königreich Burgund oder ›Arelat‹ vereinigt, das sich von der Schweiz bis ans Mittelmeer erstreckt. Daneben besteht das Herzogtum Burgund ungefähr auf dem Territorium der heutigen Bourgogne in enger Verbindung mit dem französischen Königtum.

1032 Das burgundische Herzogtum fällt an die Kapetinger, eine Nebenlinie des französischen Königshauses.

1032–34 Das Königreich Burgund gehört durch Erbfall zum Deutschen Reich.

11. Jh. Bau großer frühromanischer Kirchenbauten in Burgund: St-Philibert in Tournus, St-Bénigne in Dijon.

11./12. Jh. Nach dem Vorbild der Abteikirche von Cluny III (heute fast ganz

zerstört) entstehen in reichem, eindrucksvoll ornamentierten Stil die Kirchen von Paray-le-Monial, Vézelay und St-Lazare in Autun.

1098 In Cîteaux wird der Zisterzienserorden gegründet, als asketische Gegenbewegung zu den Ordensregeln von Cluny, dessen Baustil die Zisterzienser als anmaßend und monströs kritisieren. Der Zisterzienserorden gründet in den nächsten drei Jahrhunderten Filialklöster in ganz Europa.

12. Jh. Spätromanischer, asketisch klarer Baustil der Zisterzienserklöster (Cîteaux, Clairvaux, Fontenay).

1146 Bernhard von Clairvaux vom Orden der Zisterzienser (um 1090–1153, 1174 heilig gesprochen), führender Kirchenlehrer und Mystiker, ruft in Vézelay zum Zweiten Kreuzzug auf.

1178 Kaiser Friedrich Barbarossa wird in Arles zum König von Burgund gekrönt.

12./13. Jh. Von Norden gelangt der gotische Baustil

nach Burgund: Kathedrale von Sens, St-Étienne in Auxerre, Notre-Dame in Dijon, St-Père-sous-Vézelay.

1361 Im Herzogtum Burgund stirbt die Linie der Kapetinger aus.

Blütezeit Burgunds unter den Großen Herzögen

1363 Die Epoche der vier Großen Herzöge beginnt: Der französische König Johann der Gute übergibt die Herrschaft seinem Sohn Philipp dem Kühnen aus der Familie Valois.

1369 Philipp der Kühne (reg. 1364–1404) heiratet die Erbin von Flandern, Margarete.

1384 Das Herzogtum umfasst die seit 1032 unter deutscher Lehnshoheit stehende Franche-Comté (Freigrafschaft Burgund), das östliche Gebiet um Besançon. Auch das reiche Flandern gehört zu Burgund, der große Einfluss flandrischer Kunst und Kultur in der Bourgogne beginnt. In den folgenden

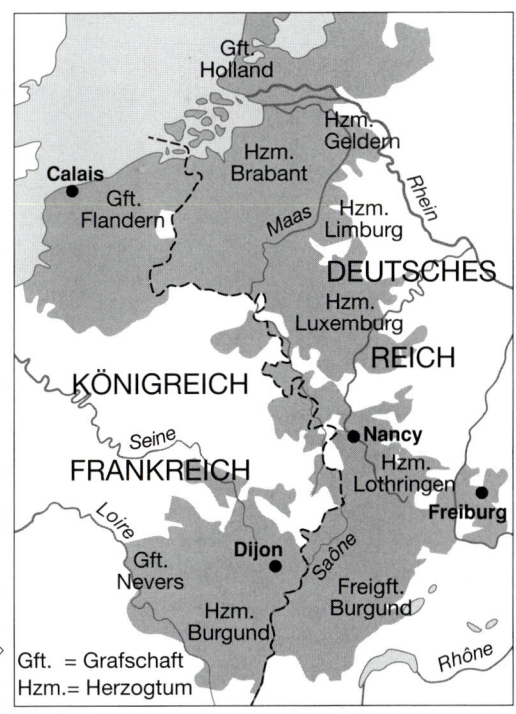

Burgundischer Besitz zur Zeit der Großen Herzöge (1363–1477)

Gft. = Grafschaft
Hzm.= Herzogtum

Philipp der Kühne,
reg.1363–1404

Johann Ohnefurcht,
reg.1404–1419

Philipp der Gute,
reg.1419–1467

Karl der Kühne,
reg.1467–1477

Jahrzehnten gewinnt Burgund auch die Herrschaft über Brabant, die Picardie, den Hennegau und das Herzogtum Luxemburg sowie die Grafschaft Holland bis zu den Inseln Texel und Vlieland.

14. Jh. Spätgotik. Flandrische Künstler arbeiten in Burgund (Kartause von Champmol in Dijon, Mosesbrunnen von Claus Sluter). Der Flamboyantstil prägt Ende des Jahrhunderts die Architektur.

1404–67 Während der Herrschaft der Herzöge Johann Ohnefurcht (reg. 1404–19) und Philipp des Guten (reg. 1419–67) wird das französische Königtum im sog. Hundertjährigen Krieg mit England (1339–1453) geschwächt. Das Herzogtum Burgund wird nun zu einem starken politischen Faktor zwischen den deutschen Ländern und dem Königreich Frankreich. Nicolas Rolin, 1376–1462, der einflussreiche Kanzler Philipps des Guten, ist maßgeblich beteiligt an der Beendigung des Hundertjährigen Kriegs.

um 1450 Rogier van der Weyden vollendet das ›Jüngste Gericht‹ für das Hospiz Hôtel-Dieu in Beaune, eine Stiftung des Kanzlers Nicolas Rolin. 1451 wird die Kapelle des Hôtel-Dieu geweiht.

1467–77 Karl der Kühne (geb. 1433 in Dijon), der letzte der Großen Herzöge, versucht, auch elsässische und lothringische Gebiete zu erwerben, um einen großen Staat von den Alpen bis zur Nordsee zu schaffen. Ohne sein ehrgeiziges Ziel zu erreichen, fällt er im Kampf gegen die schweizerischen Eidgenossen und die Lothringer vor Nancy.

1477 Durch die Heirat mit Maria, der Tochter Karls des Kühnen, erbt der deutsche Kaiser Maximilian von Habsburg das Herzogtum Burgund mit seinen niederländischen Besitzungen.

Graf von Buffon
(1707–1788)

Nicéphore Niépce
(1765–1833)

Burgund wird französisch

1493 Der Kaiser muss die französische Bourgogne an Frankreich abtreten, behält jedoch die Franche-Comté, Flandern, und die übrigen niederländischen Gebiete. Gegenüber dem französischen König wahrt Burgund gewisse Selbstständigkeit (Parlamentssitz ist Dijon).

16. Jh. Als Folge der Reformation wird Frankreich von Religionskriegen erschüttert, auch in Burgund zerstören fanatisch gegen die Heiligenverehrung vorgehende Bilderstürmer mittelalterlichen Figurenschmuck in den Kirchen. Der burgundische Hochadel baut sich Landsitze im Renaissancestil nach dem Vorbild der Loire-Schlösser (Sully, Ancy-le-Franc, Tanlay).

1631 Die Prinzen von Condé regieren als Gouverneure des französischen Königs (bis zur Französischen Revolution).

1683 Der Komponist und Musiktheoretiker Jean-Philippe Rameau wird in Dijon geboren (gest. 1764 in Paris).

1707 In Montbard wird der als Naturforscher und Techniker bekannte Georges Louis Leclerc, Graf von Buffon, geboren (gest. 1788 in Paris).

1765 Joseph Nicéphore Niépce, der Wegbereiter der Fotografie (1816) kommt in Chalon-sur-Saône zur Welt (gest. 1833).

1789 Die Revolutionsregierung führt Départements ein. Das burgundische Territorium ist endgültig ein Teil Frankreichs. In den folgenden Jahren werden geistliche Besitztümer enteignet, teils zum Abbruch freigegeben (Cluny). Radikale Geg-

Das Acker- und Weinland erhält ein industrielles Zentrum: In den Hüttenwerken von Le Creusot, 1858

ner zerstören Kirchen und Heiligenstatuen.

1790 Der frühromantische Dichter und Politiker Alphonse de Lamartine wird in Mâcon geboren (gest. 1869 in Paris).

1832 In Dijon erblickt der Erbauer des Eiffelturms, André Gustave Eiffel, das Licht der Welt (gest. 1923 in Paris).

1836 In Le Creusot erwirbt die Familie Schneider Hüttenwerke und ein Industriezentrum entsteht.

1873 Die Autorin Sidonie Gabrielle Colette (Roman ›Gigi‹) wird in Saint-Sauveur-en-Puisaye geboren (gest. 1964 in Paris).

1878 Schwere Krise des Weinbaus durch die aus Amerika eingeschleppte Reblaus.

1915 Romain Rolland, 1866 in Clamecy geboren (gest. 1944 in Vézelay), Autor und Kriegsgegner, erhält den Literaturnobelpreis.

1934 Gründung der weltberühmten Weinbruderschaft Confrérie des Chevaliers du Tastevin. Ihr Sitz ist seit 1944 Château de la Tour in Clos de Vougeot.

1940 Der junge Schweizer Theologe Roger Schutz gründet die Communauté de Taizé. Der Ort ist bis heute überkonfessionelle Begegnungsstätte.

1940–42 Im Zweiten Weltkrieg verläuft die Grenze zwischen dem besetzten Gebiet und Vichy-Frankreich durch Burgund, 1942 marschieren deutsche Truppen auch im unbesetzten Teil ein. Besonders im Morvan sind Widerstandsgruppen aktiv.

1971 Der Parc Naturel Régional du Morvan entsteht, einer der größten Naturparks Frankreichs.

1972 Unter Staatspräsident Charles de Gaulle wird Frankreich in Regionen eingeteilt. Die Région Bourgogne entspricht im Wesentlichen den alten historischen Grenzen des Herzogtums (ohne Franche-Comté).

1982 Auf der Strecke Paris–Lyon wird Burgund an das Netz des Hochgeschwindigkeitszugs TGV angeschlossen.

1984 Stilllegung der Stahlwerke von Le Creusot. Der Ort wird zum Zentrum moderner Technologien mit touristisch interessanten Industriedenkmälern.

1994/95 Bibracte–Mont Beuvray, ein Kulturprojekt François Mitterrands, mit einem Forschungszentrum und einem keltischen Museum wird eröffnet.

2003 Ein Radwegenetz entlang der burgundischen Kanäle wird aufgebaut und

soll 2008 fertiggestellt werden.

2004 Nach Jahrzehnten mit konservativen Regierungen gewinnen die Sozialisten das Bürgermeisteramt von Dijon und das Präsidentenamt im Regionalrat.

2005 Frère Roger, Gründer der ökumenischen Bruderschaft von Taizé, wird in der Versöhnungskirche erstochen. Sein Nachfolger als Prior des Ordens ist Frère Aloïs.

Frère Roger (12.5.1915–16.8.2005)

2007 Der Architekt, Wissenschaftler und Humanist Sébastien le Prestre de Vauban (1633–1707) aus St-Léger-Vauban wird in ganz Frankreich mit Ausstellungen gefeiert.

Unterwegs

Romantik wie aus dem Bilderbuch: Semur-en-Auxois

Côte d'Or –
Burgen und Burgunderreben

Früher einmal war dies die Côte d'Orient, so genannt nach dem östlichen Hang des Kalksteinplateaus südlich von Dijon. Die Winzer haben sie zur Côte d'Or gemacht, zu einer **Goldküste** der Premier-Cru- und der Grand-Cru-Weine. Auf rund 60 km Länge zwischen Dijon und Chagny erstrecken sich die Rebhänge mit ihren weltweit berühmten Lagennamen wie Nuits-St-Georges oder Gevrey-Chambertin. Auch in ihrem Hinterland, den *Hautes Côtes*, wachsen rassige Burgunderweine. Hier gibt es zudem idyllische Täler, mittelalterliche Burgen sowie Wanderwege und Kletterfelsen. Wie die anderen drei Provinzen der Region Burgund ist das **Département Côte d'Or** eine Folge der Französischen Revolution.

Außer der eigentlichen Goldküste gehören noch das **Val de Saône** südöstlich von Dijon, das stille Pays de Vingeanne und das Pays des Trois Rivières im Nordosten, Teile des **Morvan**, das an Schlössern und Abteien so reiche **Auxois** und im Norden das **Châtillonnais** am Oberlauf der Seine dazu. In dem viertgrößten französischen Département leben auf 8763 km² rund 500 000 Menschen, also fast jeder dritte Einwohner Burgunds. Die Côte d'Or ist eine **Wachstumsregion**, mit vielen neuen Arbeitsplätzen vor allem im Großraum von Dijon. Wein und hohe Lebensqualität bestimmen das Image, allerdings sind immer weniger Menschen in der Landwirtschaft und im Weinbau beschäftigt (knapp 2 % der Berufstätigen, gegenüber 6 % im Bauwesen, 21,5 % in der Industrie und 70,5 % im Dienstleistungsbereich). Dijon ist die Hauptstadt des Départements Côte d'Or sowie der Region Burgund mit TGV-Anschluss und Flugplatz. *Touristisch* übt die Côte d'Or mit ihrer Landschaft, ihren Weinen und ihren Kunstschätzen die stärkste Anziehungskraft in Burgund aus, auch als Wochenendziel.

 Dijon

Plan hintere Umschlagklappe

Die Haupt- und einzige Großstadt Burgunds mit menschlichem Maß – reich an Architektur und Kunst.

In der historischen Altstadt von Dijon gilt seit 1966 ein 97 ha großer Bereich als *Secteur Sauvegarde*: dies ist eine der größten **denkmalgeschützten Zonen** Frankreichs. Vor Jahrzehnten noch heruntergekommen, düster und vom Verkehr erstickt, ist der Stadtkern heute wieder attraktiv. Er ist geradezu ein Musterbeispiel für Restaurierungsarbeit, die den Blick nicht nur auf das historische Mauerwerk richtet, sondern auch auf das moderne Leben hinter diesen Mauern. Die verantwortlichen Politiker arbeiten mit Geschäftsleuten und Hausbesitzern zusammen. Eines der Glanzstücke der Restaurierungen ist die Erneuerung der Markthalle. 1873 nach Pariser Vorbild erbaut, wurde sie 1993–95 detailgenau restauriert. Jetzt sind *Les Halles* mit einem reichhaltigen Angebot an Köstlichkeiten von Käse bis Waldhonig ein belebter Treffpunkt.

Geschichte   Kontinuität über zwei Jahrtausende: Wo im Mittelalter die stolzen Valois-Herzöge ihren Palast bauten und noch heute die Stadt verwaltet wird, hatten einst die **Römer** ihr Castrum Divio (evtl. von fons divinus = göttliche Quelle). Mit der Gründung der *Abtei St-Bénigne* im Jahr 525 gewann der gallorömische Siedlungsplatz an Bedeutung. Ein Halbjahrtausend später wurde er **Hauptstadt** der kapetingischen Herzöge (1015). Als

Von Engeln bewacht: die Skulpturen der Margarete von Bayern und des Johann Ohnefurcht auf ihren prunkvollen Grabmälern im Palais des Ducs zu Dijon

nach wiederum fast 500 Jahren Burgund der französischen Krone unmittelbar unterstellt wurde (1493), erhielt es ein Parlament und eine eigene Gerichtsbarkeit, mit Sitz in Dijon. Seit 1631 residierten die Prinzen von Condé als Gouverneure.

Durch den kurz vor der Revolution begonnenen **Canal de Bourgogne** wurde Dijon nach Jahrzehnten des Niedergangs 1832 zur Hafenstadt, 1851 folgte der Eisenbahnanschluss auf der Strecke Paris–Marseille. Einen Namen machte sich die Stadt auch kulinarisch: für Senf und Senfspezialitäten, Honigkuchen und *Kir*, ein Getränk auf der Basis von Johannisbeerlikör. Dijons Aktivitäten heute: Verwaltung der Region Burgund und des Départements Côte d'Or, Handel und High-Tech-Produktion, Tourismus und Kultur, mit einer Universität, neun Museen, mit Theater und Oper.

Besichtigung Die Besucher Dijons können auf dem ›Rundgang der Eule‹ die einmaligen und historisch bedeutenden Schönheiten der Stadt erkunden. In das Pflaster eingelassene Bronzetäfelchen mit dem Abbild einer Eule markieren 22 herausragende Sehenswürdigkeiten.

Herzstück Dijons ist der Herzogliche Palast, **Palais des Ducs et des États de Bourgogne** ❶ (Mi–Mo 10–18 Uhr), in dessen Mauern heute u. a. das Musée des Beaux-Arts untergebracht ist. Er wird überragt vom **Tour Philippe le Bon** aus dem 15. Jh. – ein fulminanter *Rundblick* lohnt den 316-Stufen-Aufstieg (Ostern–Nov. tgl. 9–17.30, sonst Mi 13.30–15.30, Sa/So 9–15.30 Uhr, Tel. 03 80 74 52 71).

Die klassisch-kühle **Fassade** des Herzogspalasts (Ende des 17. Jh.) entwarf Jules Hardouin-Mansart, der Stararchitekt Ludwigs XIV., der auch das Halbrund des Vorplatzes, der *Place de la Libération,* gestaltete. Mittelalterlich sind die Küchengewölbe, der Innenhof *Cour de Bar* mit Turm, vor allem aber die beiden monumentalen **Grabmäler der burgundischen Herzöge,** Meisterwerke der Skulptur um 1400. Der kreativste der an den Grabmonumenten tätigen Künstler war der Niederländer **Claus Sluter**. Er fand mit seiner einfühlsamen realistischen Darstellung zu einem *Schönen Stil,* der bereits der italienischen Renaissance verwandt ist. Eindrucksvoll ist auch die Reihe der porträthaft gestalteten Trauernden, wenngleich nicht von Sluter geschaffen.

TOP TIPP

Die Marmorgrabmäler mit den überlebensgroßen Figuren **Philipps des Kühnen,** ein Werk Sluters, sowie **Johann Oh-**

nefurchts und seiner Frau **Margarete von Bayern** befanden sich ursprünglich in der Grablege der Chartreuse (Kartäuserkloster) von Champmol westlich von Dijon, erlitten während der Revolution schwere Schäden, konnten aber um 1820 restauriert werden.

Die Grabmäler stehen im wappengeschmückten Festsaal, der *Salle des Gardes*. Sie ist heute samt anderen Räumen Teil des **Musée des Beaux Arts** (Mai–Okt. Mi–Mo 9.30–18, Nov.–April 10–17 Uhr, Tel. 03 80 74 51 51), dessen überbordend reiche Kunstsammlung mehrere Etagen im Ostflügel der Residenz sowie im ausgebauten Dachgeschoss füllt. Von mittelalterlichem *Kunsthandwerk* bis zu französischen Meisterwerken des 19. und 20. Jh. – etwa von Eugène Delacroix, Odilon Redon, Auguste Rodin, Amedeo Modigliani und Pablo Picasso – erwartet den Besucher eine Fülle von Entdeckungen, Kuriositäten und Glanzstücken.

Östlich des Palastes liegen die **Place Rameau** ❷ mit dem *Denkmal* des in Dijon geborenen großen Barockkomponisten *Jean-Philippe Rameau* (1683–1764) und das klassizistische **Théâtre** von 1810/20 – dem Bau wurde Dijons kostbare Ste-Chapelle aus dem 11. Jh. geopfert. In der Rue Vaillant zeigt das **Musée Rude** ❸ (Juni–Sept. Mi–Mo 10–12 und 14–16.45 Uhr, Tel. 03 80 74 52 70) die expressiv-pathetischen Werke des aus Dijon gebürtigen Bildhauers *François Rude* (1784–1855),

der auch die ›Marseillaise‹-Skulptur auf dem Arc de Triomphe in Paris schuf, werden in dieser einstigen Kirche St-Étienne gezeigt.

Ein Stück weiter östlich führt die Straßenflucht zur Doppelturmfassade der Kirche **St-Michel** ❹, die aufgrund ihrer zweihundertjährigen Bauzeit eine eigentümlichen Stilmischung von Gotik und Renaissance aufweist (um 1500).

In das Viertel der Händler und Handwerker *Notre-Dame* gelangt man gen Nordwesten über die Rue Jeannin. Dies ist eine ideale Gegend zum Bummeln zwischen Fachwerkgiebeln, Runderkern und Treppentürmchen, Antiquitätenläden und Pubs wie dem *Brighton* (33, rue Auguste-Comte). Alle haben sie nostalgischen Charme: die Rue Vannerie (= Korbmacher), die Rue Chaudronnerie (= Kupferschmiede) – mit den Fassadenfiguren der **Maison des Cariatides** ❺ im Haus Nr. 28 –, die Rue Verrerie (= Glasbläser) und die krumme Rue de la Chouette (= der Eule) im Schatten der monumentalen Notre-Dame.

Notre-Dame und Markt

Die Eule zu streicheln, möglichst mit der linken Hand, bringt Glück, und darum ist die kleine steinerne Figur an einem Strebepfeiler der Kirche **Notre-Dame** ❻ schon ganz abgenutzt. Eingezwängt zwischen die Häuser der Umgebung ragt die einzigartige **Fassade** auf – mit reichem

Die Riege der Wasserspeier-Attrappen über dem Westportal der Kirche Notre-Dame – gotische Steinmetzkunst, die im 19. Jh. vor dem gänzlichen Verfall gerettet wurde

Im vitalen Herzen der Altstadt von Dijon: die Rue des Forges – die Schmiedestraße – mit ihren vielen geschichtsträchtigen Häusern, Fachwerkfassaden und Stadtpalästen

gotischen Figurenschmuck, vor allem mit falschen Wasserspeiern, die von den Restauratoren des 19. Jh. sorgfältig erneuert wurden.

Kostbarster Kirchenbesitz ist die Schwarze Madonna, **Notre-Dame de Bon Espoir** aus dem 12. Jh., die Schutzpatronin Dijons. Die Statue gilt als eine der ältesten hölzernen Marienskulpturen Frankreichs. Stadtsymbol ist ferner die Figur des **Jacquemart**, der stündlich die Glocke anschlägt, eine Kriegsbeute Philipps des Kühnen nach der Schlacht von Courtrai (Kortrijk, 1382). Die Dijoner stellten dem Glöckner später Weib und Kinder zur Seite, Jacqueline, Jacquelinet und Jacquelinette.

Sprühend von Leben präsentiert sich die Rue Musette, mit ihren Kleiderhändlern, Confiserien und Bouquinisten. Ein kurzer Abstecher führt zur prächtig erneuerten Markthalle **Les Halles** ⑦. Am schönsten ist es vormittags, wenn viele Käufer sich um die pittoreske Fülle der Käse-, Gemüse-, Fisch-, Fleisch- und Gebäckstände drängen. Dienstags, freitags und samstags ist auch in den Straßen rundum Markttag.

Weiter geht es zur Rue des Forges (= der Schmieden), wo fast jedes Haus seine Geschichte hat – so auch das **Hôtel Chambellan** ⑧ mit spätgotischem Innenhof und einem Treppenturm, wie man in ganz Burgund keinen schöneren finden wird (hier befindet sich auch das *Office de Tourisme*). Die Namen und – in Kurzform – die Geschichten der ›Hôtels particuliers‹, der Stadtresidenzen reicher Herren, sind auf Metalltafeln zu lesen. Ein Treffpunkt ist die **Place François-Rude** ⑨ mit dem *Bareuzai-Brunnen* – Bareuzai ist der ›Traubentreter mit den roten Socken‹ – an der Rue de la Liberté, der Straße der Kaufhäuser und Läden.

Wer Jugenstilarchitektur liebt, geht zur weiträumigen Place Grangier hinüber.

und findet auf einem schmalen Grundstück zwischen Rue du Château und Rue du Temple das originellste **Art-Nouveau-Wohnhaus** ❿ Burgunds mit exotischen Pavillondächern über den Erkern (Architekt: Louis Perreau, um 1905). Vom selben Architekten stammt übrigens auch das gegenüberliegende neobarocke und 1995 restaurierte *Hôtel de la Poste* (= Postamt) in der Rue du Château.

Südlich des Zentrums: noch mehr Museen

Südlich der Place Darcy begegnet man eindrucksvollen Zeugnissen der burgundischen Vergangenheit: Das respektable **Musée Archéologique** ⓫ (5, rue du Docteur Maret, Mitte Mai–Sept. Mi–Mo 9–18, Okt.–Mitte Mai Mi–So 9–12.30 und 13.35–18 Uhr, Tel. 03 80 30 86 23) in der einstigen Abtei St-Bénigne ist reich an keltischen, römischen, merowingischen Funden. Gezeigt werden z. B. die hölzernen Votivfiguren des 1. Jh. vom Quellheiligtum der Seine [s. S. 112] und der Münzschatz von Verdonnet. Sehenswert ist auch der berühmte Christustorso vom Mosesbrunnen in Champmol [s. S. 24].

In der benachbarten **Cathédrale St-Bénigne** ⓬ trifft man auf älteste Bauschichten burgundischen Christentums: Unter der Kathedrale aus dem 13. Jh. liegen Reste mindestens zweier älterer Kirchen, die geräumige *Krypta* des 11. Jh. und das *Märtyrergrab* des Apostels von Burgund, des hl. Benignus († 179 n. Chr.). Vögel und Vogelmenschen schmücken die *Säulenkapitelle*, ein östlicher Nebenraum wird als Kapelle eines Marienheiligtums aus dem 9. Jh. gedeutet.

Wie St-Bénigne ist auch die kleine romanische Kirche **St-Philibert** ⓭ an der Rue Michelet während der Revolution schwer beschädigt worden. Seither wurde dort kein Gottesdienst mehr gehalten. In der Kirche **St-Jean** ⓮ eine Straßenecke weiter östlich wird heute Theater gespielt. Nur während der Aufführungen des TNDB, *Théâtre National Dijon-Bourgogne* und der oft hochkarätigen Gastspiele kann man die Flamboyant-Gotik des Innenraums bewundern. Für eine Pause bietet sich dann die **Place Emile-Zola** ⓯ an, mit Brunnen unter schönen Platanen. Das gastronomische Angebot ist hier vielfältig: türkisch und italienisch, mexikanisch und marokkanisch.

Zu einem Juwel der französischen Museumslandschaft avancierte das **TOP TIPP** ▸ **Musée de la Vie Bourguignonne** ⓰ (15–17, rue Ste-Anne, Mai –Sept. Mi–Mo 9–12.30 und 13.30–18, Okt.–April 9–12 und 14–18 Uhr, Tel. 03 80 44 12 69) im ehem. Zisterzienserkloster. Höhepunkt der Ausstellungen ist die *Straßenzeile* mit original eingerichteten Geschäften aus dem alten Dijon. Auf Videoschirmen sieht man Berichte von Zeitzeugen über die Vergangenheit. Im gleichen Gebäude residiert auch das *Musée d'Art Sacré*.

Am Ende der Rue Ste-Anne zeugt eine barocke Fassade mit Heiligenfiguren vom alten Bernhardinerinnenkloster **Chapelle Ste-Anne** ⓱. Über die Place des

Seit der Erneuerung der Markthalle ist Dijon um ein urbanes Zentrum reicher

Dijon, die Hauptstadt der Region Burgund, zeigt sich im historischen Zentrum mit dem Charme der gebremsten Moderne

Cordeliers gelangt man wieder in herzogliches Ambiente. Im **Palais de Justice** ⑱, einst Amtsstätte des Obersten Gerichtshofs Burgunds, wird auch gegenwärtig noch Recht gesprochen. Die Besichtigung der Prachträume, z. B. des 39 m langen *Salle des Pas Perdus* mit hohem Holzgewölbe und des *Goldenen Zimmers* von 1522, ist darum eingeschränkt.

Zwei Straßen weiter und wenige Schritte von den eleganten Arkaden des herzoglichen Palasts entfernt ist das nach seinem Stifter benannte **Musée Magnin** ⑲ (4, rue des Bons-Enfants, Di–So 10–12 und 14–18 Uhr, Tel. 03 80 67 11 10) in das *Hôtel Lantin* aus dem 17. Jh. eingezogen. Das Nationalmuseum präsentiert eine erlesene Sammlung mit Werken europäischer Meister der Renaissance, des Barock und des 19. Jh.

Das grüne Dijon

Zum **Jardin Botanique** ⑳ fährt man am besten mit dem Auto, etwa über die **Place Darcy**, mit großen Kinos, kleinen Cafés und der repräsentativen *Porte Guillaume*, die an Dijons benediktinischen Reformer des 11. Jh., Guillaume de Volpiano, erinnert. Im Botanischen Garten liefert das naturkundliche **Muséum – Jardin des sciences** (Mo, Mi–Fr 9–12 und 14–18, Sa/So 14–18 Uhr, Tel. 03 80 76 82 76) im Pavillon de l'Arquebuse ein attraktives Beispiel moderner Ausstellungskonzeption: Interaktiv und kindgerecht informiert *Le Monde Animal: Miroir du Milieu* (Die Welt der Tiere: Spiegel der Umwelt) vor allem über die Flora aber eben auch über die Fauna Burgunds. Im 1994 eröffneten **Pavillon du Raines** (1, avenue Albert Ier, Mo, Mi–Fr 9–

Ein Kunstwerk im Schönen Stil des 15. Jh. ist Ziel eines Ausflugs zur Chartreuse de Champmol: der berühmte ›Mosesbrunnen‹ des nach Dijon berufenen Flamen Claus Sluter

12 und 14–19 Uhr, Sa/So 14–19 Uhr, Tel. 03 80 76 82 76) werden Wechselausstellungen präsentiert.

Eine Kostbarkeit hochmittelalterlicher Kunst sind die Reste der **Chartreuse de Champmol** ㉑ (1 bd. Chanoine Kir, auf dem Krankenhausareal, Führungen im August), der einstigen Grablege der Herzöge von Burgund. Das **Kirchenportal** mit den Gewändefiguren und der **Mosesbrunnen**, Puits de Moïse, von Claus Sluter blieben erhalten. Vor allem die lebensgroßen *Prophetengestalten* des Brunnens mit dem faszinierenden Ausdrucksernst von Gesicht und Gesten verfehlen ihre Wirkung nicht. Nach einer Restaurierung befinden sich die Originale inzwischen allerdings im archäologischen Museum [s. S. 22] der Stadt.

Zu dem 300 Jahre alten **Parc Colombière** ㉒ am südlichen Stadtrand, in dem einst die Prinzen von Condé ein Schloss am Ufer der Ouche unterhielten, fährt man wegen des herrlichen Baumbestands, zum Spazierengehen oder zum Joggen.

i Praktische Hinweise

Information

Pavillon de Tourisme, place Darcy, Dijon, Tel. 0 89 27 05 58 (0,34 €/Min.), Fax 03 80 42 18 83

Office de Tourisme, 34, rue des Forges, Dijon, Tel. 0 89 27 05 58 (0,34 €/Min.), Fax 03 80 30 90 02, www.dijon-tourism.com

Parkmöglichkeiten

Im Zentrum werktags 9–19 Uhr kostenpflichtig, Tiefgaragen 19–7.30 Uhr günstiger

Sport

Complex Multiloisirs du Cap Vert, rue du Cap Vert, Quetigny (5 km östlich von Dijon), Tel. 03 80 46 14 44. Moderne Freizeitanlage mit Aquapark, Wildwasserfluss, Bowling, Billard, Fitness- und Schönheitszentrum.

Golf de Quetigny Bourgogne, rue du Golf, Quetigny, Tel. 03 80 48 95 20. 18-Loch-Golfplatz mit Übungscenter.

Golf Dijon Bourgogne, Bois de Norges, Norges-la-Ville (8 km nördl. Dijons), Tel. 03 80 35 71 10.

Hotels

****Hostellerie du Chapeau Rouge**, 5, rue Michelet, Dijon, Tel. 03 80 50 88 88, Fax 03 80 50 88 89, www.chapeau-rouge.fr. Eleganter französischer Stil in den Zimmern und ein Michelin-Stern für den Küchenchef Frachot.

***Philippe le Bon**, 18, rue Sainte-Anne, Dijon, Tel. 03 80 30 73 52, Fax 03 80 30 95 51, www.hotelphilippelebon.com. Ruhiges und zentrales Hotel mit Restaurant ›Les Œnophiles‹ (=Die Weinliebhaber).

Le Jacquemart, 32, rue Verrerie, Dijon, Tel. 03 80 60 09 60, Fax 03 80 60 09 69, www.hotel-lejacquemart.fr. Liebevoll eingerichtetes Haus ohne Restaurant.

Restaurants

Chez Panpan-Au Buffon, 28, rue Buffon, Dijon, Tel. 03 80 65 39 91. Typisch burgundische, hausgemachte Gerichte (So abends geschl.).

Le Pré aux Clercs, 13, place de la Libération, Dijon, Tel. 03 80 38 05 05. Von Michelin mit einem Stern ausgezeichnete Küche (Chef: Billoux), entsprechendes Preisniveau (So abends und Mo geschl.).

Kir, Kir Royal und Félix Kir

Johannisbeerlikör und Weißwein – dass diese gut miteinander harmonieren, weiß man heute auch jenseits der Grenzen Burgunds. Ursprünglich aber ist diese Mixtur eine Erfindung des Dijoner Bürgermeisters der Nachkriegsjahrzehnte, **Félix Kir** (1876–1968). Er erfand die authentische Mischung von einem Fünftel **Cassis** oder **Crème de Cassis** (mindestens 15 % Alkohol) zu vier Fünfteln **Aligoté**, einem trockenen burgundischen Weißwein.

Je nach Geschmack darf der Cassis-Anteil verändert werden. Es muss auch keineswegs immer Aligoté beigemischt werden, es kann durchaus mal ein anderer trockener Weißwein sein.

Wer den Cassis mit **Champagner** als **Kir Royal** genießt, hat sich allerdings schon ein gutes Stück von Dijon entfernt. Nur einem Gerücht zufolge gibt es dort übrigens einen Lac Kir mit 20 % Cassis-Gehalt.

2 Auxonne, Château de Talmay, Abbaye de Cîteaux

Garnisonsstadt mit Erinnerungen an Napoleon, ein hübsches Schloss und das bedeutende Zisterzienserkloster Cîteaux.

Über die Autobahn nach Besançon ist das idyllisch gelegene **Auxonne** mit dem Wagen rasch zu erreichen oder auch gemütlich im Hausboottempo auf der Saône. Freundlich provinziell mutet das 8000-Einwohner-Städtchen an mit seinen übergroßen, teils von Vauban erbauten **Befestigungsanlagen** aus der Ära Ludwigs XIV. Napoleon diente hier 1787–89 als junger Leutnant, und 1791 weilte er noch einmal für einige Zeit in der Stadt. Folglich gibt es das in einem Festungsturm eingerichtete **Musée Bonaparte** (Mai–Mitte Okt. tgl. 10–12 und 15–18 Uhr, Tel. 03 80 31 15 33, nach Einfahrt in die Stadt über die Saône rechts halten, ausgeschildert) mit Napoleon-Memorabilien. Sehenswert ist auch die Kirche **Notre-Dame** (13. Jh.) mit einer in Burgund seltenen gotischen Vorhalle.

Ein vierschrötiger Burgturm aus dem Mittelalter schaut auf die um 1760 erneuerten Flügel des **Château de Talmay** (Führungen Juli–Sept. Di–So 15–18 Uhr, für Gruppen nach Anmeldung ganzjährig, Tel. 03 80 36 13 09) 20 km nordöstlich von Dijon herab. Die Anlage präsentiert sich im typischen, klassizistisch getönten französischen Barock. Mauern, Wassergraben und dichtes Parkgrün umschließen den Adelssitz. Zu besichtigen sind Innenräume mit prächtigen *Decken*, und vom *Schlossturm* kann man weit in die Landschaft blicken.

24 km südwestlich von Dijon biegt man an der Kreuzung D 996/D8 ab und fährt nach etwa 400 m in nördlicher Richtung links. Eine Kastanienallee führt zum einst mächtigen Kloster **Abbaye de Cîteaux**, dessen Originalbauten leider nicht erhalten sind (Führungen für max. 25 Pers., Dauer ca. 2 Std.: Juli/Aug. Mo–Sa 9.45–18.30, So 12–1830 Uhr, Mai/Juni und Sept. Mo–Sa 9.45–12.45 und 14.15–18 Uhr, Tel. 03 80 61 32 58, www.citeaux-abbaye.com). Das Mutterkloster des **Zisterzienserordens** wurde 1098 von Robert von Molesmes gegründet. Es bestand bis zur Revolution, wurde 1790 aufgehoben und um 1900 von Zisterziensermönchen erneu-

Für die Besucher von Cîteaux: eine Ausstellung in drei Sprachen

Entsagung, Fleiß und Gottesnähe: die Zisterzienser

Cîteaux leitet sich vom romanischen Wort für ›Schilf‹ her. Der Name ist deshalb Programm dieses 1098 gegründeten Ordens, weil den Zisterziensern die **Abkehr** von zivilen Bequemlichkeiten, ein Leben in unwegsamer sumpfiger Wildnis und unter harten Bedingungen, nicht zuletzt mit körperlicher **Schwerstarbeit** der konsequenteste Weg zu Gott schien. Ihre **Klöster** gründeten sie daher abgelegen von Städten, die Architektur war betont schlicht und funktional (z. B. keine Kirchtürme, nur Dachreiter wie in Fontenay und Pontigny). Die zisterziensische **Ordensgründung** geschah in Opposition zu Cluny, wo Ritus und Repräsentation hoher Wert beigemessen wurde.

Bereits in den ersten Jahrzehnten gewann der Orden weitreichende Bedeutung dank des sowohl spirituellen als auch politischen Genies des **hl. Bernhard**. Er wurde Abt von Clairvaux, einer frühen Filialgründung Cîteaux'. Obwohl Mystiker, rief er 1146 zum Zweiten Kreuzzug auf.

Zisterziensermönche sahen eine ihrer Aufgabe darin, aus der Wildnis fruchtbares Land zu machen. Daher entwickelten sie sich im Mittelalter zu **landwirtschaftlichen Experten** (Melioration, Pflanzenzucht, Weinbau, Fischzucht) Zisterzienserklöster gab es bald in ganz Europa, besonders auch östlich der Elbe (insgesamt 1500 Klostergemeinschaften).

ert. Heute gehören dem Orden etwa 1300 Mitglieder an, der Generalabt residiert in Rom.

Auch während der Andachten der Mönche darf man in die flachgewölbte klassizistische **Kirche** eintreten (Andachten tgl. 7, 9.30, 12.45, 14.30, 18, 20 Uhr, Messe So 10.30, 17.15 Uhr). Der Raum ist schmucklos bis auf die Blumen am Altar und drei Glasfenster, die in sanften Farben Maria mit dem Kind, die Taube des Heiligen Geistes und Engel zeigen. Sanft klingt auch der Chorgesang der Mönche, die sich in ihren weißen Kutten versammeln.

Einen Besuch wert ist außerdem der *Klosterladen* (Di–Sa 10–12 und 14.15–17.30, So 9–10.05, 11.45–12.05, 14.30–18 Uhr), in dem der viel gelobte, von den Mönchen hergestellte Käse, Honig, Kunsthandwerk und Bücher verkauft werden.

i Praktische Hinweise

Information

Office de Tourisme, 11, rue de Berbis, Auxonne, Tel. 03 80 37 34 46, Fax 03 80 31 02 34, www.ot-auxonne.fr

Unterkunft

*****Chambres d'Hôtes Mme Royer-Cottin ›Les Laurentides‹, 27, rue du Centre, Athée (5 km nördl.), Tel./Fax 03 80 31 00 25. Attraktives Ambiente, ausgezeichnete regionale Küche und großer Garten.

3 Côte de Nuits

Das gelobte Land der burgundischen Spitzenlagen: über 30 Grands Crus!

Nur knapp 30 km fährt man von Dijon bis Nuits-St-Georges [Nr. 4], aber ein Tag reicht kaum für diese wohl schönste Strecke durch burgundisches Weinland – schon gar nicht, wenn man sich zu Weinproben verlocken lässt [s. S. 130]. Noch vor den ersten Weinbergen der *Route des Grands Crus* weist im Dijoner Vorort Chénove ein Schild zum **Pressoir des Ducs de Bourgogne** (Mairie, Mitte Juni–Sept. 14–19 Uhr oder nach Anmeldung, Tel. 03 80 52 82 83), zu den herzoglichen Weinpressen aus dem 13. Jh. In Chénove biegt man von der N 74 auf die D 122 ab um zur Route des Grands Crus zu gelangen. Diese führt oberhalb von Autobahn und Nationalstraße beschaulich durch **Rebhänge**, die sich bis zum Waldsaum in der Höhe hinaufziehen.

Weinberge der Côte d'Or bei Beaune, südlich der Côte de Nuits: edle Rotweine aus der Pinot-noir-Traube, die in Deutschland ›Spätburgunder‹ heißt

Reizvoll sind auch die Orte – mit Feldsteingemäuer, alten Kirchen, mit verwunschenen Parks und lebendigen Restaurants oder Bistros. Sehenswert sind z. B. das Rosé-Zentrum **Marsannay-la-Côte** und das Städtchen **Couchey** um die Place Charles-de-Gaulle.

In **Fixin** schließlich steigt man zum *Parc Noisot* hinauf und findet dort unter turmhohen Kiefernwipfeln François Rudes' pathetisches Napoleon-Denkmal, das einst ein ›Capitaine‹ der kaiserlichen Garde gestiftet hat. Im benachbarten **Fixey** steht die aus dem 10. Jh. stammende, älteste Kirche der Côte d'Or (beim Restaurant ›Au Clos Napoléon‹ abbiegen).

Über **Gevrey-Chambertin** ragt das mittelalterliche **Château** (Führungen mit Degustationen nach Vereinbarung, Tel. 03 80 34 36 77) auf, eines der vielen Schlösser an der Côte d'Or. Durch die bewohnte Burganlage führt die Besitzerin ihre Gäste und lässt sehr beredt, auch in Englisch, ein Stück Mittelalter lebendig werden. Zudem lohnt die **Kirche** mit ihrem romanischen Portal einen kurzen Besuch. Und die *Cave Coopérative* (Caveau du Chapître, 1, rue de Paris, Tel. 03 80 52 82 82) bietet eine große Auswahl von Côte-de-Nuits-Weinen.

Mit seinen Herrenhäusern und Parks ist **Chambolle-Musigny** eines der schönsten Weindörfer. Südlich davon liegt inmitten von geradezu legendären Rebhängen ein mächtiges, unter Weinfreunden weltberühmtes Burggemäuer, **Château de la Tour** in **Vougeot** (April–Sept. Mo–Fr 9–18.30, Sa bis 17 Uhr, Okt.– März 9–11.30 und 14–17.30, Sa bis 17 Uhr, Tel. 03 80 62 86 09, www.chateau delatour.com). Seinen Ruf verdankt es arbeitsamen Mönchen des 12. Jh.

TOP TIPP

Die Zisterzienser legten ein **Musterweingut** an, die Weinfreunde machten die Burg der Mönche zum Sitz der 1934 gegründeten Weinbruderschaft **Confrérie des Chevaliers du Tastevin** (www.tastevin-bourgogne.com). Ihr Festgepränge, z. B. bei Umzügen, imponiert nicht nur Touristen aus den USA und ihre Image-Kampagne für Burgunderweine ist hocheffizient.

Weinpressen wie für Riesen und edles *Trinkgerät* sind im historischen Gemäuer des Château zu besichtigen. Im Dorf gibt es die exzellenten Clos-Vougeot-Weine zu kaufen.

Letzter Ort vor Nuits - St - Georges ist **Vosne-Romanée**, eines der kleinsten Weindörfer, aber zugleich dank seiner 26 ha Grand-Cru-Weinlagen die kostbarste Rebflur der Côte de Nuits.

ℹ **Praktische Hinweise**

Information

Office de Tourisme, 1, rue Gaston Roupnel, Gevrey-Chambertin, Tel. 03 80 34 38 40, Fax 03 80 34 15 49, www.ot-gevreychambertin.fr

Hotel

****Château Hotel André Ziltener, rue de la Fontaine, Chambolle-Musigny, Tel. 03 80 62 41 62, Fax 03 80 62 83 75, www.chateau-ziltener.com. Stilvolles Schloss in schöner Lage mit einem Keller bester Weine.

Restaurants

Au Clos Napoléon, 4, rue de la Perrière, Fixin, Tel. 03 80 52 45 63. Ländlicher Charme und doch preisgünstig (So abends und Mo geschl.).

Chez Guy, 3, place de la Mairie, Gevrey-Chambertin, Tel. 03 80 58 51 51. Große überdachte Terrasse, sommers Jazz (Mi geschl.).

 Les Gourmets, 8, rue de Têt, Marsannay La Côte, Tel. 03 80 52 16 32. Gekrönt mit einem Michelin-Stern, hervorragende Weinkarte und verlockend aktuelle Küche (Di mittags, So abends, Mo geschl.).

4 Nuits-St-Georges

Liebenswerte Wein-Kleinstadt mit archäologischen Attraktionen.

An die 30 Keller erwarten hier Gäste zur **Weinprobe**, und die ist zumeist gratis. Das 5000-Einwohner-Städtchen, Zentrum der Côte de Nuits, bietet Cafés, Läden und sogar ein Kino. Die Kirche St-Symphorien ist romanisch-gotisch und durchaus sehenswert.

Ein Kinderarzt aus Dijon entdeckte 1964 eine der größten galloromanischen Siedlungen Burgunds, **Les Bolards** (Route de Seurre, Museumsführungen: Tel. 03 80 62 01 37). Das Museum zeigt die Funde aus zwanzigjähriger Grabungsarbeit. Die Stätte selbst ist ganzjährig zu besichtigen, in den Feldern östlich der Stadt, nahe der Autobahnauffahrt.

Im **Musée de Nuits-St-Georges** (12, rue Camille-Rodier, Mai–Okt. Mi–Mo 10–12 und 14–18 Uhr, Tel. 03 80 62 01 37) sind keltische und gallorömische Exponate aus Les Bolars präsentiert, von ganzfigurigen, auch porträtähnlichen *Grabstelen* bis zu den Rekonstruktionen von *Tempeln*, die dem keltischen Mars (1. Jh.) und Mithras (2./3. Jh.) geweiht waren. Außerdem: dekorativer *merowingischer Schmuck* und Erinnerungen an den Krieg von 1870/71.

Eine noch junge Attraktion ist das **Cassissium** (av. du Jura/rue de Frères Montgolfier, April–Mitte Nov. tgl. 10–13 und 14–19, sonst Di–Sa 10.30–13 und 14–17.30 Uhr, Tel. 0380624970, www.cassissium.com), ein dem traditionellen Johannisbeerlikör Cassis [s. S. 25] gewidmetes Museum in einer modernen Halle, mit Film, Führung durch die Produktion, Probeausschank und Boutique. Ausgezeichnet als ›site remarquable du gout‹.

i Praktische Hinweise

Information

Office de Tourisme, 3, rue Sonoys, Nuits-St-Georges, Tel. 03 80 62 11 17, Fax 03 80 61 30 98, www.ot-nuits-st-georges.fr

Ein ehrenvolles Amt, burgundische Weine zu verkosten und ihren Ruf zu pflegen! Die ›Confrérie des Chevaliers du Tastevin‹ ist darin seit Jahrzehnten erfolgreich

Die Erfahrung und Arbeit der Kellermeister ist besonders wichtig: Pascal Marchand sorgt für die Weine von Clos des Epeneaux in Pommard

Einkaufen

Fruitrouge, Isabelle et Sylvain Olivier, Hameau de Concœur (ca. 5 km nordwestlich), Tel. 03 80 62 36 25. Fruchtsäfte, Fruchtliköre und Konfitüren aus den Beeren der Hautes-Côtes de Nuits, vitaminschonend hergestellt.

Hotels

***La Gentilhommière**, 13, vallée de la Serrée, Nuits-St-Georges (1,5 km westlich, rte. de Meuilley, D 25),Tel. 03 80 61 12 06, Fax 03 80 61 30 33, www.lagentilhommiere.fr. Ehem. Jagdhaus mit Park, nicht zu teuren Zimmern, edlem Restaurant ›Le Chef Coq‹ (Di und Mi mittags geschl.).

****Ibis**, 1, avenue de Chamboland, Nuits-St-Georges, Tel. 03 80 61 17 17, Fax 03 80 61 26 33, www.ibishotel.com. Am südlichen Ortsrand nahe Schwimmbad und Tennisplatz, modern, praktisch.

5 **Beaune** *Plan hintere Umschlagklappe*

Ganz auf Gäste eingestellt: die Hauptstadt der Burgunderweine mit dem berühmten Hospital des Kanzlers Nicolas Rolin.

Beaune bezaubert – nur sollte man möglichst nicht gerade zur Hochsaison kommen. Denn im alten **Weinhandelsort** drängen sich im Juli und August die Gäste in Überzahl um das berühmte Hospiz, auf den Restaurantterrassen und beim Verkosten in den Kellern der Stadt: den ›Caves des Cordeliers‹, den ›Caves Patriarche‹, den ›Caves Reine Pedauque‹ und noch Dutzenden mehr. Dijon ist Capitale de la Bourgogne, die Hauptstadt Burgunds, aber Beaune nimmt den Titel der *Capitale de Bourgogne* in Anspruch, Hauptstadt der Burgunderweine.

Geschichte Von Quellheiligtümern der keltischen Gottheit *Belenes* (latinisiert Belenus) leitet Beaune seinen Namen her, im 1. Jh. v. Chr. soll die Siedlung bei den Quellen der Aigue und der Bouzaise gegründet worden sein. Im Mittelalter füllten die Flüsschen die Verteidigungsgräben um die Stadt, die im 10.–14. Jh. Ge-

Die Stunde des Auktionators – hier bei den ›Trois Glorieuses‹ in Beaune

Rogier van der Weydens ›Jüngstes Gericht‹ (um 1450; Ausschnitt) im Hospiz von Beaune

richtssitz, zeitweise auch Residenz der burgundischen Herzöge war. Die Stadt und ihre vielen Klöster wurden reich durch den Weinhandel, heute ist sie das wichtigste Weinzentrum Burgunds. Nicht nur die Gewölbe der Bastionen wurden zu Weinlagern. Beaune ist über Weinkellern erbaut, manche führen zwei und drei Stockwerke tief hinab.

Besichtigung Auf und an der **Place de la Halle** ❶ ist für leibliche Genüsse gesorgt: Jeden Mittwoch wird ein *Schlemmermarkt* gehalten, ein zweiter Markt am Samstag, und in der **Markthalle** mit dem breiten Satteldach findet alljährlich am dritten Sonntag im November die spektakuläre *Versteigerung der Hospiz-Weine* statt, die sehr viele Besucher anzieht.

Das Hospiz selbst, das **Hôtel-Dieu** ❷ (April–Nov. tgl. 9–18.30, sonst 9–11.30 und 14–17.30 Uhr, Tel. 03 80 24 45 00, www. hospices-de-beaune.com), wendet dem Platz eine lang gestreckte, unauffällige Fassade zu. Erst beim Eintritt in den Hof

imponieren die wohlproportionierten **Arkaden** und die – früher schiefergrauen, erst seit 1905 farbig glasierten – Ziegel der **Dächer**, die zum Wahrzeichen Beaunes wurden. Als Museum zieht dieses berühmteste mittelalterliche **Krankenhaus** Europas heute über 400 000 Besucher jährlich an. »Ich, Nicolas Rolin, Chevalier, Bürger der Stadt Autun, Herr von Authume im Bistum Besançon, Kanzler von Burgund«, beginnt die *Stiftungsurkunde* des Jahres 1443. Gemeinsam mit seiner Frau Guigone – die Buchstaben N & G und beider Wappen sind allerorten im Hospiz zu entdecken – sorgte er für einen musterhaften Bau und für das Kapital zum Unterhalt: In Gestalt bester Weinbergslagen erwirtschaftet das Hôtel-Dieu bis heute Renditen, die mehrere Altenpflegeheime in Beaune finanzieren.

Im **Krankensaal** (Grand' Salle oder Salle des Pôvres) – in dem man noch nach dem Zweiten Weltkrieg Kranke versorgte –, in der Kapelle und in der Küche wurde die alte Einrichtung wieder hergestellt, vielleicht in allzu makelloser Frische. **Ausstellungssäle** zeigen medizinisches Gerät und Gemälde von Wunderheilungen.

Der kostbarste Schatz des Hospizes, das grandiose ›**Jüngste Gericht**‹ **Rogier van der Weydens**, wurde um 1450 gemalt und stand den Siechen des Krankensaals in der angrenzenden Kapelle unmittelbar vor Augen, als Teil einer spirituellen Therapie. Jetzt begegnet man Rogiers Werk in einem eigenen, abgedunkelten Raum, **Salle du Polyptyche**. Man kann sich so ganz auf die vielteilige Komposition spätmittelalterlicher *Heils- und Urteilsverheißung* konzentrieren. Die erstaunlich feinen malerischen Details sind mit Hilfe eines tellergroßen Vergrößerungsglases, das auf einer Schiebebühne vor dem Bild entlanggeführt wird, gut zu betrachten.

Ein Rundgang durch den Ort kann dann über die **Place Fleury** ❸ führen, mit dem *Hôtel de Saulx*, das Jean de Saulx, dem Amtsvorgänger Nicolas Rolins gehörte, auf Nr. 13. Weiter geht es zur **Rue Maufoux** ❹ mit ihren Patrizierhäusern aus dem 16. Jh. Das *Hôtel Thiroux de St-Félix*, Nr. 33, hat einen besonders schönen Renaissance-Innenhof. Man steigt zu den platanenbestandenen **Remparts des Dames** ❺ hinauf, zum hübschen Spazierweg auf der ehem. Stadtmauer, von

Im Innenhof des Hôtel-Dieu in Beaune ▷

der hier noch die *Tour des Dames* erhalten ist, heute ein mehrstöckiges Weinlager. Ein Abstecher nach Westen führt in den **Parc de la Bouzaize** ❻, mit Teich, Spielplätzen und Tiergehegen, und weiter in die Weinberge. Dann geht es wieder zurück in die Altstadt. Man schlendert über den **Square des Lions** ❼ rechts zur *Place Marey* mit der renommierten Stadtbibliothek im einstigen Nonnenkloster **Couvent des Minimes** ❽ und dem *Marey-Denkmal* für den Physiologen und Erfinder Étienne-Jules Marey, dem man auch noch im Museum begegnen wird.

Die Stiftskirche **Notre-Dame** ❾, gegründet 1120, ist nach dem Hôtel-Dieu der architektonisch wertvollste Bau. Das *romanische* Gepräge wurde später verändert, zeigt auch gotischen Flamboyantstil, im Chor Glasfenster in leuchtendem Rot und Grün und als kostbare Stiftung aus dem 15. Jh. einen Zyklus von **Tournai-Tapisserien** mit Darstellungen des Marienlebens. Schöne *Wandmalereien* blieben in der Kapelle Jean Rolins, des Bischofs von Autun, erhalten. Sie wurden 1975 unter einem Kalkanstrich wieder entdeckt.

TOP TIPP Das interessanteste Weinmuseum Burgunds, **Musée du Vin de Bourgogne** ❿ (April–Nov. tgl. 9.30–18 Uhr, sonst Mi–Mo 9.30–17 Uhr, Tel. 03 80 22 08 19, www.musees-bourgogne. org) ist von Notre-Dame über die Rue Paradis/Rue d'Enfer zu erreichen. In den Räumen des ehem. Herzogspalasts erlebt man anderthalb Jahrtausende Weinbau-

geschichte. Den Abschluss bilden **Aubusson-Tapisserien** des 20. Jh., u. a. mit Wein- und Tiermotiven von Jean Lurçat (1948). Im Hof steht ein **Modell** der historischen Stadt mit ihren Bastionen.

Weiter geht es durch die Rue du Paradis und über die Place au Beurre zur Place Monge mit ihrem Stadtturm, dem **Beffroi** ⓫ aus dem 14. Jh. Hier wie an der Rue Lorraine ist das Mosaik jahrhundertealter Architektur besonders dicht. Die Kapelle zum **Hospice de la Charité** ⓬, eines von Nicolas Rolin gegründeten Waisenhauses, hat meisterliche schmiedeeiserne *Chorgitter*.

Das **Musée Marey** ⓭ (Hôtel de Ville, zzt. geschl., z.T. im Musée Beaux-Arts, Tel. 03 80 24 56 92, www.musees-bourgogne. org) ist dem Arzt *Étienne-Jules Marey* (1830–1904), Bürger von Beaune, gewidmet. Er erfand das ›fotografische Gewehr‹, mit dem er bereits 1882 zwölf Bilder pro Sekunde auf einer Glasplatte aufnehmen konnte. Marey gehört daher mit Muybridge, Eakins und Anschütz zu den Pionieren des Kinos.

An der nahen **Porte St-Nicolas** ⓮, die 1770 als Triumphbogen erbaut wurde, trifft man auf das **Théâtre Municipal de Beaune**, errichtet 1862, und im einstigen Winzerviertel auf die Kirche **St-Nicolas** ⓯ mit einem Tympanon, das den hl. Nikolaus als Kinderretter darstellt.

Der Rückweg kann über die *Wälle* führen: Rempart de la Comédie mit der **Tour Blondeau** (rue Marey), benachbart die einstige Hinrichtungsstätte *Place Mo-*

Der Krankensaal im 1443 gestifteten Hospiz Hôtel-Dieu zu Beaune. Fürsorge für die Notleidenden war eine der größten Aufgaben mittelalterlicher Caritas

Zu den Kunstschätzen im Hospiz von Beaune gehören Tapisserien mit Darstellungen von Frömmigkeit und wunderbaren Heilungen. Auch die Seele der Kranken wurde umsorgt

rimont mit der Kirche **St-Jacques** ⑯, Rempart St-Jean mit der **Tour Renard** ⑰ und Rempart Madeleine. An der Rue de l'Hôtel-Dieu stand im 13. Jh. das Franziskanerkloster. Übrig geblieben sind nur die weitläufigen Keller, die **Caves Reunies du Couvent des Cordeliers** ⑱ (April–Okt. tgl. 9–19 Uhr, sonst bis 18 Uhr, Tel. 03 80 25 08 85). Bei einer Besichtigung kann man die vorzüglichen Weine und Sekte verkosten. Die Rue Rolin führt wieder zur Place Carnot und **Petite Place Carnot** ⑲. Ein Abstecher geht zu einer Wallfahrtsstätte, der Kirche des Karmeliterinnenklosters **Chapelle St-Étienne** ⑳ an der Place Ziem, zu der sogar Ludwig XIV. gepilgert sein soll.

Für Kunstfreunde ein lohnendes Ziel: das **Musée des Beaux-Arts** ㉑ (Porte Marie de Bourgogne, April–Nov. tgl. 14–18, sonst Mi–Mo 14–18 Uhr, Tel. 03 80 24 56 92, www.musees-bourgogne.org). Die gallorömischen und merowingischen Funde sind ebenso interessant wie die Gemäldesammlung (15.–19. Jh.) mit Bildern *Félix Ziems* (1821–1911) – kaum bekannter Impressionist und Orientalist aus Beaune.

Ausflüge

Landschaftlich sehr reizvoll ist der Besuch der Weinorte mit den Spitzenlagen der Côte de Beaune (Ladoix-Serrigny, Aloxe-Corton, Pommard, Volnay, Puligny-Montrachet, Chassagne-Montrachet, Santenay), noch attraktiver jedoch eine Rundfahrt durch die **Hautes-Côtes de Beaune** (40 km), z. B. auf folgender Route: über *Aloxe-Corton* auf schmalen Straßen nach *Magny-les-Villers, Marey-les-Fussey* auf der D 18 und der D 2 nach *Bouilland* und schließlich nach *Savigny-les-Beaunes*. Romantische Täler mit gewundenen Bachläufen wechseln mit stillen Wäldern, Rapsfeldern, Johannisbeerbüschen (für den Cassis!) und Wiesen. An den Sonnenhängen gedeihen Reben, dann wieder sieht man steile Felswände. Im Tal der Rhoin locken ideale *Picknickplätze*, aber auch kleine Restaurants, wie die **Auberge St-Martin** (Tel. 01 69 78 26 19) in Bouilland. Im Wanderer- und Reiterland der Hautes-Côtes können sich übrigens auch Klettersportler erproben, und für Mountainbiker gibt es Routen aller Schwierigkeitsgrade. Technikfans finden im Schloss von Savigny-lés-Beaune das **Musée de la Moto, de l'Aviation et de la Voiture de Course** (April–Okt. tgl. 9–18.30, sonst 9–12 und 14–17.30 Uhr, Tel. 03 80 21 55 03, www.chateau-savigny.com) u. a. mit historischen Motorrädern. Auch die schlosseigenen Weine sind zu verkosten.

An Bord des *Chemin de Fer de la Vallée de l'Ouche*, einer nicht nur bei Kindern beliebten touristischen **Mini-Dampfeisenbahn** (Mai–Sept. So, Juli/Aug. tgl., Tel. 03 80 20 17 92) mit offenen Wagen auf 60-cm-Spurweite fährt man durch die hübsche, friedliche **Vallée de l'Ouche**, die sich gern mit dem Beinamen burgundische Schweiz schmückt. Der Zug fährt in *Bligny-sur-Ouche,* 18 km nordwestlich von Beaune, ab.

ℹ️ Praktische Hinweise

Information
Office de Tourisme, 1, rue de l'Hôtel Dieu, Beaune, Tel. 03 80 26 21 30, Fax 03 80 26 21 39, www.ot-beaune.fr

Parkmöglichkeiten
Im Zentrum von Beaune 9–12.30 und 14–19 Uhr gebührenpflichtig, gratis u. a. Place Madeleine und Boulevardring

Einkaufen
Maison Champy, 5, rue Grenier à Sel, Beaune, Tel. 03 80 25 09 99, Fax 03 80 25 09 95. Älteste Weinhandlung Burgunds (seit 1720). Neben Führungen durch die Kelteranlagen veranstaltet die Inhaberin auch Kurse für Kinder. Sie sollen den Geschmack oder/und Geruch von Früchten, Säften, Gewürzen und Hölzern unterscheiden lernen - und absolvieren damit eine Vorschule für künftige Weinkenner.

Comptoir Viticole, petite place Carnot, Beaune. Das Angebot an Utensilien, die der Weinkenner begehrt, ist groß. Winzerkörbe, Gläser und vieles mehr.

Le Taste Fromage, 23, rue Carnot, Beaune. Köstlicher Käse vom Fachmann.

Spielcasino
Casino de Santenay, 9, avenue des Sources, Santenay, Tel. 03 80 26 22 44. Roulette, Black-Jack, Baccara, Bar und Restaurant. 20 km südlich von Beaune.

Hotels
TOP TIPP ***Château de Challanges**, rue des Templiers, Beaune, Tel. 03 80 26 32 62, Fax 03 80 26 32 52, www.chateaudechallanges.com. Schlosshotel inmitten eines Parks mit gediegener Atmosphäre und schöner Ausstattung. Edle Weine.

***Des Remparts**, 48, rue Thiers, Beaune, Tel. 03 80 24 94 94, Fax 03 80 24 97 08,

Allseits beliebt: Beaunes Fußgängerzone mit ihren vielen Spezialitätenläden, in denen man von Wein und Käse bis zu Mode und Möbeln alles findet, was das Herz begehrt

Vielerorts bietet sich in Burgund Gelegenheit zu Heißluftballon-Ausflügen mit einzigartigem Blick auf Wein- und Waldgelände

www.hotel-remparts-beaune.com. Komfortables Haus in ruhiger Altstadtlage.

***Grillon**, 21, route de Seurre, Beaune, Tel. 03 80 22 44 25, Fax 03 80 24 94 89, www.hotel-grillon.fr. Außerhalb der Altstadt, ruhig, mit großem Garten.

L'Auberge Bourguignonne, 4, place Madeleine, Beaune, Tel. 03 80 22 23 53, Fax 03 80 22 51 64. Gutes Hotel und Restaurant (Mo geschl.) mit traditioneller, freundlicher Einrichtung.

Restaurants

Aux Vignes Rouges, 45, rue Maufoux, Beaune, Tel. 03 80 24 71 28. Der Koch bereitet die regionalen Speisen im Blick-feld der Gäste zu (Di/Mi geschl.).

Bernard Morillon, im Hotel Le Cep, 31, rue Maufoux, Beaune, Tel. 03 80 22 35 48. Renommiertes Restaurant in altem Gebäude (Mo, Di Mittag, Sa Mittag geschl.).

Le Caveau d'Arche, 10, bd. Perpreuil, Beaune, Tel. 03 80 22 10 37. Schönes Gewölbe, bezahlbare Preise (So und Mo geschl.).

Le Cheval Blanc, im Hotel Central, 2, rue Victor Millot, Beaune, Tel. 03 80 24 77 24. Bodenständige Gourmet-Küche (Mi geschl.).

6   Nolay und La Rochepot

Städtchen im Hinterland und ein wieder erstandenes Schloss aus der Zeit der Großen Herzöge.

Täler, für die das Wort romantisch keine Übertreibung ist, das leuchtende Gelbweiß steiler Kalkfelsen, entlegene Dörfer und Städtchen, die sich den Dornröschenschlummer aus den Augen reiben – das ist die Landschaft westlich der Côted'Or-Weinberge. In Nolay am kleinräumigen Marktplatz wurde ein bemerkenswertes Bauwerk renoviert. Es handelt sich um die quadratische **Markthalle** aus dem 14. Jh. mit einem riesigen, lavasteingedeckten Dach über kunstvoller Zimmermannsarbeit aus Kastanienholz. In der *Rue Sadi Carnot* stehen ein Standbild sowie das Geburtshaus von **Lazare Carnot** (1753–1823), der während der Revolution die Volksheere der ›Levée en masse‹ aufstellte und als *Organisateur de la victoire* in die Geschichte der Grande Nation einging. Wanderwege finden sich rund um den Ort, in Nolay selbst lockt ein Restaurant, das einen Umweg wert ist.

TOP TIPP   Einem Nachfahren Carnots ist die Rettung des **Château de La Rochepot** (Juli/Aug. Mi–Mo 10–18 Uhr, April–Juni, Sept. Mi–Mo 10–11.30 und 14–17.30 Uhr, Okt. Mi–Mo 10–11.30 und 1 4–16.30 Uhr, Tel. 03 80 21 71 37, www.larochepot.com) zu verdanken. Es liegt etwa 5 km östlich von Nolay, oberhalb

Zu Füßen des Château de La Rochepot liegt das gleichnamige hübsche Dorf

vom Dorf La Rochepot. Während der Revolution zum Abriss verkauft, entstand das Schloss seit 1893 samt Zugbrücke und Ziehbrunnen neu. In diesen Mauern wurde einst Philippe Pot (1428–1494), der Kämmerer Karls des Kühnen, geboren.

Tausendschaften von Besuchern sind fasziniert von dieser Privatburg im Schmuck ihrer burgundisch farbigen Ziegel. Gezeigt werden die Gotische Kapelle, der Saal der Wachen, der Speisesaal und die Küche. Wunderbare und wunderliche Antiquitäten gibt es zu sehen, **Tapisserien**, **Waffen** und **Pretiosen**, bis hin zur Nachbildung des 1970 in der Nähe gefundenen schwergoldenen *merowingischen Armreifs* von 1,3 kg Gewicht, dessen Original im Musée Archéologique in Dijon [s. S. 22] aufbewahrt wird. Der Ausblick vom **Turm** ist prächtig, und ein Turmgemach überrascht mit seiner chinesischen Einrichtung, die die letzte chinesische Kaiserin dem Marineminister *Sadi Carnot* schenkte. Heute möchte mancher Denkmalschützer die Lackschnitzereien – da nicht authentisch – wieder entfernen. Doch der Betrachter bleibt davon unberührt.

Im **Dorf** La Rochepot errichteten Benediktiner aus Flavigny im 12. Jh. eine *romanische Kirche* mit außerordentlich schönen Säulenkapitellen.

Wegen der dramatischen Felsformationen lohnen Abstecher zum **Cirque au Bout du Monde**, einem Talkessel mit hufeisenförmigen Steilwänden und dem *Wasserfall* bei Vauchignon (ca. 4 km nördlich von Nolay) sowie zu dem malerischen Weindorf **St-Romain**, das tief im Tal und auf der Höhe darüber etwa 6 km nördlich von Rochepot liegt. Ein beschilderter Rundweg führt durch die halbüberwachsene *Burgruine* im pittoresken **St-Romain-le-Haut**, auf der Gegenseite des Tals wird eine vorgeschichtliche Stätte erschlossen.

ℹ️ Praktische Hinweise

Information

Office de Tourisme, Maison des Halles, 24, rue de la République, Nolay, Tel./Fax 03 80 21 80 73, www.nolay.com

Hotels

**L' Hostellerie Mediévale, 8, place de l'Hôtel de Ville, Nolay, Tel. 03 80 21 71 89, Fax 03 80 21 81 18. Im Zentrum der idyllischen Kleinstadt.

7 Meursault

Hügelstadt und Weißwein-Kapitale.

Die besten weißen Chardonnay-Weine reifen um Meursault. In den mittelalterlichen Kellern des **Château de Meursault** (6. Jan.–19. Dez. 9.30–12 und 14.30–18 Uhr, Tel. 03 80 26 22 75, www.meursault.com) kann man sie stilvoll verkosten. Die *Orangerie* des Schlosses sowie eine *Sammlung moderner Kunst* in den Salons sind zu besichtigen. Sehenswert sind auch die Kirche **St-Nicolas** mit hohem gotischem Turm, nach dem Vorbild der Kathedrale von Autun [Nr. 15] erbaut, und das **Hôtel de Ville** in den Mauern der einstigen mittelalterlichen Burg.

i Praktische Hinweise

Information

Office de Tourisme, 9, place de l'Hôtel de Ville, Meursault, Tel. 03 80 21 25 90, Fax 03 80 21 61 62

Hotels

***Les Charmes du Temps Passé**, 10, place Murger, Meursault, Tel. 03 80 21 63 53, Fax 03 80 21 62 89. Haus des 18. Jh., schattiger Park, kein Restaurant.

Les Arts, 4, place de l'Hôtel de Ville, Meursault, Tel. 03 80 21 20 28, Fax 03 80 21 63 58. Zentral gelegenes Hotel mit Garten und einem Speisesaal aus dem 14. Jh.

Restaurant

Relais de la Diligence, 23, rue de la Gare, Meursault, Tel. 03 80 21 21 32. Gute, preisgünstige Küche (Dez. Di abends und Mi geschl., auch Hotel).

Le Sainte-Marie, 38, rue de la République, Nolay, Tel. 03 80 21 73 19. Nettes Haus mit günstigem Restaurant.

Restaurant

Le Burgonde, 35, rue de la République, Nolay, Tel. 03 80 21 71 25. Lokal mit kulinarischen Auszeichnungen, angenehm und gepflegt (Febr. und Di/Mi geschl.)

Edle Tropfen soweit das Auge reicht: im Weinkeller des Château de Meursault

Saône-et-Loire – Südburgund, Kunst und Natur in Fülle

Der imposante Felssporn von **Solutré** ist die bedeutendste vorgeschichtliche Fundstätte Burgunds, die **Abtei von Cluny** war einst ein burgundisches Rom, Zentrum christlicher Erneuerung, in **Autun** schuf Meister Gislebertus die berühmte *Eva*, in Schloss und Park **Cormatin** ist die Renaissance zu neuem Leben erwacht – das sind nur einige der historischen Höhepunkte dieser Landschaft zwischen der Saône, die mit der Rhône zum Mittelmeer strömt, und der Loire, die unterwegs zum Atlantik ist. Das **Chalonnais** und das **Mâconnais**, beide weingesegnet, das **Autunois** um Autun, die bäuerliche **Bresse Bourguignonne** mit ihrem Geflügel, das **Brionnais** und das **Charolais**, Land der Rinderzüchter, schließlich **Le Creusot-Montceau**, das Areal einer schon legendären industriellen Erfolgssaga – sie alle gehören zum Département Saône-et-Loire. Es gibt viele Attraktionen, die diese Region zum touristischen Reiseziel machen. Kelten und Römer hinterließen markante Spuren, und aus der Zeit der Romanik sind über 250 Kirchen erhalten. Das reiche *Kulturerbe* dokumentieren zudem rund 70 Museen sowie 189 Burgen und Schlösser. Und es werden alljährlich mehr als ein Dutzend Festspiele mit Theater, Musik und Straßenkünstlern zelebriert. Ein Netz von Wasserstraßen (300 km) versetzt *Hausbootkapitäne* in Ferienstimmung. Nicht zuletzt sind es Entdeckungen und Begegnungen, die Südburgund zum Erlebnis machen – sei es mit dem Chocolatier Bernard Dufoux in **La Clayette** oder mit den freundlichen *Buddhisten* von **La Boulaye**, mit einem charmanten Ehepaar, das in historischem Gemäuer *Chambres d'Hôtes* vermietet oder mit dem Kustos des *Fotografie-Museums* in **Chalon-sur-Saône**, der Heimatstadt des Erfinders Nicéphore Niépce. Das Land zwischen Saône und Loire ist für mehr als einen Urlaub gut.

8 Chalon-sur-Saône

Plan Seite 40

Die Heimat des Erfinders der Fotografie.

Von oben lässt sich die schöne Anlage dieses Orts besonders gut erkennen: der alte Stadtkern an der Saône, die bebaute **Doppelinsel** St-Laurent mit ihren Brückenbögen, die baumbestandenen Uferpromenaden, das gotische Turmpaar der *Cathédrale St-Vincent* und die steilen Doppelpylone der modernen, 350 m langen Brücke im Norden. ›Le pont le plus mince de France‹, die schlankste Brücke Frankreichs hat man diesen **Pont du Nord** genannt.

◁ *Mittelalter-Romantik in Bourbon-Lancy*

Geschichte Hafen der Gallier, Caesars Versorgungslager, *Hauptstadt* des Merowingerkönigs Guntram, wichtiger Umschlagplatz der Burgunderherzöge, Zentrum des Weinbaugebiets **Côte Chalonnaise** und bis heute eines der lebhaftesten Verkehrskreuze im Süden Frankreichs, das alles ist die 56 000-Einwohner-Stadt Chalon-sur-Saône. Seit dem 19. Jh. wurde der Wasserweg des Canal du Centre wichtig, im 20. Jh. kamen Autobahn und TGV hinzu.

Besichtigung In seinem alten Stadtkern zeigt sich Chalon-sur-Saône freundlich und gar nicht touristisch aufgeputzt. Zu den Attraktionen gehört der bunte **Straßenmarkt** am Sonntag Vormittag mit Gemüse, Käse und Meerestieren ebenso wie das Musée Nicéphore Niépce mit Erinnerungen an den nicht hinreichend berühmten Erfinder der Fotografie, das Flusspanorama mit der Insel St-Laurent ebenso wie die Auswahl an guten Restaurants.

Ein Rundgang könnte vom modernen Zentrum (Parkplätze) um die Place Général-de-Gaulle und den gründerzeitlich pompösen **Palais de Justice** ❶ in die Altstadt führen: entlang den Läden der **Grand'Rue** ❷ und vor der Saône-Brücke links auf die **Cathédrale St-Vincent** ❸ zu. Die gotische Fassade wurde im 19. Jh. sensibel erneuert und 1996 restauriert. Um das ursprünglich romanische Kirchenschiff (Baubeginn 11. Jh.) liegen Seitenkapellen im Flamboyant-Stil. Im Umkreis der Place St-Vincent finden sich viele Antiquitätenläden, Patisserien und andere Delikatessgeschäfte.

Über die **Place du Châtelet** ❹ geht es rechts weiter in die Rue St-Georges, dann durch einen Torgang links in die Rue Oratoire, zur **Maison Nicéphore Niépce** ❺, dem mitten in der Altstadt gelegenen Geburtshaus des Foto-Pioniers. Die Rue au Change führt zur Place de l'Hôtel de Ville mit dem **Musée Denon** ❻ (Mo, Mi–Sa 9.30–12 und 14–17.30 Uhr, Tel. 03 85 94 74 41) in einem ehem. Kloster. Wie ein Kuriositätenkabinett zeigt es Möbel, Mammutknochen, persische, chinesische, afrikanische Exponate und dicht gehängte Gemälde aus dem 17.–19. Jh. Auf der Rue du Port Villiers gelangt man zur Saône, zum Quai des Messageries 28 und dort ins **Musée Nicéphore Niépce** ❼ (Juli/Aug. Mi–Mo

TOP TIPP

Noch vor Daguerres Erfindung: die erste Kamera, ausgestellt im Musée Nicéphore Niépce

10–18, Sept.–Juni Mi–Mo 9.30–11.45 und 14–17.45 Uhr, Tel. 03 85 48 41 98), das sich das ›erste europäische Museum der Fotografie‹ nennt: Bereits 1860 wurde mit dem Sammeln begonnen. Chalon heißt übrigens auch ›la Ville de l'Image‹, die Stadt des Bildes. Niépce (1765–1833) gelang 23 Jahre vor Daguerre die Erfindung der Fotografie und Bildfixierung. Das Haus, von dem Niepce 1827 sein erstes Foto machte, blieb erhalten (an der N6 südlich von Chalon).

Auch die *Île St-Laurent* mit dem **Hôpital St-Laurent** ❽ und etlichen Restaurants kann man zu Fuß erreichen und

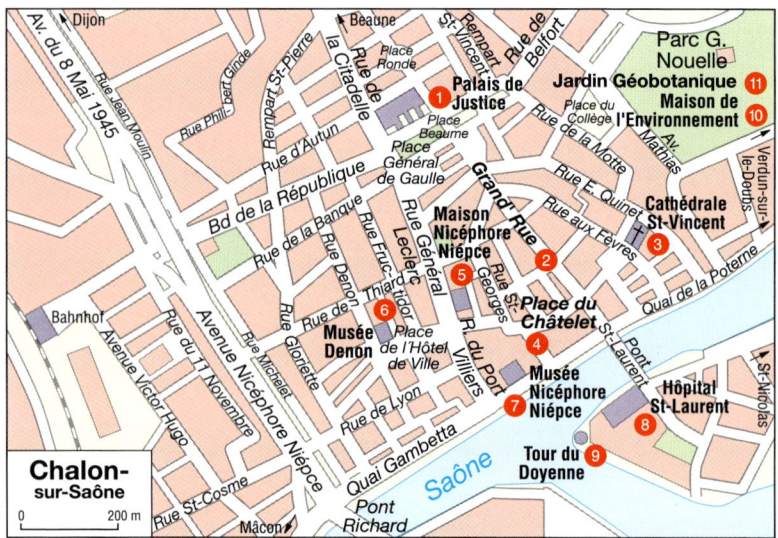

dort die **Tour du Doyenne** **9** (Mo – Sa 14–16.30 Uhr) aus dem 15. Jh. erklimmen.

Der **Maison de l'Environnement** **10** (1, place Ste-Marie, Tel. 03 85 41 63 80), dem Haus der Umwelt, ist eine Angelschule (*Ecole de Pêche,* Tel. 03 85 48 22 05) angeschlossen. Im Programm *La Coulée Verte* (›das grüne Fließen‹) erfahren Besucher Wissenswertes über die Saône-Ufer – für alle, die sich für Natur, Geschichte, fürs Angeln und Bootfahren interessieren. Im **Jardin Géobotanique** **11** zwischen Promenade Ste-Marie und Place Mathias gibt es ein aus dem Morvan verpflanztes Biotop sowie einige Beispiele der typischen Flora der Chalonnais-Kalksteinhügel zu bewundern.

Ausflüge

An der **Côte Chalonnaise**, die südlich an die Côte de Beaune anschließt, werden in so renommierten Orten wie **Rully** und **Mercury** kostenlose Weinproben in traditionsreichen Kellern geboten. Und Feinschmecker träumen von **Chagny** (18 km nordwestlich), denn der Gourmettempel **Lameloise** (auch Hotel, 36, place d'Armes, Tel. 03 85 87 65 65, Fax 03 85 87 03 57, www.lameloise.fr, Mo–Do jeweils mittags geschl.), den der Michelin wegen seines Angebots an geradezu göttlichen Speisen mit drei Sternen schmückte.

TOP TIPP

ℹ Praktische Hinweise

Information

Office de Tourisme, 29, square Chabas, Chalon-sur-Saône, Tel. 03 85 48 37 97, Fax 03 85 48 63 55, www.chalon-sur-saone.net

Einkaufen

Sonntagsmarkt. Der Markt konzentriert sich auf die Rue aux Fèvres und die Gassen um die Kathedrale (ca. 9–12 Uhr).

La Maison des Vins de la Côte Chalonnaise, promenade Ste-Marie, Chalon-sur-Saône, Tel. 03 85 41 64 00. Weinverkauf, -proben und -literatur (Mo–Sa 9–19 Uhr). Mit Restaurant, Tel. 03 85 41 66 66. (So abends und Mi geschl.).

Sport

Golf Municipal de Chalon-sur-Saône, Chatenoy en Bresse, Chalon-sur-Saône, Tel. 03 85 93 49 65. Öffentlicher 18-Loch-Platz im Parc de Loisirs St-Nicolas am Saône-Ufer. In der Nachbarschaft *Tennisplätze* und Rosengarten (26 000 Rosen!).

Hotels

***Saint-Régis**, 22, boulevard de la République, Chalon-sur-Saône, Tel. 03 85 90 95 60, Fax 03 85 90 95 70, www.saint-regis-chalon.fr. Traditionelles, angenehmes Stadthotel mit Garage.

****Kyriad**, 35, place de Beaune, Chalon-sur-Saône, Tel. 03 85 90 08 00, Fax 03 85 90 08 01, www.kyriad.com. Zentral, preisgünstig, ohne Restaurant, aber mit Garage.

Restaurants

Chez Jules, 11, rue Strasbourg, Chalon-sur-Saône, Tel. 03 85 48 08 34. Die regionale Küche ist auch bei den Einwohnern beliebt.

Café Dix Neuf, 19, boulevard de la République, Chalon-sur-Saône, Tel. 03 85 48 06 98. Schöne, altmodisch verspiegelte Café-Bar (So geschl.).

Le Bourgogne, 28, rue Strasbourg, Chalon-sur-Saône, Tel. 03 85 48 89 18, Fax 03 85 93 39 10. Elegantes Ambiente, hervorragende Küche (So und Mo geschl.).

9 Bresse Bourguignonne

Geflügel mit Feinschmeckerruf und Landschaft für Ruhebedürftige.

Das sanft gewellte **Wiesenland** der Bresse Bourguignonne wird von ruhigen Flüssen und Bächen durchzogen. **Bootsferien** in der Bresse bieten sich an. Aber das Bauernland um Doubs und Seille und weiter südlich, wo es in die Bresse des Départements Ain übergeht, ist auch ideal für **Radwanderer**, die sich von der automobilen Konkurrenz möglichst wenig stören lassen wollen (unter dem Motto *vélo douceur* werden acht Etappen von je etwa 45 km angeboten).

Auch ein *Circuit de sept Moulins*, ein Rundweg zu sieben Mühlen, ist ausgeschildert, und für **Autofahrer** die *Route de la Bresse* – unter dem Zeichen des weißen Hahns mit feuerrotem Kamm. **Verdun-sur-le-Doubs**, die Kleinstadt am Zusammenfluss von Saône und Doubs, ist ein beliebter **Anglertreff**. Hier wurde die *Pôchouse* erfunden, eine Suppenspezialität mit vier verschiedenen Fischarten. Außer Bootshafen und Bootsvermietung besitzt der Ort das **Maison du Blé et du Pain** (Mitte Mai–Sept. Mi–Mo 15–19 Uhr, Auskunft bei Eco-Musée de la Bresse

Geflügel aus der Bresse: Weit über die Grenzen des Landes hinaus geschätztes Qualitätsprodukt

Auskunft bei Eco-Musée de la Bresse Bourguignonne, Tel. 03 85 76 27 16), das in einem malerischen alten Bauwerk über der Doubs-Brücke zeigt, wie sich der Getreideanbau und das Bäckerhandwerk entwickelten.

Ausflüge

In **Pierre-de-Bresse** (etwa 15 km östlich) erwartet den Reisenden das interessante **Eco-Musée de la Bresse Bourguignonne** (Mitte Juni–Sept. tgl. 10–19, sonst tgl. 14–18 Uhr, Tel. 03 85 76 27 16) Es ist im Château de Pierre-de-Bresse eingerichtet und zeigt eine sehenswerte Ausstellung zu Natur und Mensch in der Bresse durch die Zeiten bis heute. Ein **Museumsladen** bietet Lebensmittel und Kunsthandwerk der Region an, der **Salon de Thé** an Sommersonntagen auch Klavierkonzerte. Der zugehörige **Park** ist wunderschön. Das Eco-Musée verfügt über sieben Filialen, deren Spezialthemen von *Wein* (in Cuiseaux) bis zum *Stuhlflechten* (in Rancy) reichen. Das Stammhaus in Pierre-de-Bresse ist auch von Chalon-sur-Saône [Nr. 8] oder Mâcon [Nr. 11] gut zu erreichen.

Ganz im Süden der Bresse, etwa 42 km von Pierre-de-Bresse, liegt das schöne Städtchen **Louhans**. Es hat in seiner Hauptstraße, der Grand'Rue, noch Häuser mit jahrhundertealten *Arkadengängen* zu bieten und im Hôtel-Dieu aus der Zeit Ludwigs XIV. eine authentische *Apotheke* mit schönen Fayencen und Skulpturen. Montags ist Markttag mit Vieh- und Geflügelhandel (ca. 7–11 Uhr).

i Praktische Hinweise

Information

Office de Tourisme, 3, place Charvot, Verdun-sur-le-Doubs, Tel. 03 85 91 87 52, Fax 03 85 91 90 91, www.tourisme-verdun-en-bourgogne.com

Hotel

**Moulin de Bourgchâteau, route de Chalon, Louhans, Tel. 03 85 75 37 12, Fax 03 85 75 45 11. Gemütliche alte Mühle an der Seille, in einem Park gelegen, mit Restaurant (Jan. Mo geschl.).

In der Bresse Bourguignonne genießt man das Landleben und die Produkte des Landes – hier am Weinstand auf dem Geflügelmarkt in Louhans

Frühromanik in reiner Form: St-Philibert in Tournus, eine Wallfahrtskirche, die im 10. Jh. begonnen und nach einem Brand des Jahres 1007 völlig neu erbaut wurde

10 Tournus

Sehr reizvolle Altstadt mit einer der kostbarsten romanischen Kirchen Burgunds.

Tournus ist im Kult für einen Märtyrer groß geworden. Es sind sogar zwei Heilige, deren Reliquien hier schon vor dem Jahr 1000 bestattet wurden, und das ist selbst in Burgund außerordentlich.

Geschichte In Erinnerung an den *hl. Valerian* (179 wegen seiner christlichen Predigten enthauptet) entstand spätestens im 6. Jh. eine **Klostergemeinschaft**, die Abbaye St-Valérien. Im 9. Jh. siedelten sich Mönche eines vom *hl. Philibert* (616–685) gegründeten Klosters an. Sie waren von den Normannen vertrieben worden, führten aber die Gebeine des Heiligen mit. Nach ihrer fast vierzigjährigen Irrfahrt schenkte ihnen Kaiser Karl der Kahle die Valerians-Abtei und dazu den Ort Tournus.

Gegen Ende des 10. Jh. hatten die frommen Brüder mit dem Bau der heutigen Kirche **St-Philibert** begonnen, nach-

dem schon zuvor eine große Wallfahrt angeordnet worden war: Einmal jährlich sollten alle burgundischen Familienväter, hieß es, in Tournus beten. Bis ins 17. Jh. war Tournus einer der meistbesuchten burgundischen **Wallfahrtsorte**, erst 1785 nahm Ludwig XVI. dem Abt seine Privilegien, 1790 wurden die letzten Mönche vertrieben. Seit 1802 ist St-Philibert *Pfarrkirche* von Tournus.

Nach umfangreichen Restaurierungsarbeiten im 19. und 20. Jh. – auch der Wandverputz aus dem 18. Jh. wurde entfernt – kann man St-Philibert neben den Kirchen von Fontenay, Autun, Paray-le-Monial und Vézelay als eines der großartigen Architekturzeugnisse Frankreichs erleben.

Manche Besucher pilgern heute allerdings aus anderen Gründen nach Tournus – wegen der exquisiten kulinarischen Adressen nämlich.

Besichtigung Zwischen zwei wuchtigen Rundtürmen der alten Befestigung tritt man vor die klar gegliederte schlanke Fassade von **St-Philibert**. Im *Innenraum* dominiert die ruhige

TOP TIPP

›Notre-Dame la Brune‹, die ursprünglich schwarze Madonna von St-Philibert

Kraft der aus behauenen Natursteinen aufgemauerten Säulen – pure frühromanische Architektur. Der Baumeister öffnete den Raum für das Licht, das durch große Rundbogenfenster der Seitenschiffe und schmale Fenster im Obergaden einfällt. Im *rechten Seitenschiff* steht eine kostbare romanische Madonnenstatue aus Zedernholz, die **Notre-Dame la Brune,** ursprünglich eine schwarze Madonna, später farbig gefasst. Sie ist mit ihrem schon herangewachsenen Sohn dargestellt, der segnend die Hand hebt.

Zart wie Blütenstängel wirken die schlanken kapitellgeschmückten Säulen in der *Apsis.* In der Mittelkapelle des Chorumgangs hinter dem Altar steht der **Schrein** mit den Gebeinen des hl. Philibert. Reiche Kapitellskulpturen findet man auch in der *Krypta.* Um 1000 wurde St-Philibert um zwei Kostbarkeiten bereichert. Bei der umfassenden, das Dunkel der Kirche erhellenden Restaurierung wurden in der Apsis farbige, ungewöhnlich komponierte Tierkreiszeichen entdeckt. Außerdem schuf einer der bedeutendsten europäischen Silber-Designer, der aus Georgien stammende Goudji, für St-Philibert, wie schon für die Kathedrale von Chartres, ein silbernes Reliquien-Tabernakel, Kelche und anderes Altargeschirr. Links seitlich der Kirche sind im **Musée Bourguignon Perrin de Puycousin** (8, place de l'Abbaye, April–Okt. Di–So

10–13 und 14–17 Uhr, Tel. 03 85 51 29 68) Szenen der burgundischen Vergangenheit nachgestellt. Rechts hinab führt die Rue Bessard auf die Rue de la République zu, das lang gestreckte Rückgrat der Stadt, mit pittoresken kleinen Plätzen.

Im einstigen Hôtel-Dieu ist das **Musée Greuze** (rue de l'Hôpital, April–Okt. Mi–Mo 11–18 Uhr, Tel. 03 85 51 23 50) beheimatet. Es zeigt die liebenswürdigen Genrebilder des Rokoko-Meisters **Jean-Baptiste Greuze** aus Tournus neben archäologischen Funden. Besichtigt werden können ferner die drei geräumigen Krankensäle des Hospizes (17. Jh.) sowie die Apotheke. Ein **Denkmal** aus dem Jahr 1868 zeigt Greuze mit seiner Palette in der Hand – ganz jugendlich – vor dem klassizistischen Rathaus. Ein paar Schritte weiter steht die Kirche **Ste-Madeleine** aus dem 12. Jh. Entlang der Saône kann man den Spaziergang dann fortsetzen.

Ausflüge

Flussabwärts lockt das Dorf **Le Villars**, Wahlheimat von Künstlern, das im Grün seiner Gärten direkt über dem Wasser liegt. Hier wie in Farges, in Uchizy, im Weinort Chardonnay, in Ozenay und in Brancion sind romanische **Kirchen** zu entdecken, jede eine Kostbarkeit. Die Rundfahrt führt durch eine Landschaft wie von Pieter Brueghel gemalt – mal ein Weiler, mal ein Schloss, mal die weißen Tupfen einer Schafherde. Am stattlichsten sind das **Château d'Ozenay**, mit Lindenallee und Taubenturm, und **Brancion**, das mit Burgruine und alten Gebäuden auf einem Felssporn liegt. Der Ausblick ist herrlich. Und in der Kirche **St-Pierre** (12. Jh.) sind *Fresken* des 14. Jh. zu sehen, um deren Erhalt sich Restauratoren seit zwei Jahrhunderten bemühen (Schlüssel in der ›Auberge de Vieux Brancion‹, Accueil Brancion, März–Nov. 9–19 Uhr, Tel. 03 85 51 03 83).

Cuisery (7 km östlich) ist ein Städtchen mit Läden von Antiquaren, Buchkünstlern und Galeristen. Außerdem führt in der Rue de l'Église das *Centre Eden* (Juli/Aug. tgl. 10–18, April–Okt. Di–So 14–18 Uhr, Tel. 03 85 27 08 00, www.centre-eden. com) in Fauna und Flora Burgunds ein.

ℹ Praktische Hinweise

Information

Office de Tourisme, 2, place de l'Abbaye, Tournus, Tel. 03 85 27 00 20, Fax 03 85 27 00 21, www.tournugeois.fr

Hotels

****De Greuze**, 5–6, place de
l'Abbaye, Tournus, Tel. 03 85 51 77 77,
Fax 03 85 51 77 23. Ruhig in einem Park
an der Hauptstraße gelegen. Gepflegte
und teure Traditionsadresse.

***Aux Terrasses**, 18, avenue du
23 Janvier, Tournus, Tel. 03 85 51 01 74,
Fax 03 85 51 09 99. Angenehmes Haus
mit bodenständiger Küche (Restaurant
So abends und Mo geschl.).

***Le Sauvage**, Place du Champ de
Mars, Tournus, Tel. 03 85 51 14 45, Fax
03 85 32 10 27. Vielfach ausgezeichnetes
Familienhotel in günstiger Lage mit
Terrasse, Bar und guter Küche.

La Tour du Trésorier, 9, place de
l'Abbaye, Tournus, Tel. 03 85 27 00 47,
Fax 03 85 27 00 48, www.la-tour-vialle.
com. Das Ehepaar Vialle verwandelte
einen Turm der Stadtmauer in ein un-
vergleichliches, edles und charmantes
Gästehaus mit toller Sicht auf die Stadt
und den Fluss.

Restaurant

Greuze, 1, rue A. Thibaudet, Tournus,
Tel. 03 85 51 13 52. Exquisite Qualität und
Preisklasse, ein Michelin-Stern.

*Fabel- und Flügelwesen an der Maison de
Bois in Mâcon, schöne Beispiele spätmittel-
alterlicher Fantasie. Wer ist es wohl, der das
Einhorn am Schwanz packen darf?*

11 Mâcon  *Plan Seite 46*

*Weinstadt in verlockender Land-
schaft.*

Mâcon (40 000 Einwohner), die Hauptstadt des Départements Saône-et-Loire
besitzt eine keltische und römische Vergangenheit. Spuren davon sind in den
Museen zu finden. Vor allem jedoch ist eine lebendige Stadt zu erkunden mit
Märkten, kleiner Fußgängerzone, architektonischen Zeugnissen seit dem Mittelalter und guten Restaurant- und Wein-
Adressen.

Die steinernen Bögen der **Pont St-Lau-
rent** ❶, die über die Saône führt, die
Platanen, Restaurants und Hotels am
Uferkai lassen mediterrane Erinnerungen
aufkommen. Schade, dass die schöne
Uferfront am Quai Lamartine mit dem
Lamartine-Denkmal ❷ streckenweise
durch Parkplätze beeinträchtigt ist. Vom
Rathaus, dem **Hôtel de Ville** ❸ im Louis-
Seize-Stil sind es nur ein paar Schritte zu
der gleichfalls aus dem 18. Jh. stammenden **Résidence Soufflot** ❹, einem ehem.
Hospiz, an dessen Portal noch eine Art
Tonne zu sehen ist – einst benutzt, um
unerwünschte Neugeborene abzulegen.
Noch ein kleines Stück flussabwärts trifft
man auf ein modernes **Fassadenbild** ❺
zur Erinnerung an die Revolution von
1848, geht dann parallel zu den Kais
durch die Einkaufsstraße, die Rue Carnot

45

und an der neoromanischen Kirche **St-Pierre 6** vorbei zur **Maison de Bois 7** . Vielleicht sind die unverblümt derben holzgeschnitzten Figuren nicht ganz so außerordentlich, wie in Mâcon gern behauptet wird. Aber die *Balkenfassade* ist immerhin ein halbes Jahrtausend alt und somit die älteste der Stadt. Wohl schon um 1500 ist auf der **Place aux Herbes 8** Markt gehalten worden.

Eindrucksvoll sind die Reste von **Vieux St-Vincent 9** (Lapidarium in der Kirchenruine, Aufstieg zum Turm Di–Sa 10–12 und 14–18, So 14–18 Uhr, Tel. 03 85 39 90 38), der einstigen Kathedrale, von der nach der Französischen Revolution nur das Turmpaar, ein Gewölbejoch und die Vorhalle übrig blieben.

Durch die kleine Rue St-Jean geht es weiter zum früheren *Ursulinenkloster*, in dem Lamartines Vater während der Revolution inhaftiert war. Er soll sich des Nachts mithilfe eines Seils über die Straße zu seiner Familie begeben haben. Heute zeigt hier das **Musée Municipal des Ursulines 10** (rue des Ursulines, Di–Sa 10–12 und 14.30–18, So 14–18 Uhr Tel. 03 85 39 90 38) archäologische Funde u. a. vom *Mont Solutré*, hervorragende Skulpturen, Gemälde und Volkskunst.

Mit seiner *Apotheke* und der originell entworfenen Kuppel ist das **Hôtel-Dieu 11** (344, rue des Epinoches, Juni–Sept. Di–So 14–18, Tel. 0385399038) aus der Spätzeit des Ancien régime – Baubeginn war 1761 – einen Abstecher wert. Auf dem Rückweg zum Zentrum ist eine Kirche aus dem Empire zu besichtigen: die auf Initiative Napoleons von Bartholémy Vignon, dem Architekten der Madeleine-Kirche in Paris, erbaute neue **Cathédrale St-Vincent 12** . Über die Rue Lamartine erreicht man den noblen Stadtpalast, das *Hôtel Senecé* aus dem 18. Jh., in dem das **Musée Lamartine 13** (rue Sigorgne, Di–Sa 10–12 und 14–18, So 14–18 Uhr, Tel. 03 85 39 90 38) an den in Mâcon geborenen Dichter der Frühromantik erinnert. Alphonse de Lamartine war auch Präsident der Akademie von Mâcon, die hier noch immer ihren Sitz hat.

Ausflüge

Der gern als ruhmreicher Sohn des Mâconnais titulierte *Alphonse de Lamartine* (1790–1869) war Poet, Publizist und Politiker, nach der Revolution von 1848 Außenminister. **La Route Lamartine**, eine Rundfahrt zu Stationen seines Lebens, führt u. a. zum Haus seiner Kindheit und zu zwei Schlössern: **Milly-Lamartine** (Anmeldung Tel. 03 85 37 70 33), wo der Dichter aufwuchs, **Château Pierreclos**, eine Burg, die er sehr liebte, heute mit *Weinmuseum* (tgl. 9.30–18 Uhr, Tel. 03 85 35 73 73) und schließlich **Château de St-Point** (Juli/Aug. tgl. 10–12 und 14–18, April–Juni, Sept./Okt. Sa/So 10–12 und 14–18 Uhr, Tel. 03 85 50 50 30) mit Lamartine-Museum und schönem Park.

10 km westlich von Mâcon ragt ein Felsgrat wie der aufsteigende Steven eines riesigen Schiffes über die Rebenlandschaft auf. Ein geheimnisvoller Ort: **TOP TIPP** Solutré, wo Archäologen seit 1866 etwa 100 000 Skelette von Pferden und Rentieren fanden. Dass die Jäger des **Solutréen** – nach dem Winzerdorf benannte man die vorgeschichtliche Epoche von 20 000 bis 16 000 v. Chr. – die Pferde zusammen- und über den Steilhang trieben, wie lange vermutet wurde, scheint nach den Grabungen der 1970er-Jahre eher zweifelhaft, vermutlich war es über Jahrtausende ein *Kultort*. Man kann den Felsen relativ leicht ersteigen.

Eine Dokumentation zur Fundstätte präsentiert das in den Hang gebaute **Musée Départemental de Préhistoire de Solutré** (April–Sept. 10–18, Okt./Nov., Febr./März 10–12 und 14–18 Uhr, Tel. 03 85 35 85 24). Übrigens suchte François Mitterrand jahrzehntelang jeden Pfingstsonntag diesen ›Roche mythique‹, den mythischen Felsen, auf.

Verführerisch sind die Weinrouten im Mâconnais. Wie etwa die in zwölf Rund-

Map labels: Hôtel-Dieu 11, Rue des Epinoches, Rue du 28 Juin 1944, Cours Moreau, Place des Carmelites, Place St-Antoine, Quai Jean Jaurès, Cathédrale St-Vincent 12, Musée Municipal des Ursulines 10, Rue du 8 Mai, Place Lamartine, Rue de Strasbourg, Place de la Baille, Vieux St-Vincent 9, Place de la Barre, Rue de la Barre, Musée Lamartine 13, Place aux Herbes 8, St-Pierre 6, Maison de Bois 7, 2 Pont St-Laurent, 1, Quai Lamartine, Lamartine-Denkmal, Résidence Soufflot 4, 3, Hôtel de Ville, Bahnhof, Av. E. Herriot, Fassadenbild 5, Saône, **Mâcon**, 0 200 m

touren ausgeschilderte **Route des Vins Mâconnais Beaujolais**. Weißweinfreunde finden in Pouilly-Fuissé, Pouilly-Loche, Pouilly-Vinzelles und St-Vérain eine reiche Auswahl trockener, fruchtiger Kreszenzen, z. B. in der Genossenschaftskellerei **Cave des Grands Crus Blancs** in *Vinzelles* (Mo–Sa 9–12.45 und 13.30–19.30 Uhr, Tel. 03 85 27 05 70). Die Gamay-Reben für den *Mâcon-Rouge* reifen noch westlich von Solutré und im Norden des Mâconnais um die Dörfer bei Tournus.

ℹ️ Praktische Hinweise

Information

Office de Tourisme, 1, place St-Pierre, Mâcon, Tel. 03 85 21 07 07, Fax 03 85 40 96 00, www.macon-tourism.com

Bis heute rätselhaft: Am Felsen von Solutré fand man Skelettreste von Pferden und Rentieren in riesiger Menge

Sport

Angeln, Mâcon Centre de Pêche au Gros, 4, rue de la Liberté, Mâcon, Tel. 03 85 39 07 50. Große Welse in der Saône wollen gefangen werden.

Bootsverleih, Saône Bateaux La Colonne, Gigny-sur-Saône, Tel. 03 85 44 76 84. Verleih für Touren ab 4 Tagen.

Golf, Route de Clesse, La Salle, Tel. 03 85 36 09 71. Ganzjährig bespielbar.

Einkaufen

La Maison des Vins, 484, avenue de Lattre-de-Tassigny, Mâcon,

Tel. 03 85 22 91 11. Laden mit Ausstellung und reichem Angebot an Mâcon- und Chalonnais-Weinen sowie Beaujolais (auch Fruchtliköre und Marc de Bourgogne), mit Beratung und Weinseminaren. (Weinverkauf tgl. 10–19 Uhr, Ausstellung, Bücher-/Geschenkverkauf tgl. 11–18 Uhr). Das *Restaurant* bietet günstige regionale Gerichte (tgl. 8–21 Uhr).

Hotels

***Bellevue**, 416, quai Lamartine, Mâcon, Tel. 03 85 21 04 04, Fax 03 85 21 04 02, www.ila-chateau.com/bellevue. Hoher Komfort und Blick zur Saône.

****Bourgogne Interhôtel**, 6, rue Victor-Hugo, Mâcon, Tel. 03 85 21 10 23, Fax 03 85 38 65 92. Traditionelles, angenehmes Haus in zentraler Lage.

Restaurants

Le Moulin de Gastronome, Champgrenon, 540, route de Cluny, Charnay-les-Mâcon, Tel. 03 85 34 16 68. Kreative Küche regionaler Spezialitäten, obere Preisklasse (So abends und Mo geschl.).

Le Port St-Nicholas, St.Martin-Belle-Roche, ca. 6 km nördlich von Mâcon (N6), Tel. 03 85 36 00 86. Angenehm ruhig mit Terasse an der Saône.

Rocher de Cancale, 393, quai J.-Jaurès, Mâcon, Tel. 03 85 38 07 50. Drei-Sterne-Küche (So abends und Mo geschl.).

12 Cluny

Für zwei Jahrhunderte das geistliche Zentrum der Christenheit – heute nur noch in beeindruckenden Resten und rekonstruierten Modellen zu bewundern.

Man kann wegen des **Reitsports** nach Cluny kommen und das Nationale Gestüt von Burgund besuchen. Die Liste der Renntermine und Reitsportereignisse ist lang. Oder man reist zum **Festival Musical des Grands Crus** (alte Musik, Wein-Degustationen, Weinberg-Spaziergänge) nach Cluny. Aber am meisten fasziniert die Erinnerung an jene Epoche des Mittelalters, in der die **Abbaye Cluny**, die im Jahre 910 gegründete Reformabtei, als **Roma secunda**, als Zweites Rom, glänzte.

Geschichte Im Jahr 1088 legte Abt Hugo den Grundstein zu der dritten **Abteikirche** (die beiden ersten, im 10. Jh. entstanden, waren zu klein geworden), 1130 wurde **Cluny III** von Papst Innozenz II. geweiht. Fast ein halbes Jahrtausend, bis zum Bau des römischen Petersdoms, war Cluny III die größte Kirche der katholischen Christenheit. In ihrer Glanzzeit im 12. Jh. unterstanden der Abtei von Cluny Hunderte von Klöstern, »frei von aller Macht der Könige, Bischöfe und Grafen«. Der lange **Niedergang** begann bereits im 13. Jh., und nach der Französischen Revolution wurde das riesige Bauwerk mit

Selbst angesichts des exakten Museumsmodells fällt es schwer, sich die einstige Größe der Abtei von Cluny vorzustellen: Die Kirche Cluny III, 1130 geweiht, war rund 200 m lang

Im Museum der Abtei wird prächtige Bauskulptur voller Ausdruckskraft gezeigt

seinen fünf Schiffen und zwei Querschiffen auf Abbruch verkauft. Heute ist von der Kirche nur noch ein Arm des hohen südlichen Querschiffs erhalten. Um mehr über Höhen und Tiefen der Geschichte zu erfahren, sollte man sich einem der Führer anschließen.

Besichtigung   Von der *Abtei* (Mai–Aug. 9.30–18.30, sonst 9.30–12 und 13.30–17 Uhr, Tel. 03 85 59 15 39) sind noch Ummauerungen mit vier Türmen, die mächtigen Stümpfe der Westfassadentürme, der **Clocher de l'Eau Bénite** (Weihwasserturm), eine gotische Fassade aus dem 13. Jh., das Gästehaus Ecuries St-Hugues (die einstigen Pferdeställe) und zwei Kornspeicher, repräsentative Bauten der Renaissance (heute Musée d'Art und Rathaus) sowie Klostergebäude aus dem 18. Jh. zu sehen.

Einen guten Blick auf das historische Zentrum Clunys, auf den breiten Talgrund der Grosne, auf die Türme der Kirchen **St-Marcel** (11./12. Jh.) und **Notre-Dame** (13. Jh.) sowie die alte Befestigung hat man von der Turmstube der **Tour des Fromages** (einst Teil der Abtei, im Erdgeschoss das Office de Tourisme). Ein Rundgang kann in westlicher Richtung zur Rue de la République führen, wo noch Wohnhäuser aus dem 12. und 13. Jh. erhalten sind, die *Maisons Romanes*.

Einen Einblick in die Vergangenheit Clunys schafft das aufwendig erneuerte *Musée Ochier*, heute **Musée d'Art et d'Archéologie** (Öffnungszeiten wie Abtei, Tel. 03 85 59 12 79) am Westrand des Abteibezirks. Anschaulich, mittels Computeranimation, sind Ergebnisse der langjährigen *Grabungen* des amerikanischen Archäologen Kenneth J. Conant dargestellt. *Originalskulpturen* und Fragmente der Abteibauten – vom Kirchenportal und Kapitellschmuck – sowie die kostbare *Klosterbibliothek* lassen die einstige Größe Clunys erahnen.

Durch den Park der Abtei erreicht man die Gestüte, **Haras National** (Besichtigung nur mit Führung, Tel. 03 85 59 85 00, www.haras-nationaux.fr), die auf Napoleons Initiative entstanden und heute sowohl Kaltblüter als auch Reitpferde ausbilden. Die Pferde sind meist von Mitte Juli bis Anfang März im Gestüt, sonst bei den Besitzern.

Südöstlich von der Tour des Fromages kommt man über die Rue Lamartine und Rue de la Liberté zum **Hôtel-Dieu** (tgl. 9–17 Uhr, Führungen Juni–Sept. Sa 14.30 und 16, sonst Sa 14.30 Uhr) aus dem 17. Jh. (erweitert im 19. Jh.). In der **Kapelle** sieht man *Statuen* der Eltern des Kardinal de Bouillon und des Abtes von Cluny, der für den Bau des Krankenhauses sorgte. Ursprünglich waren sie für ein pompöses Mausoleum bestimmt, das aber auf Einspruch Ludwigs XIV. nie gebaut wurde. Die prachtvollen Barockfiguren aus Carraramarmor sind Werke von Pierre II Legros, 1698 in Rom geschaffen.

Dürfen besichtigt und bewundert werden: Vollblüter in den Gestüten von Cluny

Berzé-la-Ville bei Cluny: Unter einer dicken Putzschicht fand sich ein vollständig erhaltener Zyklus romanischer Wandmalerei

Ausflüge

Ein unterirdischer Fluss, Spuren menschlicher Besiedlung, die noch aus der Altsteinzeit stammen, eine Bärenhöhle und ein Wald von Stalaktiten machen die mehrstöckigen, verzweigten **Grottes d' Azé** (April– Sept. tgl. 10–12 und 14–19 Uhr, Okt. nur So, Tel. 03 85 33 32 23) 12 km östlich von Cluny nicht nur für Höhlenfreunde attraktiv. Das angeschlossene *Museum* zeigt eine Sammlung faszinierender Funde aus den unterirdischen Gängen.

Eine andere Attraktion sind die nordwestlich von Azé (10 km), am *Mont St-Romain,* inmitten eines Naturschutzgebietes gleichen Namens, gelegenen **Grottes de Blanot** (Juli/Aug. Do–Di 9.30–19, März–Juni, Sept. 10–12 und 13.30–18.30 Uhr, Tel. 03 85 50 03 59, www.blanot.fr) .

In **Berzé-la-Ville**, 12 km südlich der Abbaye Cluny, wurden 1887 Wandmalereien wieder entdeckt: die *Fresken* der **Chapelle des Moines** (Mai–Sept. 9–12 und 14–18 Uhr, April, Okt. 10–12 und 14–17.30 Uhr, Tel. 03 85 36 66 52), die zu den wichtigsten romanischen Malerein Burgunds gehören. Die Kapelle der Mönche präsentiert Darstellungen aus dem 11./12. Jh., zum Beispiel den fast 4 m großen Christus im Kreis von Heiligen, unter ihnen die Patrone der Kapelle, Blasius und Laurentius. Die Gewänder sind in auffällig byzantinischem Stil gehalten.

Bei **Dompierre-les-Ormes**, etwa 20 km südwestlich von Cluny, wandelt man im **Arboretum Domanial de Pezanin** mit rund 450 verschiedenen Baumarten unter zum Teil jahrhundertealten Bäumen, wie den mächtigen Redwoods. Nebenan informiert die **Galerie Européenne de la Forêt et du Bois** (Juli/August Di–So 10–18, sonst 14–18 Uhr, Tel. 03 85 50 37 10, www.gefb-cg71.com) über Geschichte und Zukunft des Holzes.

ℹ Praktische Hinweise

Information

Office de Tourisme, 6, rue Mercière, Cluny, Tel. 03 85 59 05 34, Fax 03 85 59 06 95, www.cluny-tourisme.com

Hotels

***Hôtel de Bourgogne**, place de l'Abbaye, Cluny, Tel. 03 85 59 00 58, Fax 03 85 59 03 73, www.hotel-cluny.com. Lebendige burgundische Tradition, sehr komfortabel, direkt bei der Abteikirche. Restaurant mit Auszeichnungen.

Chambres d'Hôtes Moulin Arbillon, Charles et Sylviane Dubois-Favre, Bourgvilain, 8 km von Cluny, etwa 20 km von Mâcon, Tel. 03 85 50 82 83, Fax 03 85 50 86 32. Sehr gut eingerichtetes Haus mit Park in idyllischer Hügellandschaft und günstiger Lage, auch für Wanderungen. Nur Juli/Aug. geöffnet.

*Cluny Séjour, rue Porte de Paris, Cluny, Tel. 03 85 59 08 83, Fax 03 85 59 26 27. Einfache Zimmer in einem ehem. Benediktinerkloster. Empfang nur 17–22 Uhr besetzt.

Restaurants

Le Potin Gourmand, place du Champ de Foire, Cluny, Tel. 03 85 59 02 06. Gutes Lokal westlich vom Zentrum, mit mittelalterlichen Banketten und Garten (Sept.–Juni So abend und Mo geschl.).

La Pierre Sauvage, Col des Enceints, Bourgvilain, etwa 8 km südlich, 15 km von Mâcon, Tel. 03 85 35 70 03. Gepflegte Küche mitten im Wald am Sentier Lamartine (So abend, Mo, Di mittag geschl.).

13 Château de Cormatin

Wie aus dem Bilderbuch: ein Renaissanceschloss mit abwechslungsreichem Park.

Château de Cormatin (15. Juni–14. Sept. tgl. 10–18.30, April–14. Juni, 15. Sept.–12. Nov. 10–12 und 14–17.30 Uhr, Tel. 03 85 50 16 55) ist weder einer der ältesten noch größten Adelssitze, aber einer der besuchenswertesten. Das Anwesen war vom Verfall bedroht bis neue Besitzer Schieferdach und Fassade des um 1605–15 wahrscheinlich von Jacques II. Androuet du Cerceau erbauten Schlosses erneuerten und den wunderschönen Park im Stil der Renaissance mit seiner mythologischen Symbolik wieder belebten. Die aktuellen Hausherren sind offensichtlich sehr stolz auf ihr Schloss und

Jede Woche Welttreffen in Taizé

Die ersten zwei Jahre lebte der junge Theologiestudent **Roger Schutz** allein in Taizé. 1942 schlossen sich dem Schweizer drei Brüder an, und 1949 verpflichtete sich schließlich eine kleine Gemeinschaft auf ein Leben ohne Ehe und persönliches Eigentum. So begann die **Communauté de Taizé**, die über die Grenzen der Konfessionen hinweg für ein Leben im Vertrauen auf die Lehre Christi und die Versöhnung unter den Menschen eintritt. In dem kleinen burgundischen Dorf, etwa 13 km nördlich von Cluny, begegnen sich alljährlich an die 100 000 Menschen. Die meisten sind zwischen 17 und 25 Jahre alt, sie leben in einer **Hütten- und Zeltstadt** um die Kirche der Versöhnung. Dreimal täglich treffen sie sich zum Gebet und zu den **Gesängen aus Taizé**.

Von dem religiösen Zentrum Taizé, dessen Kern die Gemeinschaft von etwa 90 Brüdern aller Konfessionen ist, gehen auch organisierte Impulse aus. Beispielhaft sind die jedes Jahr in einer anderen Großstadt stattfindenden **Europäischen Jugendtreffen** und der **Pilgerweg des Vertrauens auf der Erde**, immer wieder von Hilfsaktionen begleitet und mit dem erklärten Ziel, vom eigenen Lebenskreis aus Grenzen zwischen Personen, Generationen, Konfessionen und Nationen zu überwinden.

Bis zu seinem Tod 2005 kämpfte Roger Schutz mehr als ein halbes Jahrhundert für die Versöhnung von Menschen verschiedener Konfessionen

Seit 1966 engagieren sich auch die katholischen Schwestern von St-André im Nachbardorf für Taizé. Als Gast kann man zwei, drei Tage oder auch länger bleiben (Taizé-Communauté, Tel. 03 85 50 30 30, Fax 03 85 50 30 15, www.taize.fr).

Taizé ist per Bahn erreichbar, ermäßigte Bahntarife gelten in Frankreich. Außerdem gibt es zwischen Ende Februar und Anfang November regelmäßige Busverbindungen von Karlsruhe aus. In den Monaten Februar bis November werden aber auch direkt Reisen organisiert (Regenbogen-TourService, Dürrstr. 5, 71636 Ludwigsburg, Tel. 0 71 41/9 75 43 22, Fax 0 71 41/9 75 43 23, www.regenbogen-tourservice.de).

Lebensspuren aus vier Jahrhunderten in Schloss Cormatin: die reiche Ausstattung zeigt Wohnkultur der Renaissance, der Belle Époque und unserer Gegenwart

führen gelegentlich selbst durch die Anlage. Der Südarm des ursprünglich dreiflügeligen Schlosses brach 1815 zusammen und wurde nicht wieder hergestellt.

Der Prunk entfaltet sich im **Inneren**, schon in der aufwendigen Architektur des 25 m hohen *Treppenhauses* (1610), vor allem aber in den *Salons* der Beletage. Der Sohn des Erbauers, Jacques du Blé, zum Marquis d'Huxelles geadelt und in der Finanzwelt zu Hause, beauftragte Maler, Bildhauer und Dekorateure aus Paris und befand das Beste für gerade gut genug. Für die blauweißgoldenen *Balkendecken* wurde Lapislazuli und Blattgold verwendet, ein Aufwand, der bis heute eine Restaurierung ersparte.

Erotische Freuden gehörten wohl zum Lebensstil, wie üppige Aktbilder vermuten lassen. Dem inneren Halt wiederum diente ein *Salon der Tugendbilder* mit Darstellungen u. a. von Gerechtigkeit, Mäßigung und Mut. Von der Mutter eines unmündigen Schlossherrn wird erzählt, dass sie allabendlich mit ihrer Pistole die Runde auf den Wällen machte. Neben der auch kunsthistorisch bemerkenswerten Einrichtung aus dem 17. Jh. und einem Salon aus der Zeit Napoleons III. sieht man schließlich auch ein echtes *Belle-Epoque-Schlafzimmer*. Der Direktor

der Oper von Monte Carlo, Raoul Gunsbourg, soll damit die Diva Cécile Sorel erfreut haben. Die Reihe illustrer Cormatin-Besucher reicht von Corneille und Lamartine (der mit der Tochter des damaligen Besitzers, Lina de Pierreclos, einen Sohn hatte), Caruso und Schaljapin bis zu den europäischen Monarchen von heute. Auch Gorbatschows Porträt mit Widmung befindet sich im Salon.

Ausflüge

Eine der urtümlichsten Kirchen der Romanik blieb im Dorf **Chapaize** erhalten (5 km östlich, auch gut von Tournus [Nr. 10] aus zu erreichen). Der 34 m hohe schlanke Glockenturm von **St-Martin** erinnert an einen italienischen Campanile. Um so wuchtiger wirken die tonnenartigen Rundpfeiler im *Inneren* des fünfschiffigen frühromanischen Baus (11. und 12. Jh.). Trotz ihres massiven Erscheinungsbildes sind sie in der Höhe unter der Last des mit rotgelben *Rautenbändern* geschmückten Deckengewölbes deutlich auseinander gewichen. Reste von *Blattornamenten* finden sich noch im Chor. Im Mittelalter gehörte St-Martin zur Benediktinerabtei von Chalon-sur-Saône, Generationen von Novizen wurden hier ausgebildet.

1983 wurden im Zusammenhang mit dem Gesetz zur Dezentralisation auch die *Zones de protection du patrimoine architectural et urbain* geschaffen. Dieses Schutzprogramm für das architektonische und städtebauliche Erbe Frankreichs, von dem bereits über 100 Dörfer und kleine Städte in Frankreich profitieren, kommt auch **St-Gengoux-le-National** (12 km nördlich) zugute. Zwischen den kleinen Flüssen Grosne und Guye gelegen existierte Gengoux als Siedlung bereits zu gallorömischen Zeiten. Den Zunamen ›National‹ verlieh ihm Ludwig der Heilige, und von jener mittelalterlichen Epoche ist die kleine Stadt am Hügel in ihrer Architektur mit Fachwerk und farbigen Ziegeln noch immer geprägt – wahrhaftig ein burgundisches Schmuckstück.

ℹ Praktische Hinweise

Hotels

**Les Blés d'Or, Cormartin, Tel. 03 85 50 10 94, Fax 03 85 50 70 48, www.hotel-cormatin.com. Zwischen Dorf und Schlosspark gelegene, bequeme und ruhige Unterkunft.

*Chambres d'Hôtes La Filaterie, Marie-Veronique Chavanne, Cormatin, Tel. 03 85 50 15 69, Fax 03 85 50 37 43. Dörfliches Haus mit 6 Zimmern für 1–5 Gäste, gemeinsamer Küche und Aufenthaltsraum.

14 Le Creusot

Vom königlichen Kristall zum Stahlimperium – und wieder in eine neue Zukunft.

Wie in einem Roman von Emile Zola stellen sich die sozialen und gesellschaftlichen Kontraste von Le Creusot dar. Endlos graue Straßenzüge mit Arbeiterwohnungen prägen die Stadt, hoch oben auf dem Hügel liegt der idyllische Park mit dem **Schloss**, in dem die Fabrikherren residierten. Die Schneider-Dynastie gehörte allerdings nicht zu den skrupellosen Ausbeutern, sondern sorgte einem zeitgemäßen sozialen Verantwortungsbewußtsein und Rollenbild entsprechend mit Wohnungen und Bildungsprogrammen für ihre Arbeiter und Angestellten. Doch das alles ist Vergangenheit. Heute sind Le Creusots Hochöfen längst demontiert.

Geschichte   Der natürliche Reichtum an Eisen und Kohle wurde in Le Creusot schon seit dem Mittelalter erschlossen. Doch weder die **Kristallmanufaktur** der Königin Marie-Antoinette (seit 1785) noch die von zwei Briten gegründete **Kanonenfabrik** waren auf Dauer erfolgreich. Was die Krupps für das Ruhrgebiet waren, wurde dann seit den 30er-Jahren des 19. Jh. die Familie Schneider für das burgundische Revier.

Die Brüder **Eugène** und **Adolphe Schneider** investierten, bauten Lokomotiven, Brücken und Hochöfen, produzierten Stahl und Nickel, Artillerie und ihre Nachfolger auch Atomkraftwerke. Heute sind in Le Creusot etliche Schneider-Chefs in Denkmalsbronze gegenwärtig, aber sie haben das weiße Schloss auf dem Hügel geräumt und 1960 die Leitung des Industrieimperiums abgegeben. Die Ära des Paternalismus ist auch hier zu Ende. Le Creusot sucht eine neue Zukunft, und mit einem neuen **Technologiezentrum**, u. a. für Flugzeugbau, hat sie schon begonnen. Dank des Bahnhofs mit TGV-Anbindung östlich der Stadt ist Le Creusot heute nur noch anderthalb Stunden von Paris entfernt.

Industrie-Tycoon des 19. Jh.: Eugène Schneider, einer der beiden Gründer des Stahlimperiums von Le Creusot

Im Château de la Verrerie ließ Marie Antoinette Kristallglas fertigen. Der Schneider-Familie diente es als Wohnsitz, und heute beherbergt das Schloss ein Museum

Besichtigung Am interessantesten ist das Schloss, **Château de la Verrerie** (Mo–Fr. 10–12 und 14–18, Sa/So 14–18 Uhr) mit Nebengebäuden und Park. Einst war es Heimat der Kristallmanufaktur Königin Marie-Antoinettes und später Schneider-Residenz, heute ist es *Museum*.

Vor allem dreierlei ist hier zu sehen: Das **Théâtre de Poche**, ein elegantes Zimmertheater, entstand 1905 – weltweit wohl einmalig – in einem der beiden 1833 stillgelegten kegelförmigen Glasschmelzöfen der Kristallmanufaktur. Das **Musée de l'Homme et de l'Industrie** (Ecomusée) zeigt im einstigen Manufakturgebäude Stadt- und Firmengeschichte mit einer Sammlung von Kristallglas. Die Ausstellung ›Le métal, la machine et les hommes‹ im **Centre des Techniques** schließlich lässt Besucher den Weg der Schneider-Unternehmen von der ersten französischen Dampflokomotive (1838) bis zum Engagement in der Atomindustrie und beim TGV nachvollziehen – ein außerordentlich faszinierendes Kapitel Industriegeschichte.

Ferner kann man im Schloss *Wohnräume* der Familie Schneider aus den 1930er-Jahren besichtigen. Neu angelegt wurden der **Jardin des Terrasses** unterhalb des Château de la Verrerie und der Freizeitpark **Parc Touristique des Combes** (Juli/Aug. tgl. 11–19 Uhr, März/April, Okt./Nov. Sa/So/Fei 14–19 Uhr, Mai, Juni, Sept. auch Mi 14–19 Uhr, Tel. 03 85 55 26 23, www.parcdescombes.com) mit Attraktionen wie der Mini-Eisenbahn oder der Sommerrodelbahn (435 m Länge, bis 40 km/h, für Kinder ab sieben Jahren).

TOP TIPP

Ausflüge

In der Umgebung gibt es noch mehr Zeugnisse der Technik- und Industriegeschichte zu bewundern, z. B. in **Blanzy** (14 km südlich) das *Musée de la Mine et des Hommes* (34, rue du Bois-Clair, Juli/Aug. Mi–Mo 14–17, 17. März–Juni, Sept.–11. Nov. Sa/So 14–17 Uhr, Tel. 03 85 68 22 85) und ein weiteres *Musée de la Mine* im Nachbarort **Montceau-les-Mines**.

Das *Musée du Canal* (Juli/Aug. Mi–So 10–12 und 16.30–18.30, Mai/Juni und Sept. Mi–So 14–18 Uhr, Tel. 03 85 78 97 04, www.bateau-musee-canal.com) zum *Canal du Centre*, der als Saône-Loire-Verbindung den Aufstieg Le Creusots mit ermöglichte, ist etwa 10 km südöstlich in **Ecuisses** zu besichtigen.

Noch ein Ausflug ins Mittelalter: Das wohl interessanteste Schloss der Region ist das **Château de Marguerite de Bourgogne** (Juli/Aug. tgl. 10–12 und 14–18, Juni, Sept. tgl. 14–18, April/Mai, Okt. So 14–18 Uhr, Tel. 03 85 45 57 99) aus dem 10. Jh. beim Winzerort **Couches**. Es birgt Wandgemälde und eine gotische Kapelle und bewahrt die Legende, Königin Marguerite, Gattin Ludwigs X., genannt ›Le Hutin, Der Zänker‹, habe hier gern ihre Liebhaber empfangen.

Schöne burgundische Landschaft und zugleich das wohlerhaltene Bild eines der ältesten Hügelorte des Landes bietet **Gourdon** (über die D 980 etwa 30 km südlich von Le Creusot). Schlangenleibige Ungeheuer und eine Eva mit schweren Brüsten haben die Bildhauer des frühen 12. Jh. an den Säulenkapitellen der blockhaft wuchtigen **Kirche** dargestellt, die Malereien im Chor zeigen eine große Christusfigur in der Mandorla.

Von dem benachbarten Granitkegel, dem 610 m hohen **Mont St-Vincent**, vom Kirchplatz oder dem Aussichtspunkt bei der Place du Château des gleichnamigen Ortes, blickt man weit über die Hügel des Charolais. Die **Kirche** von Mont St-Vincent ist eine romanische Kostbarkeit (11. Jh.) mit Vorhalle und thronendem Christus im Bogenfeld über dem Portal. Etwa 100 m entfernt ist im *Grenier de Sel,* dem altersgrauen Salzspeicher, das private **Musée Archéologique Jean Régnier** untergebracht (April–Sept. So/ Fei 15–19 Uhr, Tel. 03 85 69 00 00). Der Ort wird viel besucht, und es gibt hier auch, im Gegensatz zu den anderen Dörfern der Gegend, einige attraktive Andenkenläden.

i Praktische Hinweise

Informationen

Office de Tourisme, Château de la Verrerie, Le Creusot, Tel. 03 85 55 02 46, Fax 03 85 80 11 03, www.le-creusot.fr

15 Autun *Plan Seite 56*

Das römische Augustodunum, Werke des Bildhauers Gislebertus und die grünen Hänge des Morvan.

Autun ist zwar ein gutes Stück vom Naturpark Morvan entfernt, liegt aber noch im Kranz der Morvan-Hügel und ist daher ein guter Platz für naturliebende Gäste, die abends die Auswahl unter mehreren guten Restaurants nicht weit von ihrem Quartier schätzen. Für Kunstfreunde sind die romanischen Skulpturen der Cathédrale St-Lazare eines der Wunschziele jeder Burgundreise.

Farbenzauber über den Hügeln des Morvan, im Vordergrund die Türme der Cathédrale St-Lazare – das 2000-jährige Autun ist ein Ort voller Schönheit und Geheimnis

Geschichte Um 15 v.Chr. wurde Autun auf Befehl des Kaisers Augustus gegründet, als Handelsplatz, und zugleich vermutlich auch als *Rom Galliens*, als Gegengründung zu dem von Caesars Truppen zerstörten keltischen Zentrum Bibracte [Nr.52]. Die christlichen Missionare kamen relativ früh. Schon im 2. Jh. erlitt der hl. Symphorion in *Augustodunum* das Martyrium. Für das mittelalterliche Christentum machten die Reliquien des hl. Lazarus Autun zu einem **Pilgerziel**, ähnlich wie jene der Maria Magdalena die Kirche von Vézelay [Nr. 26].

Die *Legenda Aurea* erzählt davon, wie beide aus Palästina nach Frankreich gelangten und später dort bestattet wurden. Trotz des Streits zwischen Autun und Avallon [Nr.27] um die authentischen Lazarus-Reliquien blühte Autuns Wohlstand um die im 12.Jh. auf dem Stadthügel erbaute Kathedrale. Die im Kern antiken **Stadtmauern** stehen heute noch auf einer Länge von 6 km, und die Straßen Autuns führen durch römische Tore. Zur Stadt mit gegenwärtig etwa 17 000 Einwohnern gehört beim Fluss Arroux die Industriezone St-Andoche, wo z.B. Flugzeugbau betrieben wird.

Besichtigung Der Weg hinauf zur Oberstadt ist nicht gerade fußgängerfreundlich. Am besten fährt man mit dem Auto zur **Cathédrale St-Lazare** ❶, einem Hauptwerk der burgundischen Romanik. Das umfangreiche Restaurierungs- und Rekonstruktionsprogramm an dem 1120 begonnenen Bau (geweiht 1130), das auch Missgriffe aus dem 19. Jh. heilen sollte, ist nach jahrelanger Arbeit abgeschlossen. Als eine der großartigsten künstlerischen Leistungen aus dem 12. Jh. blieb am Hauptportal das **Tympanon** mit der Darstellung des *Jüngsten Gerichts* unter einer Mörtelschicht des 18./19. Jh. erhalten, samt dem Schriftzug des Künstlers: »Gis-

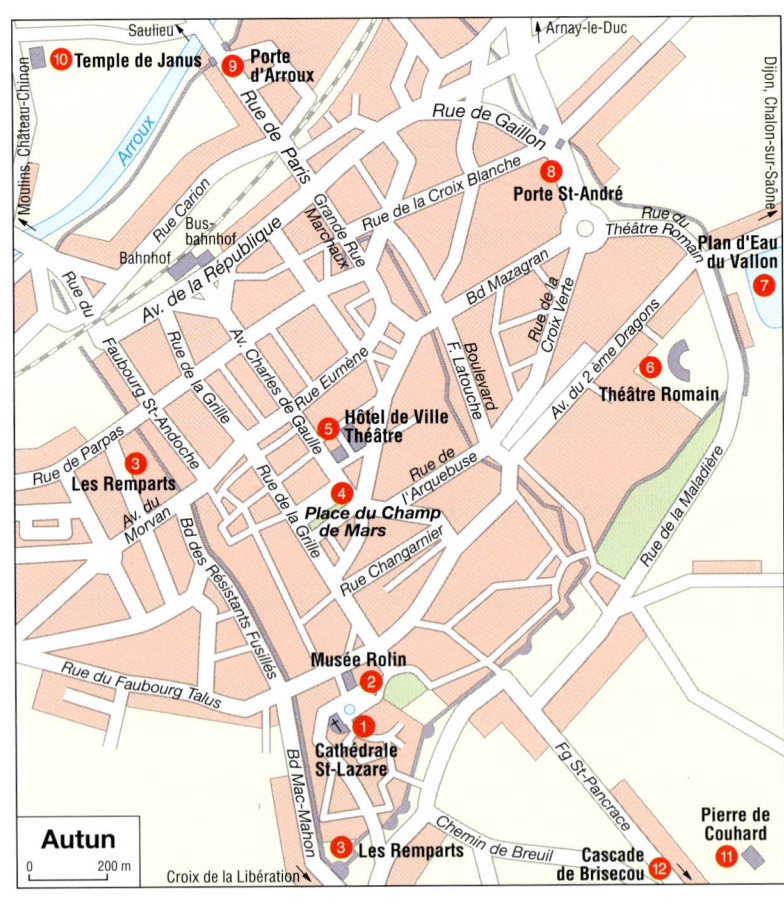

Endzeitskulptur der Romanik: Die Vorhalle des Westportals von St-Lazare mit dem Weltgerichts-Tympanon des Gislebertus, einer dramatischen Erzählung in Stein

lebertus hoc fecit« (Gislebert hat dies gemacht).

Schön fällt das Vormittagslicht in den Chor, eher dunkel wirkt das Langhaus, nur vom Obergaden her erhellt. Von den 101 Kapitellen sind **49 Figurenkapitelle**, die im 19. Jh. von dem Restaurator Viollet-le-Duc aus statischen Gründen (Verstärkung der Pfeiler) zum Teil durch Kopien ersetzt wurden. Die Originale, darunter die Darstellung des erhängten Judas, sieht man jetzt im **Kapitelsaal**. Rechts im Chor sieht man das marmorne *Doppelporträt* (17. Jh.) des Kapitelherrn **Pierre Jeannin** und seiner Frau. »Man muss den Souveränen langsam gehorchen, wenn sie in Wut sind«, hatte Jeannin in der Bartholomäusnacht 1572 gesagt und sich so gegen die befohlene Ermordung der Hugenotten gestellt.

Porträtskulptur im 17. Jh.: An ihrem Grabmal in St-Lazare sind der Kapitelherr Pierre Jeannin und seine Frau in Andacht dargestellt

Musée Rolin – gotische Bildniskunst in formvollendeter Schönheit: Hier das Antlitz der hl. Maria Magdalena

Die schönsten *romanischen Skulpturen* werden im nahe gelegenen **Musée Rolin** ❷ (5, rue des bancs, April–Sept. Mi–Mo 9.30–12 und 13.30–18, sonst Mi–Mo 10–12 und 14–17 Uhr, Tel. 03 85 52 09 76) gezeigt, darunter die Reste des *gotischen Mausoleums* für die Lazarus-Gebeine und die ganz ungewöhnliche Darstellung der *Eva* vom Westportal der Kathedrale: dargestellt ist eine durch Buschwerk kriechende schlangenhafte Figur, zugleich voll menschlicher Empfindung. Die großartige, reiche Sammlung des Musée Rolin zeigt außerdem *Malerei* vom Mittelalter bis zum 19. Jh. und eine Fülle gallorömischer Funde.

Der Rundgang durch die noch altertümliche **Oberstadt** führt über die Rue Rivault zum ehem. Ursulinenkloster (heute Komforthotel) und zum benachbarten **Relais des Ursulines**, einem gemütlichen Bistro à l'Américaine (2, rue Dufraigne, Tel. 03 85 52 26 22). Pizzerien und Antiquitätenläden liegen am Weg. Bald öffnet sich der Blick in die grüne Landschaft, und an der bis zu 8 m hohen Stadtmauer, **Les Remparts** ❸, und ihren Türmen kehrt man auf dem Boulevard Mac-Mahon und durch die Rue Cocand ins Kathedralviertel zurück.

Ein zweiter kurzer Rundgang führt um den Marktplatz, die **Place du Champ de Mars** ❹ mit ihrer langen Terrasse, dem Musikpavillon im Stil der Belle Époque und Cafés. Am Mittwoch und Freitag wird hier Markt gehalten. Nahebei steht das pompöse Zwillingsspaar **Hôtel de Ville** und **Théâtre** ❺, Renommierbauten aus dem 19. Jh.

Das antike Autun

Für die dritte Runde sollte man den Wagen nehmen, ihre Hauptpunkte liegen in weitem Kranz um das Zentrum: Das

Erstaunlich gut hat auch das römische Stadttor die Zeiten überdauert, das seinen Namen nach der benachbarten Kirche erhielt: die Porte St-André im Norden von Autun

Ein Wasserschloss in der klassischen Symmetrie der Renaissance: Sully-le-Château, auch das ›Fontainebleau Burgunds‹ genannt

größte antike Amphitheater Galliens, das **Théâtre Romain** ❻ aus dem 1. Jh. mit seinem noch erhaltenem Halbkreis der Sitzreihen für 12 000 Zuschauer, und unweit das Freizeitgelände um den künstlichen See **Plan d'Eau du Vallon** ❼. Nordwestlich davon steht das antike Stadttor, die **Porte St-André** ❽, die ihren christlichen Namen nach der benachbarten Kirche hat, und wieder einige Straßen weiter die **Porte d'Arroux** ❾ mit ihrem prägnanten Doppelbogen. Nördlich vom Fluss Arroux führen Fußwege durch Anglergelände zum **Temple de Janus** ❿, dem 24 m hohen Mauerrest eines Tempelbaus des 1. Jh. n. Chr., der einst von einem Säulengang gerahmt wurde.

Zu einem weiteren Bauwerk der Antike führen Straße und Fußweg nach Südosten aus der Stadt hinaus zum Dorf Couhard und dem **Pierre de Couhard** ⓫, einst wohl eine gallorömische Grabpyramide. Eine der Wandermöglichkeiten in der nahen Umgebung führt in gleicher Richtung über den Chemin de Breuil und die Rue Cascade zum **Cascade de Brisecou** ⓬. Beliebt sind auch die *Tours Gourmands à Velo*, etwa vierstündige geführte Radrundfahrten zu den Sehenswürdigkeiten mit Spezialitätenverkostung auf einem Bauernhof (Juli/Aug., Auskunft im Office de Tourisme).

Ausflug

Ancy-le-Franc, St-Fargeau, Sully – es ist schwer zu entscheiden, welches dieser drei das imposanteste Renaissanceschloss Burgunds ist. Das **Château de Sully** (April–Nov. tgl. 10–16.30, Juli/Aug bis 19 Uhr, Tel. 03 85 82 09 86), 15 km nordöstlich von Autun inmitten seines großen Parks, seiner Alleen und Wassergräben gelegen, zeigt sich jedenfalls trotz langer Baugeschichte vom 12. bis 19. Jh. als überaus harmonisch-elegante Vierflügelanlage (Neugestaltung im 16. Jh. durch Jean de Saulx). Die heutigen Eigentümer und Bewohner sind Nachfahren des Marschalls Patrice Maurice Comte de Mac-Mahon, Herzog von Magenta (1808–1893), der 1873 zum zweiten Präsidenten der Französischen Republik gewählt wurde – damals der Dank für die mitleidlose Niedermetzelung der Pariser Kommune.

ℹ **Praktische Hinweise**

Information

Office de Tourisme, 2, avenue Charles-de-Gaulle, Autun, Tel. 03 85 86 80 38, Fax 03 85 86 80 49, www.autun.com

Sport

Plan d'Eau du Vallon, Autun (östl. Stadtrand). Sport- und Freizeitzentrum: u. a. *Golf*, Tel. 03 85 52 09 28 (9-Loch-Golfplatz) – *Tennis*, Tel. 03 85 52 24 45 – *Windsurfen, Segeln*, Tel. 03 85 52 73 43 – *Tauchen*, Tel. 03 85 52 26 36.

Etrier Morvan, 23, Chemin de Ragots, Autun, Tel. 03 85 52 37 87. Reiten.

Hotels

***Les Ursulines, 14, rue Rivault, Autun, Tel. 03 85 86 58 58, Fax 03 85 86 23 07, www.hotelursulines.fr. Ruhiges komfortables Haus mit Garten.

***St-Louis et De la Poste, 6, rue d'Arbalète, Autun, Tel. 03 85 52 01 01, Fax 03 85 86 32 54, www.hotelsaintlouis. net. Schön renoviertes 350 Jahre altes Stadthotel, in dem einst Napoleon zu Gast war.

**La Tête Noire, 3, rue de l'Arquebuse, Autun, Tel. 03 85 86 59 99, Fax 03 85 86 33 90, www.hoteltetenoire.fr. Charme der Vergangenheit. Sehr gutes Preis-Leistungs-Verhältnis im Restaurant.

Restaurants

Le Chalet Bleu, 3, rue Jeannin, Autun, Tel. 03 85 86 27 30. Lokal mit interessantem kulinarischem Ehrgeiz (Mo abend und Di geschl.).

Le Chateaubriand, 14, rue Jeannin, Autun, Tel. 03 85 52 21 58. Gutes Stadtrestaurant hinter dem Theater (So und Mi abends sowie Mo geschl.).

16 La Boulaye

Vom ›Tempel der tausend Buddhas‹ oder Himalaya mitten in Burgund.

»Im Kagyu Ling, dem Tempel der tausend Buddhas, braucht niemand den Hima-

La Boulaye: buddhistischer ›Diamantweg‹, von tibetischen Mönchen gelehrt

laya, um zu meditieren«, heißt es in La Boulaye. Seit 1974 existiert hier aufgrund einer Schenkung »der glückliche Garten, in dem der Geist die Lehre Kagyus findet«. Dann folgte der *Stupa der Erleuchtung*. Der **Kagyu-Ling-Tempel** (Juli/Aug. tgl. 10–12 und 14.30–19, sonst 14.30–18 Uhr), in der Nachbarschaft des Château de Plaige erbaut, wurde 1987 geweiht. In seinen drei riesigen Buddha-Statuen enthält er bedeutende Relikte vieler dem Buddhismus heiliger Stätten.

Die Lehre des Gründers *Kalu Rimpotche* (1904–1989) folgt der Tradition des buddhistischen *Diamant-Weges*, auf dem das Individuum durch Überwindung des Egos zunehmend inneren Frieden und vollkommene Freiheit erlangt. Seit 1990 bietet das hier ansässige *Marpa-Institut* Kurse zum Tibetischen, zur Kalligraphie und viele andere Veranstaltungen buddhistischer Kultur.

ℹ️ Praktische Hinweise

Information

Kagyu Ling, Centre Bouddhiste Vajrayana, Château de Plaige, La Boulaye, Tel. 03 85 79 62 53, Fax 03 85 79 62 56, www.mille-bouddhas.com

Unterkunft

*/**Kagyu Ling (s. oben). Für Teilnehmer an Kursen und Veranstaltungen und für an Meditationen Interessierte stehen im Park Zeltplätze, Mehrbettzimmer im Schloss, einfache Hütten, Chalets mit Bad für Familien sowie Zimmer mit Bad und Heizung zur Verfügung.

17 Charolles

Das Land der romanischen Kirchen, der weißen Rinder und der Oldtimer-Museen ist eine Rundfahrt wert.

Charolles, Hauptort des Charolais und eines der beiden Zentren für den Viehhandel mit der gleichnamigen Rinderrasse, ist auch eine Stadt der Fayencen. Für Liebhaber der bunt bemalten Teller und Krüge lohnt sich der Besuch im **Musée du Prieuré** (rue du Prieuré, Juni– Sept. Mi–Mo 14–18 Uhr, sonst nach Anmeldung, Tel. 03 85 24 24 74), das auch eine Gemäldesammlung beherbergt.

Die Flussschleifen von Semence und Arconce, die sich in Charolles vereinen, verleihen dem geschäftigen Provinz-

Das gotische Schlossgemäuer von La Clayette wurde im 19. Jh. restauriert. In den Nebengebäuden präsentieren sich moderne Schätze: rund hundert gepflegte Oldtimer

städtchen eine Portion Romantik. Am besten überblickt man die hübsche Lage des Orts vom Rathausturm aus, der nach Karl dem Kühnen **Tour de Charles-le-Téméraire** heißt. Der Burgunderherzog hatte in der Stadt eine Residenz, lange war Charolles eine eigene Grafschaft.

Bernard Dufoux, Chocolatier in La Clayette

Viehmarkt wird jeden zweiten Mittwoch gehalten, die größten Märkte für Charolais-Zuchtbullen finden im Herbst statt. Das *Institut Charolais* (route Centre Europe Atlantique, N 79, Mo–Fr 10–18 Uhr, Tel. 03 85 88 04 00, www.institut-charolais. com) führt multimedial in die Geheimnisse der Charolais-Zucht ein, bietet Kochkurse an und verfügt über ein Restaurant.

Ausflüge

Charolles konkurriert mit **St-Christophe-en-Brionnais** (20 km südlich), wo jeden Donnerstag Charolais-Rinder versteigert werden. Das 700-Einwohner-Dorf ist Frankreichs fünftgrößter *Rindermarkt* mit jährlich bis zu 100 000 versteigerten Tieren – wohl aber der erste nach der Qualität. Das Auktionsgeschäft läuft von 6.30 bis etwa 8 Uhr. Nach dem Abschluss ihrer Geschäfte drängen die Händler dann in die Cafés und Bars des Ortes.

Von Charolles oder Paray-le-Monial [Nr. 18] aus führt die Rundfahrt durch den äußersten Südwesten Burgunds Bewunderer der **Romanik** zu Kirchen, die über die Jahrhunderte hin ihr Erscheinungsbild bewahren konnten. Schlösser, Museen, Märkte und Spezialitätengeschäfte wie die edle *Boutique Chocolats* (32, rue

Burgunds Exportschlager: Charolais-Rinder

Bei burgundischen Landwirten hätte sie großen Lacherfolg gehabt, die Touristin, die ihre Erkenntnisse folgendermaßen kommentierte: »Seltsam, in diesem Land sehen die Kühe von hinten wie Schweine aus und die Schweine wie Schafe, und weiß sind sie allesamt«.

Das Rindvieh ist hier stämmig, gedrungen, breit und kurzbeinig (und die Schweine sind tatsächlich hochbeiniger als in anderen Gegenden). Die **weißen Rinder** bringen überall helle Tupfen in die Landschaft, im Brionnais, im Charolais, im Morvan. Naturnah ist die Rinderhaltung: Die Kühe haben ihre Kälber bei sich, auch ein Stier steht oft augenrollend auf der Weide. Das Fleisch der Charolais-Rinderrasse ist zart, wohlschmeckend, saftig, von sehr feinen Fettsträngen durchzogen – eine **Delikatesse** im gastronomischen Angebot des Landes. Und darüber hinaus wichtig für die Wirtschaft: Lebende Rinder werden in viele Länder zur Züchtung exportiert, um andere Rinderbestände zu verbessern.

Die weißen Charolais-Rinder gab es schon im 18. Jh. Damals kam bei Adel und reichen Bürgern der Luxus üppiger Fleischmahlzeiten auf, und die Viehhändler wurden wohlhabend und einflussreich. Rindermärkte sind heute auch touristische Attraktionen.

Centrale, Tel. 03 85 28 08 10) des berühmten Chocolatiers Bernard Dufoux in **La Clayette** verführen zu Extra-Stopps.

In der Wasserburg von La Clayette ist das *Musée Automobile* zu besichtigen (April–Okt. tgl. 10–12 und 14–18, Nov., Jan.–März bis 17 Uhr, Tel. 03 85 28 22 07). Das *Château St-Hugues* (mit einer Ausstellung von Revolutionsflugblättern, Juni–Aug. Mo–Sa 10.30–12 und 14–19, So 14–18 Uhr, April–Mai, 1.–15. Sept. 10.30–12 und 14–18 Uhr, Tel. 03 85 28 22 07) in **Semur-en-Brionnais** mit seinem vierschrötigen Donjon nimmt für sich in Anspruch, das älteste Schloss Burgunds zu sein, weil von hier aus im 9. Jh. die Landvögte über das Brionnais herrschten.

Wer von Osten kommt – die D 987 führt gemächlich durch schönste Wald- und Wiesenlandschaft, die D 121 dagegen ist eine viel befahrene Hauptroute–, findet schon in **Bois-Ste-Marie** eine romanische *Kirche* mit frühen Figurenkapitellen (etwa 5 km nördlich von La Clayette). Unter etlichen möglichen Rundfahrten bietet sich von La Clayette ein weiter Bogen zurück nach Charolles oder Paray-le-Monial an: weitere romanische Kirchen sind in Semur-en-Brionnais, in **St-Julien** und – jetzt erreicht man das breite Tal der Loire – in **Iguerande** und in **Marcigny**, schließlich in **Anzy-le-Duc** zu besuchen. Der *Circuit d'Églises Romanes de Brionnais* empfiehlt noch einige mehr. Glockentürme, jeder von eigenem Charakter, der Schmuck der Bogenfelder über den Portalen, das Raum- und Lichterlebnis der Gewölbe üben eine sagenhafte Faszination aus – da können auch Neulinge zu Romanik-Bewunderern werden.

Kulinarische Spezialitäten der Region sind – außer den überall grasenden Charolais-Rindern – diverse Ziegenkäse. Der älteste, seit 1266 bezeugte Bauernmarkt findet Montag vormittags in Marcigny statt.

Oldtimer-Fans können von La Clayette aus noch einen Abstecher nach **Chauffailles** (13 km südlich) machen. Im dortigen *Auto Musée du Beaujolais* (35, rue du 8 Mai, Di–So 10–12 und 14–18 Uhr, Tel. 03 85 84 60 30) kann man Edelflitzer und Prestigekarossen nicht nur besichtigen, sondern auch gleich kaufen.

ℹ Praktische Hinweise

Information

Office de Tourisme, rue Baudinot, Ancien Couvent des Clarisses, Charolles, Tel. 03 85 24 05 95, Fax 03 85 24 28 12

Oben: *Die um 1200 erbaute Basilique du Sacré-Cœur in Paray-le-Monial oder Kirche in Semur-en-Brionais? Vermutlich zeigte die verlorene Kirche Cluny III eine ähnliche architektonische Gestalt*
Unten: *Eines der außerordentlichen romanischen Kapitele in Ancy-le-Duc im Brionnais*

Office de Tourisme, 3, route de Charolles, La Clayette, Tel. 03 85 28 16 35, Fax 03 85 28 28 34, www.laclayette.fr

Office de Tourisme, place des Halles, Marcigny, Tel. 03 85 25 39 06, Fax 03 85 25 14 34

Hotels

**Le Moderne, 1, avenue Joanny Furtin, Charolles, Tel. 03 85 24 07 02, Fax 03 85 24 05 21. Hotel mit Garten, Schwimmbad und gutem Restaurant (So/Mo abends zeitweise geschl.).

**Chambres d'Hôtes Les Récollets, 4, place du champ de foire, Marcigny, Tel./Fax 03 85 25 05 16, www.lesrecollets.com. In einstigem Klosterkonvent mit Speisesaal samt Kamin und schönem Garten.

Restaurant

Poste, 2, avenue de la Libération, (bei der Kirche), Charolles, Tel. 03 85 24 11 32. Das beste Lokal am Ort, auch einige Zimmer (So abends und Mo geschl.).

18 Paray-le-Monial

Visionen einer Nonne machten das Charolais-Städtchen zum Pilgerziel.

War schon das Benediktinerkloster von Paray-le-Monial im Mittelalter ein starker Anziehungspunkt, so gaben im 17. Jh. die mystischen Visionen der Advokatentochter und Nonne **Marguerite-Marie Alacoque** (1647–1690), die von ihrem Beichtvater Claude la Colombière unterstützt wurde, dem sakralen Magnetismus des Ortes neuerlich Kraft. Erst nach dem Ersten

Wie Cluny wäre auch die Basilique du Sacré-Cœur in Paray-le-Monial nach 1789 abgerissen worden – doch die Bürger der Stadt kauften sie gemeinsam, um den Bau zu erhalten

Weltkrieg sprach der Papst Marguerite-Marie Alacoque aufgrund ihrer Herz-Jesu-Visionen heilig. Sie selbst deutete diese Erscheinungen als Botschaft der Liebe Gottes zu seinen Geschöpfen.

Schon seit 1873, als Rom das liturgische Fest des ›Heiligen Herzens‹ einführte (und in Paris der Bau der Sacré-Cœur-Kirche begann), pilgerten alljährlich Zehntausende, heute jedes Jahr bis zu 400 000 Menschen zur **Chapelle de la Visitation** (rue de la Visitation), auch Sanctuaire des Apparitions, Kapelle der Erscheinungen, genannt. Sie enthält ein monumentales modernes *Christusbild* sowie den goldglänzenden *Sarkophag* der Visionärin.

Anders als in Lourdes suchen die Gläubigen nicht Heilung von physischen Krankheiten, sondern Gotteserfahrung. **La Fête du Sacré-Cœur** wird am dritten Freitag nach Pfingsten gefeiert. Die *Communauté d'Emmanuel* veranstaltet auch internationale Begegnungen, an denen Zehntausende teilnehmen. Ein zweites Pilgerziel ist der *Espace Ste-Marguerite-Marie et St-Claude la Colombière* in Paray-le-Monial (Info: Direction du Pèlerinage, place Cardinal Perraud, Tel. 03 85 81 62 22) mit interessanten Dokumenten und Manuskripten aus dem Leben sowie mit Darstellungen und Reliquien der beiden Heiligen.

In der burgundischen Architektur wird der doppeltürmigen Herz-Jesu-Basilika von Paray-le-Monial, der **Basilique du Sacré-Cœur** (tgl. 9–19 Uhr), eine Schlüsselrolle zugemessen, da sie mit hoher Wahrscheinlichkeit im letzten Viertel des 11. Jh. oder im ersten Viertel des 12. Jh. nach dem Muster der heute verlorenen Kirche Cluny III [s. S. 48], allerdings um zwei Drittel kleiner, gebaut wurde. Im **Inneren** bewirkt die Schmalheit des Mittelschiffs den Eindruck außerordentlicher Höhe, gibt dem Raum geistliche Majestät, die durch die Lichtführung der hohen Fenster noch gesteigert erscheint. Von großer künstlerischer Kraft sind die **Bildwerke**: eine Pietà in einem gotischen Schrein und ein Kruzifix, das den gedemütigten, geschlagenen Heiland zeigt. In der Außengestaltung ist der Kranz der **Kapellen** um den Chorumgang architektonisch meisterhaft gelöst: eine Staffelung von Dächern und Rundformen, die jedes Formelement zur Geltung bringt. Im Juli/August werden sonntags Gratis-Orgelkonzerte geboten.

Beim Rundgang durch das kleine historische **Zentrum** der Stadt trifft man auf mittelalterliche Quartiere, klösterliche Parkanlagen und eine lebhafte Fußgängerzone um das prächtige Rathaus (Hôtel de Ville), das 1528 als Renaissance-Palais des Tuchmachers Pierre Jayet errichtet wurde. Geschmückt ist die Fassade mit Medaillons, die Frankreichs Könige darstellen sollen. Die durch großzügige Stiftungen aufgebaute Sammlung des **Musée de la Fayence** (av. Jean-Paul-II, Ostern–Okt. Mi–Mo 10–12 und 14–18, Juli/Aug. 15–19 Uhr, Tel. 03 85 88 83 07) im ehem. Benediktinerkloster ist reich an Charolais-Fayencen vom Biedermeier bis in die Gegenwart.

ℹ **Praktische Hinweise**

Information

Office de Tourisme, 25, avenue Jean-Paul II, Paray-le-Monial, Tel. 03 85 81 10 92, Fax 03 85 81 36 61, www.paraylemonial.fr.

Sport

Office municipal des Sports, Paray-le-Monial, Tel. 03 85 81 10 92. Vielfältiges Angebot: Schwimmen, Tennis, Leichtathletik, Reiten, Schiffsfahrten auf dem Canal du Centre sowie ein Center für Segel- und Ultraleichtflugzeuge.

Hotels

**Chambres d'Hôtes Maguy et Paul Mathieu, Sermaize/Poisson, 11 km südöstlich von Paray, Tel./Fax 03 85 81 06 10. Dekorativ eingerichtete Komfortzimmer im Turm eines Herrenhauses, gute Table d'hôte, freundlicher Service. Uralte steinerne Wendeltreppe und schöne Landschaft inbegriffen (Dez.–Febr. geschl.).

**Grand Hôtel de la Basilique, 18, rue de la Visitation, Paray-le-Monial, Tel. 03 85 81 11 13, Fax 03 85 88 83 70, www.hotelbasilique.com. Traditionelles, zentral gelegenes Haus mit Restaurant.

*Aux Vendanges de Bourgogne, 5, rue Denis-Papin, Paray-le-Monial, Tel. 03 85 81 13 43, Fax 03 85 88 87 59. Kleines, gemütliches Haus mit Restaurant und Garten.

*Hostellerie des Trois Pigeons, 2, rue Dargaud, Paray-le-Monial, Tel. 03 85 81 03 77, Fax 03 85 81 58 59. Unterkunft mit hübschem Garten und Restaurant gleich beim Renaissance-Rathaus.

19 **Bourbon-Lancy**

Das Thermalbad mit seinen warmen Quellen besteht schon seit der Antike.

Zwei Orte unter einem Doppelnamen, wie zwei Geschwister verschiedenen Temperaments, nur durch einen Fußweg von zehn Minuten voneinander getrennt: Bourbon-Lancy im Tal und Bourbon-Lancy auf der Höhe. Das ruhige, verschlafene Städtchen droben hat noch Gassen mit wahrhaft mittelalterlicher Atmosphäre, einen Uhrturm aus dem 14. Jh., einen weinlaubüberrankten Fachwerkwinkel und eine hübsche Fußgänger-Einkaufsstraße.

Durch einen Park führt eine Treppe hinab ins Tal der Borne, ins **Kurgelände** mit Grand-Hotel-Nostalgie und postmodernem Gesundheits-Pep im Fitness-Center, samt *Personal body care*. Diese Kontraste haben durchaus ihren Reiz. Die fünf **Thermalquellen** – Temperatur bis 60 Grad – erweisen sich u. a. bei Arthrose, rheumatischen Leiden und Kreislaufstörungen als heilsam. Schon bald nach Caesars Zeiten ließen es sich Römer hier wohl sein. Und auch heute genießen die Gäste von Burgunds einzigem Thermalbad die Vorzüge dieser kleinen, aber feinen Anlage, in der rund 400 Kurgäste betreut werden können. Der weitläufige Park mit seinen majestätischen Redwood-Bäumen lädt zum Flanieren ein.

ℹ **Praktische Hinweise**

Information

Office de Tourisme, place d'Aligre (in der Unterstadt beim Grand Hôtel), Bourbon-Lancy, Tel. 03 85 89 18 27, Fax 03 85 89 28 38, www.bourbon-lancy.com

Thermalbäder

Etablissement Thermal, place d'Aligre, Bourbon-Lancy, Tel. 03 85 89 18 84, Fax 03 85 89 25 45, www.thermes-bourbon-lancy.com. Kurbetrieb April–Okt.

Hotel

***Manoir de Sornat, Allée de Sornat, Bourbon-Lancy (2 km stadtauswärts an der Straße nach Moulins, kurz vor dem Kreisel), Tel. 03 85 89 17 39, Fax 03 85 89 29 47. Ausgesprochen komfortables Hotel in einer Villa von 1900 mit nur 13 Zimmern, inmitten eines schönen Parks mit hohen Bäumen gelegen. Restaurant.

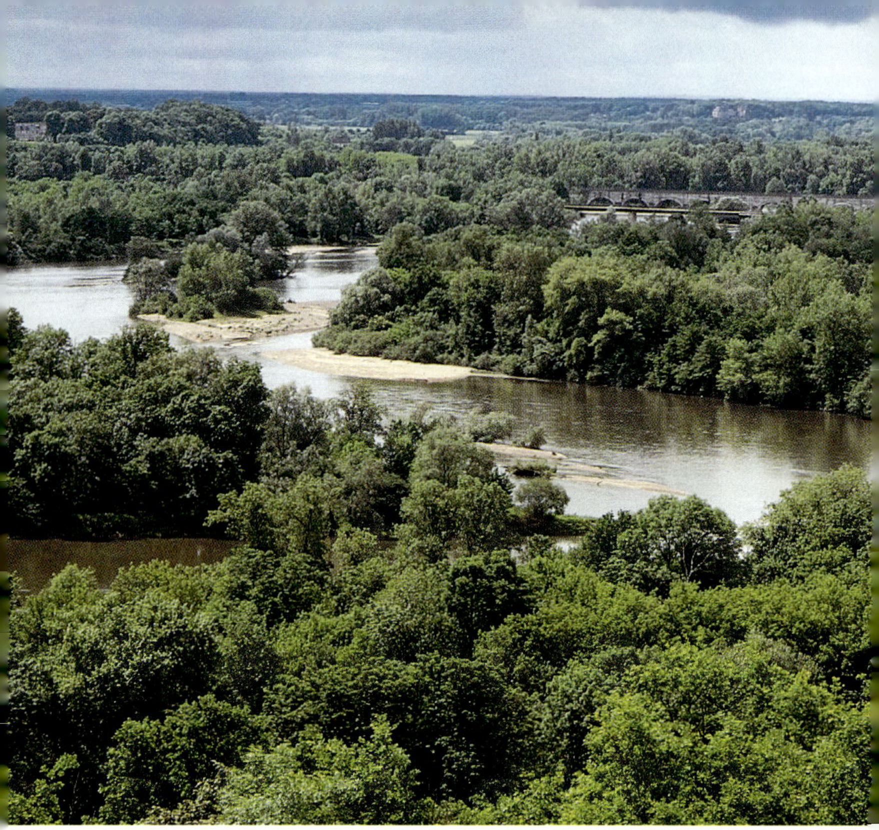

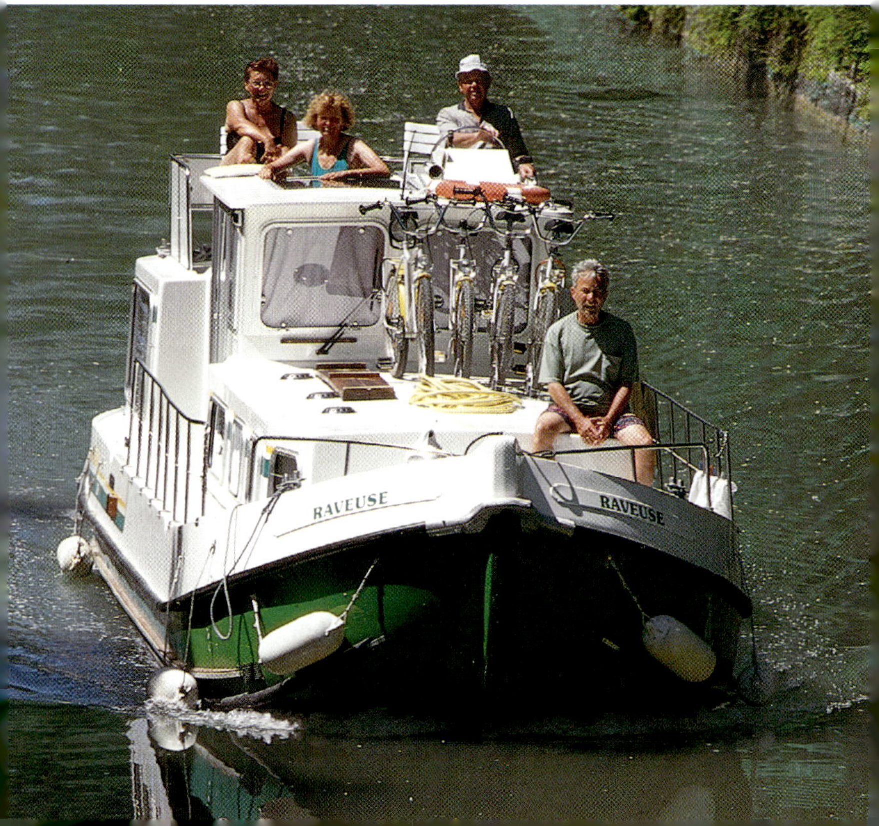
RAVEUSE
RAVEUSE

Das Nivernais – Land zwischen Loire und Morvan

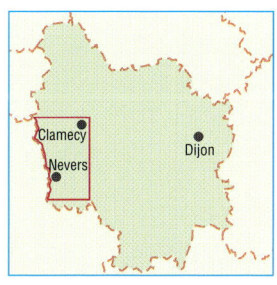

Die Silberbäche und grünen Hügel des **Morvan** sind das schönste touristische Kapital des **Départements Nièvre**. Zwar haben alle vier burgundischen Départements teil an dem großen *Naturpark*, doch der Löwenanteil gehört dem Nièvre, samt der meisten Morvan-Seen und **Château-Chinon**, der historischen ›Hauptstadt‹ der Region. Dort bereitete sich *François Mitterrand* über Jahrzehnte als Bürgermeister und Abgeordneter auf sein Präsidentenamt vor und vermachte seine Staatsgeschenke einem originellen Museum. Ein anderes Gesicht zeigt das Département in den Städten an der Loire und an der Yonne: reich an architektonischen Zeugen aus Mittelalter und Renaissance. Das gilt vor allem für die einstige Grafen- und Herzogsstadt **Nevers**, die dank ihrer dynastischen Verbindungen nach Italien zu einem Zentrum französischer Fayencekunst wurde. Künstlerischer Reichtum aus Romanik und Gotik fasziniert auch in **La-Charité-sur-Loire**: Die Abtei zählt zu den größten Burgunds und zum UNESCO-Weltkulturerbe. Nicht zu vergessen **Clamecy** an der Yonne, das in seinen alten Mauern voller Erinnerungen an die Zeit der Flößer und Holzhändler steckt. Schöne Erlebnisse bietet die *Loire* selbst, die als letzter großer, auf langen Strecken naturbelassener Fluss Europas gilt. *Weingärten* säumen die Loire bei Pouilly-sur-Loire und bei Sancerre. Biber, Otter und sogar Sumpfschildkröten leben hier, an den Steilufern gibt es auch Zwergseeschwalben. *Hausbooturlauber* sind auf dem Canal du Nivernais unter sich – er ist im mittleren Teil für den kommerziellen Verkehr gesperrt. Aus dem hochromantischen Tal der *Yonne* kommt der Nivernais-Kanal durch das Tunnelgewölbe von Colancelle zu den Seen von Vaux und Baye und durch das Bazois ins Tal der Loire, die er bei Decize erreicht. Einen Kontrast zu so viel ländlichem Frieden bietet der Rennkurs von **Magny-Cours** bei Nevers, der die Formel-1-Fans zu Tausenden anzieht. Doch der erklärte Schutz von Kultur und Natur passt eher ins Bild des Nivernais – von der frei strömenden Loire bis in die Morvan-Wälder – und bietet sicher die bessere Art, Urlaub zu machen.

20 Decize

Wasserfreuden an den Ufern der Loire, auf Teichen und Kanälen.

Den letzten großen natürlichen Flusslauf in Europa hat man die Loire genannt. Doch auch hier sind Staudämme und Uferbegradigungen geplant, die eine Änderung der Fließgeschwindigkeit mit sich brächten. Ökologen warnen vor den Folgen für Wasser- und Brückenlandschaften wie die von Decize. Das 7500-Einwohner-Städtchen mit der langen **Brücke** aus steinernen Bögen wird von

⊲ *An der Loire, auf der Loire*

der Loire umströmt, in die hier die Aron einmündet. Zum Zusammenfluss führt eine prächtige vierreihige Platanen- und Lindenallee, die *Promenade des Halles*, eine der ältesten Alleen in Frankreich.

Hausbootkapitänen bietet Decize einen beliebten **Freizeithafen** – und die Wahl, vom Loire-Seitenkanal, dem Canal lateral à la Loire, zum Canal du Nivernais zu wechseln (die Loire selber ist wegen stark wechselnden Wasserstands nicht geeignet). Für Kinder attraktiv ist das **Stade nautique** am Loireufer in Decize, mit Tretbooten, Ballspielen und Tischtennis.

Alte Festungsmauern, die **Porte du Marquis d'Ancre**, die Ruinen des Schlosses der Grafen von Nevers und auf der

Höhe des Stadthügels die Kirche **St-Aré** mit Chor und Apsis aus dem 11. Jh. und einer Krypta des 12. Jh. dokumentieren das Alter der Stadt. Die Überlieferung reicht jedoch noch weiter zurück. *Decetia* war eine Etappe auf Caesars Eroberungsmarsch durch Gallien. In der Französischen Revolution spielte der in Decize geborene **Louis Antoine Léon Saint-Just** (1767– 1794) als Anhänger Robespierres im sog. Wohlfahrtsausschuss eine blutige Rolle, bis er selbst – wie zuvor unter seiner Anklage Danton – auf der Guillotine endete.

Ausflüge

Nach Westen erstreckt sich die sehenswerte, äußerst reizvolle Wälder- und Felderlandschaft **Entre Loire et Allier**, immer wieder geschmückt mit Teichen und kleinen Seen, mit Schlössern und Mühlen. Hier kann man baden, paddeln und angeln.

Ein Denkmal der Industriegeschichte bietet 7 km nördlich der Ort **La Machine** mit dem Bergwerksmuseum **Musée de la Mine** (Siège des Houillères, 1, avenue de la République, Mitte Juni–Mitte Sept. Mi–Mo 10–12, 15–19, Mitte Sept.–Okt., März–

Mitte Juni So 14–18 Uhr, Tel. 03 86 50 91 08), das Geschichte und Technik des Bergbaus illustriert.

ℹ️ Praktische Hinweise

Information

Office de Tourisme, Hôtel de Ville, place du Champ-de-Foire, Decize, Tel. 03 86 25 27 23, Fax 03 86 77 16 58, http://pagesperso-orange.fr/otsi

21 Nevers

Ein Loire-Schloss in Burgund und die heilige Bernadette Soubirous.

Nevers, die Hauptstadt des **Départements Nièvre** und mit rund 43 000 Einwohnern drittgrößte Stadt Burgunds, ist auch eine Hauptstadt der französischen Fayencekunst, die Stadt der hl. Bernadette von Lourdes – und heißt zu Recht *Ville d'Art et d'Histoire*, Stadt der Kunst und Geschichte.

Geschichte Caesar hatte am Zusammenfluss von Loire und Nièvre ein Basis-

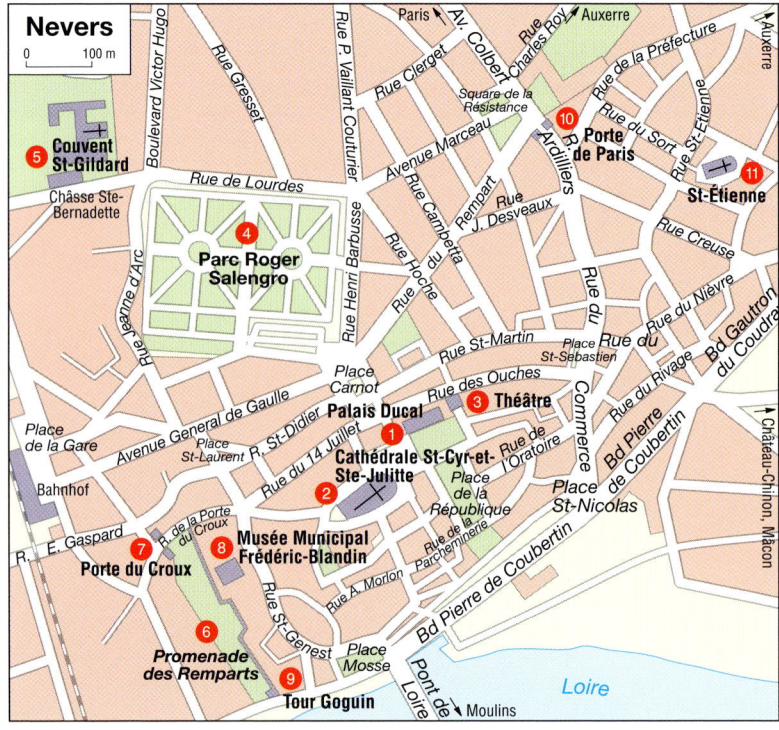

Eine Stadtarchitektur wie auf einem alten Gemälde: Nevers mit dem mächtigen Baukörper der im Zweiten Weltkrieg schwer beschädigten Cathédrale St-Cyr-et-Ste-Julitte

lager, das die Häduer 52 v. Chr. niederbrannten. Die gallorömische Stadt fiel im 6. Jh. an das Königreich Burgund und wurde Sitz eines Erzbistums. Eines der ältesten Bauwerke, die **Tour Goguin** (um 1300), ist Teil der Stadtbefestigung des Grafen Pierre de Courtenay, der flandrischer Herkunft war.

Nevers wurde zu einem Musterfall europäischer Feudalpolitik, wechselte die Herren alle paar Generationen. 1384 erbte *Margarete von Flandern*, Gattin Philipps des Kühnen, die Erblande, zu denen auch Nevers gehörte. Als mit dem Tod Karls des Kühnen (1477) die Dynastie der Großen Burgunderherzöge endete, traten die Herzöge von Kleve die Nachfolge an und einige Generationen später, 1565, durch Heirat die **Gonzaga**, eine Nebenlinie der Herzöge von Mantua. Der nächste Wechsel lief über die Banken: 1659 kaufte der schwerreiche *Kardinal Mazarin*, Berater Ludwigs XIII. und Ludwigs XIV., das ganze Herzogtum Nevers für 1,2 Mio. Livres.

Die Gonzaga hatten mit italienischen Kunsthandwerkern vor allem **Fayencewerkstätten** ins Land gebracht, dazu Glas- und Emailkünstler. Auf das Jahrhundert der Kunsthandwerker folgte die Ära der **Hütten-** und **Metallindustrie**. Die Kohlengruben bei La Machine [s. S. 68], die Hütten von Fourchambault und Guérigny prosperierten im 18. und 19. Jh., nicht zuletzt wegen der günstigen Loire-Verbindung. Sogar der Passagierverkehr mit Raddampfern lohnte sich zur Postkutschenzeit auf der Loire. Im Zweiten Weltkrieg wurde das Eisenbahnkreuz Nevers nach der Normandie-Invasion Ziel von Luftangriffen, die den deutschen Nachschub unterbinden sollten, leider aber am 17. Juli 1944 auch die Kathedrale trafen.

Besichtigung Touristisch ist Nevers vielen Städten Burgunds einige Schritte voraus. Nicht nur Tafeln an den historischen Häusern und Monumenten geben Auskunft; Gratis-Führungshefte in mehreren Sprachen bieten erläuternde Texte entlang einer Rundganglinie, die als farbige Spur auf dem Straßenpflaster erscheint. Wer erst einmal die künstlerisch und historisch wichtigsten Bauwerke, Stätten und Sammlungen kennen lernen will, beginnt auf dem **Stadthügel** über der Loire. Nur durch einen kleinen Park voneinander getrennt stehen dort die mittelalterlichen Zentren der weltlichen und der geistlichen Macht, der Herzogspalast und die Kathedrale, sowie im Hintergrund das Rathaus aus dem 19. Jh.

Architektonische Schönheiten

Das **Palais Ducal** ❶, als ein Hundert-Jahre-Werk unter mehreren Herrschern zwischen 1465 und 1565 entstanden, hat noch *Festungstürme* wie eine mittelalterliche Burg, wendet dem Fluss aber eine elegante **Fassade** mit schlanken Treppentürmen zu, die in ihrer klassischen Gliederung ein schönes Beispiel der französischen Renaissance ist. Zugänglich ist das Erdgeschoss, wo sich auch das Office de Tourisme befindet, und die – wie der ganze Palast – modernisierte *Treppenhausspirale*.

Im Entrée des Herzogspalasts befindet sich die **Nivernais-Ausstellung**. Hier tummeln sich hinter Glaswänden alle *Fischarten*, die in der Loire heimisch sind. Ein paar Schritte weiter steht man vor einem *Formel-1-Rennwagen* und vor Vitrinen mit High-Tech-Proben aus den benachbarten Rüstungsschmieden von Imphy. Im Hintergrund scheinen die keltischen *Hä-*

Die Fassade des Palais Ducal zeigt die Schmuckfreude der Renaissance

duer ein Lager aufgeschlagen zu haben. Im 1. Stock sitzt *Louis de Gonzaga*, Herzog des Nivernais, und erklärt, was er Gutes für die Stadt Nevers getan hat. Die Holographie macht es möglich: Die Wachsfigur bewegt Lippen und Augen verblüffend lebensecht. Bereits seit der Mitte des 19. Jh. zogen Gerichte und andere öffentliche Ämter in den Feudalsitz ein. Die Nivernaiser heirateten hier auch.

Der älteste Teil der **Cathédrale St-Cyret-Ste-Julitte** ❷, das *Baptisterium* (meist nicht zugänglich) aus dem 6. Jh. unter dem Chor, wurde erst nach dem Zweiten Weltkrieg entdeckt. Mit seinem achteckigen Taufbecken diente es wohl dem alten Ritus der Ganzkörpertaufe. Der mächtige gotische Bau der Kathedrale entstand im 13. Jh.

Sein **Inneres** beeindruckt als graziler Raumkörper und ist auch unter kunsthistorischen Aspekten in vielfacher Weise interessant. Anteile aus vier *Vorgängerbauten* an gleicher Stelle sind in ihm enthalten. Mit den dreigeschossigen Wänden und ihrem doppelschaligen Aufbau (ein schmaler Gang im Obergaden) zeigt die Kathedrale jenen Stil, den man die *leichte burgundische Gotik* genannt hat. Ungewöhnlich ist das Vorhandensein einer zweiten Apsis. Diese **Westapsis** über der Krypta (11. Jh.) ist ein Überbleibsel vom romanischen Bau. Zusätzlich errichtete man im 13. Jh. noch eine gotische **Ostapsis**. Der zweite Chor ist in französischen Kirchen sehr selten, er hatte sein Vorbild vielleicht im Rheinland.

Noch überraschender sind die in Burgund seltenen modernen **Kirchenfenster**. Fünf Künstler wurden in den 1970er-Jahren beauftragt, die 1944 zerstörten, bis dahin durch eine Notverglasung ersetzten Glasbilder zu erneuern. Ausführende waren u. a. Gottfried Honegger, Claude Viallat, François Rouan. Die jüngsten, farbkräftigen und symbolstarken Fenster entwarf Jean-Michel Alberola im Jahr 2000. Teils setzten die Künstler biblische Motive ein, teils schufen sie abstrakte Kompositionen. Acht Jahrhunderte älter ist das Wandgemälde mit dem monumentalen **Christusbild** in der romanischen Chorapsis, das der Darstellung in der cluniazensischen Kirche von Berzé-la-Ville nahe steht [s. S. 50].

Westlich vom Palais Ducal steht das **Théâtre** ❸. Es wurde 1808–24 im italienischen Stil errichtet und um 1890 in üppiger Belle-Époque-Manier mit Malerei und Goldstuck modernisiert.

Ein gotischer Kirchenraum von großer Schönheit: Cathédrale St-Cyr-et-Ste-Julitte, die mit eindrucksvollen Glasmalereien der 70er-Jahre des 20. Jh. geschmückt wurde

Der Glassarg der Bernadette

Durch die symmetrische Anlage des **Parc Roger Salengro** ❹ mit dem nostalgischen Musikpavillon von 1887 gelangt man zum Lebens- und Sterbeort eines Menschen, dessen religiöse Erfahrung bis heute viele bewegt. **Bernadette Soubirous** (1844–1879) hatte als 14-Jährige in ihrer Heimat Lourdes 18 Marienvisionen erlebt, ein Quell war entsprungen, durch den unheilbar Kranke geheilt worden waren. Im **Couvent St-Gildard** ❺ der 1680 gegründeten Kongregation ›Schwestern der Nächstenliebe‹ suchte Bernadette als Nonne Zuflucht, führte hier aber ein hartes Dasein, gepeinigt von ihrer Obe-

rin, die der offenbar göttlich Auserwählten besonders strenge Disziplin verordnete.

Das Klosterareal wurde mit Neubauten zum **Espace Bernadette Soubirous** (34, rue Saint-Gildard, April–Okt. tgl. 7–12.30 und 13.30–19.30, Nov.–März 7.30–12 und 14–18 Uhr, Tel. 03 86 71 99 50, www.sainte-bernadette-nevers.com) erweitert und ist Museum, Wallfahrtsort und geistliches Zentrum, bietet Seminare oder Exerzitien und einfache Zimmer für insgesamt 200 Gäste.

In einer *Grotte* mit Kerzen sieht man in einem *gläsernen Schrein* den in dunkles Nonnenhabit gekleideten, nie künstlich mumifizierten Leib der 1933 heilig ge-

Nevers: Bernadette Soubirous' Leichnam wird in einem Glasschrein bewahrt und verehrt

sprochenen Bernadette – geschmückt mit Emailblüten, einem Vogelpaar und goldenem Rahmen. Vor allem das von einer dünnen Wachsschicht bezogene Gesicht fesselt die Blicke, das Gesicht einer kleinen jungen Frau mit einem ganz leichten Lächeln. Dreimal wurde der Leichnam exhumiert, 1909, 1919 und 1925,

bevor man ihn schließlich in diese Kapelle überführte, in der seither Abertausende beteten.

Im Viertel der Fayencen

Am Park Salengro entlang geht es nun wieder in Richtung Loire zur **Promenade des Remparts** ❻. Die Reste der Stadtbefestigung sind hier besonders imposant. Die **Porte du Croux** ❼, das letzte fast original erhaltene mittelalterliche Stadttor, kann man hinaufsteigen.

Einige Schritte weiter, inmitten der Parkanlage unter der Stadtmauer, erreicht man das **Musée Municipal Frédéric-Blandin** ❽ (promenade des Remparts, Jardin de l'Abbaye, wegen Restaurierung bis 2009 geschl., Tel. 03 86 71 67 90), das Nivernaiser *Fayencen* präsentiert und die Geschichte dieses edlen Kunsthandwerks seit dem Jahrhundert der Gonzaga dokumentiert. Außerdem sind feine *Glasarbeiten* zu sehen, für die es an der Loire ein Monopol gab, und eine Sammlung meist französischer *Gemälde*.

In den Gassen östlich der Porte du Croux (stadteinwärts) finden sich noch traditionelle **Fayence-Werkstätten**. Eine der Firmen existiert schon seit dem Ende des Dreißigjährigen Krieges. Ein kurzer Abstecher führt zur **Tour Goguin** ❾. Eine Tafel erinnert daran, dass hier die Jakobspilger auf ihrem Weg nach Santiago de Compostela vorbeikamen.

Zum Einkaufen oder auch nur zum Schaufensterbummeln könnte ein Rundgang in den Stadtteil östlich des Herzogspalastes führen, zur Place Mancini und in die *Rue François-Mitterrand* (Fußgänger-

Aus Oberitalien brachten die Gonzaga Fayence-Handwerker nach Nevers. Noch heute lebt die Tradition, und man kann den Kunsthandwerkern bei der Arbeit zuschauen

zone). Auch dort sind ganze Straßenzüge mit historischen Gebäuden erhalten. Über die Place d'Europe und den Square R.-Vilain – nahe dem Triumphbogen der **Porte de Paris**  von 1746 – erreicht man dann den kostbarsten romanischen Kirchenbau der Stadt.

St-Étienne ⑪ ist die 1097 geweihte Kirche eines bereits im 7. Jh. gegründeten Klosters. Der großzügige Einsatz von *Säulen* erinnert an die Architektur der Antike, der breite *Chorumgang* mit den Radialkapellen und die Empore verweisen auf die Funktion als Pilgerkirche. Nevers war eine der Stationen auf dem über Jahrhunderte hin viel benutzten Weg nach Santiago de Compostela. Der *Glockenturm* von St-Étienne fiel der Revolution zum Opfer.

Retter des dem Verfall anheim gegebenen Bauwerks wurde schließlich der Dichter der ›Carmen‹, **Prosper Mérimée**. Er hat unschätzbares für Burgunds historisches Erbe geleistet und war aufgrund seines besonderen Engagements auch offiziell im Auftrag der staatlichen Denkmalpflege tätig.

Ausflüge

Eine beschauliche kleine Fahrt loire-abwärts führt zu **Le Bec d'Allier**, dem Zusammenfluss von Loire und Allier. Die Landschaft mit ihren Auen, Sandbänken und einer alten Brücke ist am besten bei *Marzy* von einem oberhalb der Flüsse gelegenen Aussichtsplatz zu überblicken. Weit erstrecken sich Wälder und Felder nach Südwesten, kaum von Siedlungen unterbrochen.

Etwa 12 km südlich hat sich das Dorf **Apremont-sur-Allier** wie zum Wettbewerb für das schönste Dorf herausgeputzt, samt *Parc Floral* (April–Aug. Mo–Sa 10.30–12.30 und 14.30–18.30, So 10.30–18.30, Sept. Mo, Mi–Sa 10.30–12.30 und 14.30–18.30, So 10.30–18.30 Uhr), Brasserie, Salon de Thé und dem Kutschenmuseum **Musée des Calèches** (Ostern–Sept. Mo–Sa 10.30–12.30 und 14.30–18.30, So 10.30–18.30 Uhr). Auf dem Weg dorthin kann man Schiffe auf dem Loire-Seitenkanal über den Fluss Allier hinwegsteuern sehen – Brückenbauer machten diese Wasserbahn auf Stelzen möglich.

ℹ️ Praktische Hinweise

Information

Office de Tourisme, Palais Ducal, Nevers, Tel. 03 86 68 46 00, Fax 03 86 68 45 98, www.nevers-tourisme.com

Apremont-sur-Allier: Oldtimer-Museen und Oldtimer-Rallyes

Einkaufen

Au Négus Lyron, 96, rue François-Mitterrand, Nevers. Geschäft mit feinsten Schokoladenspezialitäten wie den köstlichen Nevers-Nougatinen.

Montagnon, 10, rue de la Porte du Croux, Nevers. Seit 1648 stellt die Firma handgemalte Fayencen her.

C. Girande, 26, rue du 14 Juillet, Nevers. Traditionelle Fayencen.

Sport

Piscine des Bords de Loire, Bords de Loire (südl. Loireufer), Nevers, Tel. 03 86 71 83 99. Wellenbad.

Tennis, Bords de Loire, Nevers, Tel. 03 86 71 83 99

Kanu, Tel. 03 86 36 72 47 und **Wasserski**, Tel. 03 86 93 04 40, auf der Loire

Hotels

***Best Western De Diane**, 38, rue du Midi, Nevers, Tel. 03 86 57 28 10, Fax 03 86 59 45 08, www.bestwestern.com. Sehr angenehmes Hotel im Zentrum.

***Pont de Loire**, Côté Loire quai de Médine, Nevers, Tel. 03 86 93 93 86, Fax 03 86 59 43 29, www.hotelpontde loire.fr. Modernes Gebäude, z. T. Zimmer mit Flussblick.

****Ibis Nevers**, rue du Plateau de la Bonne Dame, Nevers, stadtauswärts Richtung Sermoise, Tel. 03 86 37 56 00, Fax 03 86 37 64 48, www.ibishotel.com. Freundliche Unterkunft.

****Kyriad Nevers Centre**, 35, boulevard Victor-Hugo, Nevers, Tel. 03 86 71 95 95, Fax 03 86 36 08 16, www.kyriad.com. Bequemes Haus, nicht weit vom Zentrum.

Rennstrecke für Profis und Laien: Magny-Cours, südlich von Nevers

Formel 1 in Magny-Cours

TOP TIPP Seit 1991 ist Nevers groß ins internationale Rennsportgeschäft eingestiegen: Auf dem Rennkurs von Magny-Cours, 12 km südlich der Stadt, wird Frankreichs **Formel-1-Grand-Prix** ausgetragen. Man kann die gut 4 km lange Strecke auch selber ausprobieren, ein Rennwagen-Training absolvieren oder mit einem Ultraleichtflugzeug den Kurs aus der Luft beobachten (Association Circuit Nevers-Magny-Cours Technopole, Tel. 03 86 21 80 00, Fax 03 86 21 80 80). Seit 1996 gibt es auch ein **Museum** und eine **Kinemathek**. Das **Hotel La Renaissance** im Dorf rühmt sich neben Wohnkomfort auch seines Restaurants mit regionaler Küche (2, rue Paris, Magny-Cours, Tel. 03 86 58 10 40, Fax 03 86 21 22 60, www.hotel-la-renaissance.fr, Sa mittags, So und Mo abends geschl.).

Camping de Nevers Centre, rue de la Jonction, Nevers, Tel. 06 84 98 69 79, www.campingnevers.com. 2006 wieder eröffneter Platz am Loire-Ufer, günstig und zentrumsnah.

Restaurants

La Botte de Nevers, rue de Petit Château, Nevers, Tel. 03 86 61 16 93. Das gemütliche Lokal bietet burgundische Spezialitäten (So abends, Mo geschl.).

La Cour St-Étienne, 33, rue St-Étienne, Nevers, Tel. 03 86 36 74 57. Vorzügliches Altstadtrestaurant (So und Mo geschl.).

Salon de Thé Cak-t, place d'Europe, Nevers, Tel. Tel. 03 86 61 54 19. Süße Köstlichkeiten zu großer Teeauswahl in buntem Ambiente.

22 La-Charité-sur-Loire

Neu zu entdecken: ›Clunys älteste Tochter‹ – ein Zentrum mittelalterlichen Burgunds.

Wer Panoramen vom Typ Stadt über dem Fluss mag, sollte an einem schönen Abend über den Pont de Pierre ans Westufer der Loire fahren: La-Charité-sur-Loire zeigt sich dann im besten Licht!

Geschichte Nach gallorömischen Anfängen und einer *Klostergründung* um 700 gewann der Ort im 11. Jh. weithin ausstrahlende Bedeutung, als der einflussreiche Abt **Hugo von Cluny** den Neubau von Kloster und Kirche veranlasste. Möglich, dass er selbst dem Ort seinen Namen *Charité* (Nächstenliebe, Barmherzigkeit) gab, vielleicht nannten ihn aber die Pilger so, weil sie bei der ›ältesten Tochter Clunys‹ gastliche Aufnahme fanden. Und er wurde in besonderer Weise vom Gottteshaus geprägt. Der 1052 begonnene Kirchenbau wuchs gewaltig, mit einem Langhaus von mächtigen Ausmaßen, mit fünf Schiffen und zehn Jochen. Der Doppelname *Ste-Croix-Notre-Dame* wird damit erklärt, dass die Abtei seit dem 13. Jh. Teile des nördlichen Seitenschiffs der Gemeinde Ste-Croix als Pfarrkirche überließ.

La-Charité-sur-Loire hatte wegen seines Flussübergangs auch militärisch-strategisches Gewicht. Eroberungen und Belagerungen im Mittelalter – u. a. führte *Jeanne d'Arc* 1429 ein Heer gegen die Stadt –, vor allem aber die **Religionskriege** brachten Zerstörungen. 1559, als Mönche und Katholiken vertrieben wurden, verwüstete ein Großbrand die Abteikirche. In der Bartholomäusnacht 1572 kam es hingegen zur Ermordung zahlreicher Hugenotten durch die Katholiken.

Eine einzigartige urbane Situation entstand viele Jahre später im Bemühen um die Erhaltung des berühmten Kirchenbaus. Um 1700 wurde Ste-Croix-Notre-Dame teilweise wieder aufgebaut, allerdings nicht im rein romanischen Stil. Der nun vom Baukörper der Kirche getrennte Turm der ehem. Westfassade, jetzt **Tour Ste-Croix** genannt, wurde barockisiert. Der Großteil des Langhauses wurde nicht wieder errichtet, statt dessen schuf man einen *Platz* mit Wohnhäusern zwischen Turm und Kirche, eine in ihrer Art seltene oder vielleicht sogar einmalige Um- und Verformung eines großen romanischen Entwurfs.

Im Umkreis der Restkirche brachten **Ausgrabungen** zwischen 1975 und 1994 Strukturen der *Abtei* zutage, die einst eine der reichsten Frankreichs war. Gerade noch rechtzeitig wurde so der Bau einer Nationalstraße quer durch das Abteigelände verhindert. Die Restaurierungsarbeiten rund um die **Grande Cour du Prieuré** sind umfangreich und werden wohl bis 2010 andauern.

Besichtigung Das erste Ziel der Besucher von La-Charité-sur-Loire ist zumeist die **Place des Pêcheurs** östlich der Loirebrücke, die mit einer architektonischen Überraschung aufwartet, denn hinter der Tour Ste-Croix öffnet sich ein weiterer Platz und Autos parken, wo einst geweihter Raum war. Von großer Schönheit ist im rechten Seitenschiff von **Ste-Croix-Notre-Dame** (tgl. 9–17 Uhr außer So vormittags, wegen Führungen beim Office de Tourisme anfragen) das gotische *Dreikönigs-Tympanon*, eines der besterhaltenen in Burgund. Im linken Seitenschiff findet man eine ausführliche Darstellung der 900-jährigen *Baugeschichte*. Der Rundgang durch das weitläufige, zum Teil noch mittelalterlich ummauerte Abteigelände mit den Grundmauern der Kirche St-Laurent (11. Jh.) und den Klosterbauten ist ausgeschildert.

Einige Überraschungen bietet auch das **Musée Municipal** (33, rue des Chapelains, April–Nov. 10–12 und 14–18 Uhr, Tel 03 86 70 34 83) in einem Haus des 18. Jh., von den Ausgrabungen in den Kellern bis zu diversen Sondersammlungen: die Skulpturen *Alfredo Pinas* (1887–1966), der Rodins expressivem Stil folgte, kostbare Art-nouveau-Gläser und Metallarbeiten von Emile Gallé, den Daums sowie René Lalique. Seit dem Jahr 2000 präsentiert sich La-Charité-sur-Loire auch als ›Stadt der Bücher‹ mit Antiquariaten, Literatur-Festival und Märkten.

Ausflug

Um **Pouilly-sur-Loire** erstreckt sich Rebengelände und im Winzerdorf selbst reihen sich gute Restaurants aneinander. Wer Platz im Kofferraum hat, mag sich vielleicht mit dem beliebten Wein Pouilly-fumé versorgen.

ℹ **Praktische Hinweise**

Information

Office de Tourisme, 5, place Ste-Croix, La-Charité-sur-Loire, Tel. 03 86 70 15 06, Fax 03 86 70 21 55, www.lacharitesurloire-tourisme.com

Hotels

***Le Grand Monarque**, 33, quai Clémenceau, La-Charité-sur-Loire, Tel. 03 86 70 21 73, Fax 03 86 69 62 32, www.le-grand-monarque.fr. Angenehm traditionelles Haus mit Loireblick.

***Le Relais Fleuri**, 42, avenue de la Tuilerie, Pouilly-sur-Loire, Tel. 03 86 39 12 99, Fax 03 86 39 14 15, www.lerelaisfleuri.fr. Südlich vom Dorf gelegenes kleines Hotel mit Garten, Restaurant und Blick auf die Loire.

23 **Cosne-sur-Loire**

Charmantes Loire-Städtchen mit attraktiver Sammlung zur Malerei des frühen 20. Jh.

Er liebte Musik, gute Weine und die Malerei, der Geiger **Emile Loiseau**, der nach dem Ersten Weltkrieg in Paris zeitgenössische Kunst sammelte und seine Kollektion 1970 der Stadt Cosne schenkte. 1989 wurde das einstige Augustinerkloster zum **Musée Municipal** (auch Musée de la Loire genannt, place de la Résistance, Febr.–Sept. Mo–Sa 10–12 und 14.30–18.30, So 10–12, sonst Mo–Sa 10–12 und 14.30–18.30 Uhr, Tel. 03 86 26 71 02) umgestaltet. Dort begegnet man nun neben Volkskundlichem – viele akkurate Modelle alter Loire-Schiffe – und Fayencen des Nivernais auch der *klassischen Moderne* mit Werken von Maurice Utrillo, Marc Chagall, Raoul Dufy, André Derain. Interessant, wenngleich weniger bekannt, sind Eugène Messemin (1881–1944) und Emil Zingg (1882–1942).

Wie so vielen anderen burgundischen Städten ist auch Cosne-sur-Loire mit seinen 11 000 Einwohnern jener kleinstädtische Charme eigen, den man angesichts alter Häuser, stiller Wasserläufe – hier der *Nohain*, der in die Loire mündet –, romanischer Portale und gemütlicher Bistros verspürt. Im Juni feiert man ausgelassen die **Fête de la Loire**, u. a. mit der Taufe großer Modellschiffe.

Zwischen Pouilly-sur-Loire und Sancerre im Süden und der weiten grünen Pusaye im Norden ist Cosne-sur-Loire zudem für **Rundwanderungen** ein guter Ausgangsort. Außerdem werden von hier aus die beliebten Touren ›Wandern ohne Gepäck‹ angeboten.

ℹ️ Praktische Hinweise

Information

Office de Tourisme, 1, place de l'Hôtel
de Ville, Cosne-sur-Loire, Tel./Fax
03 86 28 11 85, www.ot-cosnesurloire.fr

Hotel und Restaurant

Auberge du Vieux Relais, 11, rue
Saint Agnan, Cosne-sur-Loire,
Tel. 03 86 28 20 21. Im 16. Jh. Poststation,
heute als ausgezeichnetes Hotelrestaurant der Familie Carlier Station für
Feinschmecker.

24 Varzy

*Die Sammlung eines Privatmannes
wurde zum Museumsmagneten.*

In Varzy (1500 Einwohner) findet man die
gotische Kirche **St-Pierre** – und darin hinter Gittern goldene oder vergoldete *Reliquiare* –, ein **Schloss** und ein jahrhundertealtes Waschhaus.

Vor allem aber hat der Kunstliebhaber
Grasset mit seiner wahren Sammlerleidenschaft bewirkt, dass immer mehr Besucher nach Varzy finden, seit 1993 das
Musée Grasset (place de la Mairie, April–
Juni, Sept./Okt. So/Mo 14–18, Mi–Sa 10–12
und 14–18 Uhr, Juli/Aug. Mo–Sa 10–12.30
und 14–19, So 14–19 Uhr, Tel. 03 86 29 72 03,
www.musees-bourgogne.org) in einem
hervorragend gestalteten Ambiente eröffnet wurde. *Auguste Grasset* (1799–1879)
hatte die Horizonte seiner Kollektion weit
gespannt, von ägyptischen Sarkophagen
bis zu *Porzellan* des 18. Jh. aus Nevers, von
alten pazifischen Waffen bis zu heimischen Stilmöbeln. Außerdem beherbergt
das Grasset-Museum europäische *Gemälde* des 19. Jh. und Exponate zur Entwicklung der Keramik im Nivernais über
sechs Jahrtausende hin sowie eine Spezialsammlung mit ›Verres files‹, feinen
Glasarbeiten aus Nevers.

ℹ️ Praktische Hinweise

Information

Office de Tourisme, Rue Delangle,
Varzy, Tel. 03 86 29 74 08 (Saison)

Hotel

*****Auberge de la Poste**, 5/7 Faubourg
de Marcy, Varzy, Tel. 03 86 29 41 72, Fax
03 86 29 72 67. www.auberge-de-la-poste.
com. Kleines Hotel mit gepflegtem
Restaurant, schöner Garten.

25 Clamecy

*Die Holzflößer der Yonne und der
Dichter Romain Rolland.*

Am Zusammenfluss von Beuvron und
Yonne liegt Clamecy (5000 Einw.) im
Nordwesten des Morvan. Das Städtchen,
dessen Vergangenheit lange von der
Holzflößerei bestimmt war, wird heutzutage gerne von Freizeitkapitänen auf
dem Canal du Nivernais angesteuert.

Geschichte Vier Jahrhunderte lang veranstaltete man im Morvan jedes Jahr
nach der Schneeschmelze den **Grand
flot** (die große Welle): Im waldreichen
Morvan stapelten die Holzfäller das
Scheitholz an den Wasserläufen, die
durch Wehre aufgestaut waren. Wurden
diese geöffnet, trugen die Fluten das
Holz mit Macht zu Tal und erst in Clamecy
wurde es aufgehalten. Dort stellten die
Flößer Holzzüge zusammen, oft über
70 m lang, und führten sie auf der Yonne
und der Seine weiter nach Paris: Feuerholz für den Winter. Acht Tage brauchten
die Flößer bis in die Metropole. Den Weg
zurück schafften sie in vier Tagen – zu
Fuß. Erst im 19. Jh. machten die Schifffahrt
auf dem Canal du Nivernais und die
Steinkohle das Flößergeschäft kaputt,
1923 wurde die ›Ultime flot‹, die letzte
Welle, auf den Weg gebracht.

Besichtigung Nicht einem Bischof oder
einem Grafen, sondern den *Flotteurs*, den
Flößern, gilt das Denkmal auf der steinernen Brücke **Pont Bethléem** an der Place
de la Gravière über die Yonne. »In der Geschichte der Stadt werden sie der Adel
mit den groben Händen sein«, steht an
der Brückenfigur, ein Zitat aus Romain
Rollands Roman ›Colas Breugnon‹. Gleich
bei der Brücke fällt eine burgundische
Rarität ins Auge: die mit breiten Betongurten errichtete Kirche **Notre-Dame-
de-Bethléem** von 1927. Noch merkwürdiger als der meist verschlossene Kirchenbau ist das *Exilbistum* der Bischöfe von
Bethlehem, an das die Kirche erinnert.
Dank der testamentarischen Verfügung
eines Grafen von Nevers, der 1168 in
Jerusalem starb, zehrten die Bischöfe
nach ihrer Vertreibung durch die Muslime (1223) fast 600 Jahre lang, bis zur Revolution, von ihren Pfründen in Clamecy.

Große mittelalterliche Architektur ist in
der **Oberstadt** zu sehen: die Kollegiatskirche **St-Martin**, ein Meisterwerk der

Gotische Pfeiler und Giebel streben auch in Clamecy zur Himmelshöhe. Die Kollegiats-kirche St-Martin wurde um 1500 noch prachtvoll im Flamboyant-Stil ausgebaut

burgundischen Gotik aus dem 13. Jh., offenbar nach dem Vorbild der Kathedrale von Auxerre. Das prächtige *Portal* und der *Turm* der Westfassade im Flamboyant-Stil entstanden erst um 1500. Die Gassen mit den mittelalterlichen Fachwerkhäusern und die stolzen Architekturmanifestationen des bürgerlichen Wohlstands aus dem 19. Jh. liegen in der denkmalgeschützten Oberstadt eng beeinander.

Das **Musée d'Art et d'Histoire Romain Rolland** (avenue de la République, Juni–Sept. Mo, Mi–Sa 10–12 und 14–18, So 14–18, Okt.–Mai Mi–Sa 10–12 und 14–18, So 14–18 Uhr, Tel. 03 86 27 17 99) präsentiert eine interessante Ausstellung zur Geschichte der Morvan-Flößerei, den aus Nizza stammenden Art-déco-Plakatkünstler **Charles Loupot** sowie Gemälde und Fayencen. An *Romain Rolland*, der 1866 in Clamecy geboren wurde [s. a. Vézelay, Nr. 26], erinnern Möbel, Werkausgaben in vielen Sprachen und Fotos. Auch sein Schreibtisch, an dem er mit Mahatma Gandhi fotografiert wurde, ist noch erhalten. Rollands Geburtshaus ist wenige Schritte entfernt.

Der **Parc Vauvert** mit Tennisplätzen und Stadion liegt im Norden der Altstadt. Südlich des Pont Bethléem gibt es ein Badeufer und Spazierwege an der Yonne. Zum Nationalfeiertag am 14. Juli werden seit 1898 feuchtfröhlich die **Joutes Clamecycoises** veranstaltet, ein Fischer- und Flößerstechen mit buntem Umzug zum Rathaus.

ℹ Praktische Hinweise

Information

Office de Tourisme, 24, rue Grand Marché, Clamecy, Tel. 03 86 27 02 51, Fax 03 86 27 20 65, www.vaux-yonne.com

Einkaufen

Le Comptoir, 6, rue de la Monnaie, Clamecy. Köstlichkeiten des Landes: Käse, Weine, Konfitüren, Nussöl und viele andere bodenständige Delikatessen sowie Handwerkliches aus Holz und Ton.

Hotel

**Hostellerie de la Poste, 9, place Emile-Zola, Clamecy, Tel. 03 86 27 01 55, Fax 03 86 27 05 99. Altmodische Ausstattung und geschätzte Küche.

Yonne – Burgund vor den Toren von Paris

Quer durch Burgund verbindet die berühmte Nationalstraße N 6 Chalon-sur-Saône mit Paris. Sie wurde von den Römern angelegt und folgt der *Yonne*, dem Fluss, der dem Département seinen Namen gab. Heute kommt man schneller über die Autobahnen A 6 und A 5 oder mit dem TGV nach Paris. Aber es lohnt sich, der Versuchung Paris zu widerstehen und sich Zeit zu nehmen: für das **Avallonnais** um Avallon am Rande des Morvan, das **Auxerrois** mit den Chablis-Weinbergen, die **Puisaye**, wo sich Wälder und Getreidefelder erstrecken, gekrönt von Burgen und Kirchen. Die mittelalterliche Architektur von *Vézelay, Auxerre, Montréal* und *Pontigny* wiederum gehört zum kostbarsten Erbe der Menschheit. Mit Fantasie und Kompetenz locken die Programme *Art de vivre* – mit Rundtouren zu Antiquitäten- und Flohmärkten, mit Reiten, Ballonfahrten, Angeln, mit Koch- und Möbelrestaurierungskursen. In Guédon, einem zuvor kaum bekannten Flecken bei St-Fargeau, wollen Hunderttausende beim Bau einer mittelalterlichen Burg zusehen. Viel kann man übrigens bei *Colette*, der Dichterin aus der Puisaye, über Land und Leute, Blüten und Früchte dieses Landes lesen. Colette wurde Pariserin, aber sie schrieb: »Ich gehöre einem Land, das ich verlassen habe.«

26 Vézelay

Einst ein Zentrum des christlichen Abendlandes, heute weltberühmt für seine sakrale Lichtarchitektur.

Schon die Anfahrt ist ein Erlebnis, so imposant thront der Ort Vézelay mit seinen Türmen und Mauern auf der Höhe. Selbst auf der allseits dramatisch bewegten Bühne des burgundischen Mittelalters ragte dieser Stadt- und Kirchenhügel als einzigartiges Beispiel des Widerstreits von Frömmigkeit und Machtpolitik, von Wunderglauben und Gewaltbereitschaft hervor.

Geschichte   Das ursprünglich im Tal der Cure gegründete **Benediktinerkloster** des 9. Jh. mit der Kirche St-Père-sous-Vézelay [s. S. 82] wurde nach Normannenüberfällen auf den nahen Hügel verlegt, auf dem schon Kelten und Gallorömer gesiedelt hatten.

Reliquien der *hl. Maria Magdalena*, die der Legende nach vor dem Zugriff der Sarazenen aus dem Süden Frankreichs hierher gerettet worden waren, zogen Abertausende von Wallfahrern an. Die Pilgerscharen und zugleich der Reichtum Vézelays wuchsen noch, als der Reformabt **Odo von Cluny** (878–942) in der Figur der reuigen, von Christus gesegneten

Vézelay: Alltagsszenen voller Symbolkraft an den Kapitellen: die ›mystische Kornmühle‹

◁ *Beginn des ›Neuen Bauens‹ im 12. Jh.: die gotische Kathedrale von Sens*

Sünderin Magdalena ein Muster cluniazensischer Frömmigkeit entdeckte und die Wallfahrt nach Vézelay entsprechend propagierte. Dort sammelten sich auch die Gläubigen zur Pilgerreise nach Santiago de Compostela. 1096 ließ Abt Artaud den Grundstein zu einem **Neubau** der Kirche Ste-Madeleine legen.

Zehn Jahre später kam es zur Bürgerrevolte gegen das reiche Kloster, der Ermordung von Abt Artaud und einer Unterbrechung der Bauarbeiten. 1120 kostete ein **Brand** im unfertigen, aber von Pilgern schon viel besuchten Bau mehrere Hundert, vielleicht über tausend Opfer. Der Pilgerboom blieb jedoch ungebrochen, die Zahl der Einwohner soll 10 000 erreicht haben. Vézelay stand im Brennpunkt der abendländischen Welt, als **Bernhard von Clairvaux** 1146 mit flammender Rede zum Zweiten Kreuzzug rief – der dann in militärischen Katastrophen endete. Dennoch war Vézelay auch vor den folgenden Kreuzzügen der Sammelpunkt, so 1190 für die britischen Kreuzritter unter König Richard Löwenherz.

Die Konflikte zwischen den Bürgern Vézelays und der Abtei eskalierten noch einmal 1152. Mönche und Abt wurden vertrieben, die obersten Autoritäten – König Ludwig VII. und Papst Eugen III. – mussten schlichten.

Europäische Machtpolitik der **Anjou-Dynastie** brachte Vézelay schließlich um die magische Ausstrahlung seiner Reliquien. Der Hintergrund: *Karl I.*, Bruder des französischen Königs, übernahm Mitte des 13. Jh. die Herrschaft in der Provence, als willkommene Basis für seine Ambitionen in Italien. Um sein labiles Prestige in der Provence zu festigen, ließ *Karl II. von Anjou* 1270 dort in St-Maximin-la-Sainte-Baume nach den **wahren Reliquien** der hl. Maria Magdalena graben. Mit Erfolg, wie nach jahrzehntelangem Rechts- und Gutachterstreit von Papst Bonifaz VIII. entschieden wurde. Vézelay sank aufgrund dieser Ereignisse in einen Dornröschenschlaf.

Erst die Mittelalter-Begeisterung im **19. Jh.** brachte die Erweckung des so schön auf seiner Höhe ruhenden Ortes, die Restaurierung der einsturzgefährdeten Kirche und neue Besucherströme. Fast eine Million Menschen jährlich sind es heute. Für viele ist Vézelay auch das Tor zum *Naturpark Morvan*.

Besichtigung Am besten geht man zu Fuß vom Parkplatz an der Place du Champ-de-Foire durch den 500-Einwohner-Ort hinauf; der 15-minütige Weg zur **Basilique Ste-Madeleine** (tgl. Sonnenaufgang–Sonnenuntergang) ist nicht zu verfehlen. Die *Maison du Visiteur* (Mai–Okt. Di–So) gibt für die Besucher in mehreren Sprachen eine etwa einstündige Vorbereitung mit Diapanorama.

Die **Westfassade** mit dem Figurenschmuck des Tympanon (entstanden 1120/ 35) wurde unverkennbar im 19. Jh. erneu-

Die Reliquien der hl. Magdalena machten Vézelay zum Ziel der Pilger, für sie wurde die hoch auf dem Stadthügel thronende Kirche gebaut, eine der schönsten Frankreichs

Eintreten in die Basilika der hl. Magdalena, zwischen den Pfeilerreihen und unter Tonnen-gewölben die Harmonie von Architektur und Licht erleben!

ert, doch in der *Vorhalle* ist die ursprüngliche Kraft romanischer Bildhauerkunst am Hauptportal zu erleben: **Christus in der Mandorla**, umgeben von den Aposteln, in seinem plastischen Reichtum und der expressiven Formensprache eines der kostbarsten Meisterwerke der Sakralskulptur. Glücklicherweise überdauerte dieses Tympanon den Bildersturm unbeschädigt, die Seitenportale dagegen wurden verstümmelt.

Einleuchtend hat man die Darstellung als *Pfingstwunder* gedeutet, mit den Strahlen, die von den Händen Christi ausgehen und den Heiligen Geist symbolisieren – oder noch umfassender – die göttliche Inspiration. Die rahmenden Figurengruppen stellen dann die heidnischen Völker dar, deren Christianisierung der Missionsauftrag der Apostel war. In der Porträtierung der hundsköpfigen, buckligen, zwerghaften oder schweinsnasigen Heidengestalten spürt man allerdings auch eine starke Portion mittelalterlichen Christen-Hochmuts. Der äußere Ring zeigt Tierkreiszeichen, Jahreszeitenbilder und ländliche Arbeiten, wie das Beschneiden des Weinstocks oder das Schweineschlachten.

Im **Inneren** der Kirche beeindruckt der klare Aufbau des romanischen **Langhauses** (vollendet gegen 1130/40) mit seinen nur zweigeschossigen Wänden, mit den breiten Gurtbögen des Tonnengewölbes und den einfachen kreuzförmigen Pfeilern. Frühgotisch ist der **Umgangschor** (Ende 12. Jh.). Der weite Kirchenraum unterscheidet sich aufgrund der Breite seines Mittelschiffs und der geringeren Höhe deutlich von den cluniazensisch geprägten Kirchen in Autun und Paray-le-Monial, von denen man sich in Vézelay offensichtlich abheben wollte.

Überdies ist die Basilika heute bis auf die – zum Teil wohl erneuerten – Pfeilerkapitelle bilderlos und bis auf den rotgelblichen Steinwechsel der Gurtbogen fast farblos. Das Raumerlebnis konzentriert sich ganz auf *Architektur* und *Licht*. Wie kaum irgendwo sonst harmonieren die romanischen und gotischen Bauteile – und man achte nur auf die Lichtsteigerung vom Portal zum Chor!

Die mittelalterlichen Skulpturen sind im benachbarten **Musée de l'Œuvre de Viollet-le-Duc** (Juli/Aug. tgl. 14–18, April–Juni und Sept./Okt. Sa/So 14–18 Uhr, Tel. 03 86 33 24 62) zu bewundern.

Eines der höchstrangigen Kunstwerke burgundischer Steinbildhauerei: das Tympanon in der Vorhalle der Basilika von Vézelay mit der Darstellung des Pfingstwunders

Nördlich von Ste-Madeleine führt ein Fußweg hinab ins Grüne zur **Chapelle de la Cordelle** aus dem 12. Jh. Aber auch im **Ort** Vézelay kann man in alten Gassen, zwischen Boutiquen und Weinhandlungen schön spazieren gehen. Über die Rue St-Pierre und St-Étienne erreicht man die *Maison Romain Rolland*, das Haus, in dem der Dichter [s. S. 77] bis zu seinem Tod lebte. 2006 eröffnete hier das **Musée Zervos** (Juli/Aug. tgl. 10–18, Mitte März–Juni und Sept.–Mitte Nov. Mi–Mo 10–18 Uhr, Tel. 03 86 32 39 26, www.musee-zervos.fr) mit der glanzvollen Sammlung der Pariser Kunstverleger *Christian* und *Yvonne Zervos*, bestehend aus rund 800 Werken u. a. von Chagall, Kandinsky, Leger, Picasso.

Ringsum Vézelay locken Weinberge, Wander- und Radtouren, Tennisplätze und Ausritte.

Ausflüge

Nur 2 km südöstlich entdeckt man in dem Dorf **St-Père-sous-Vézelay** eine der schönsten gotischen Kirchen Burgunds: **Notre-Dame** mit reich gegliedertem Glo-

ckenturm (13. Jh., die Spitze erneuert) und einer offenen *Vorhalle* im Flamboyant-Stil aus dem 14. Jh. Leider sind die gotischen Figuren geköpft, nur das Giebelfeld oberhalb der Vorhalle war offensichtlich für die Revolutionsgarden nicht zu erreichen.

Gleich nebenan zeigt das **Musée Archéologique** (Ostern–Ende Nov. tgl. 10–12.30 und 13.30–18.30 Uhr) Funde aus der merowingischen Nekropole von *Gratte-Loup* und ein Modell der römischen Thermen, in denen übrigens Männer und Frauen stets getrennt badeten.

Etwas weiter, im lieblichen Tal der Cure sprudeln in den Resten der Thermenanlage die **Fontaines Salées**, die salzigen Quellen. Auch Spuren einer keltischen und gallorömischen **Kultstätte** wurden gesichert (Öffnungszeiten wie oben).

Noch aus dem 12. Jh. soll eine der beiden Brücken stammen, die bei dem Dorf **Pierre-Perthuis** (6 km südlich) über die tief eingegrabene Waldschlucht des Cure-Flüsschens führen. Die andere ist ein Viadukt aus dem 19. Jh. Angenehme Picknickplätze gibt es hier, auch oberhalb des

Tals bei den durchbrochenen Felsen, von denen das Dorf seinen Namen hat.

Vorzüglich restauriert ist das 10 km südlich im Nièvre gelegene **Château de Bazoches** (Juli/Aug. tgl. 9–18, Ostern–Juni, Sept. 9.30–12 und 14.15–18, Okt. bis 17 Uhr, Tel. 03 86 22 10 22, www.chateau-bazoches.com) im gleichnamigen Dorf. Es wurde 1675 von *Sébastien Le Prestre de Vauban*, dem Festungsbaumeister Ludwig XIV., erworben und zeigt historisches Wohnambiente in reizvoll-idyllischer Lage.

Das **Cardoland** (Juni–Aug. So–Fr 10–19, Sa 13.30–19, sonst tgl. 13.30–18 Uhr, Tel. 03 86 33 28 33) bei Chamoux, 7 km westlich, ist ein von Plastik-Dinosauriern bevölkerter Vorgeschichtspark mit Museum.

ℹ Praktische Hinweise

Information

Office de Tourisme, 12, rue Saint-Etienne, Vézelay, Tel. 03 86 33 23 69, Fax 03 86 33 34 00, www.vezelay tourisme.com

Hotels

***Hôtel de la Poste et du Lion d'Or**, 1, place du Champ-de-Foire, Vézelay, Tel. 03 86 33 21 23, Fax 03 86 32 30 92, www.laposte-liondor.com. Haus aus der Postkutschenzeit am Fuß der Altstadt mit Komfort und qualitätvollem Restaurant (Mo/Di mittags, Jan./Febr. geschl.).

***Résidence-Hôtel Le Pontot**, place du Pontot, Vezelay, Tel. 03 86 33 24 40, Fax 03 86 33 30 05. Luxusherberge mit umfriedetem Garten im alten Ortskern.

***Maison des Glycines**, rue Saint-Pierre, Vezelay, Tel. 03 86 32 35 30, Fax 03 86 33 21 67. Kleines Haus mit schattiger Terrasse, nah der Kathedrale.

Restaurant

L'Espérance, Saint-Père-sous-Vézelay, Tel. 03 86 33 39 10. Gastronomischer Wallfahrtsort (Di/Mi mittags geschl.).

27 Avallon

Die Stadt auf der Granitklippe – der alte Ortskern noch von Mauern umgeben.

Die Nord-Süd-Verbindung Paris–Chalon-sur-Saône zu kontrollieren, war Avallons Aufgabe seit Römertagen. Die Lage auf der Höhe ist Bestimmung, machte auch die Verteidigung mittels Türmen und Mauern leicht. Heute ist Avallon (9000 Einwohner) beliebte Station auf der Fahrt in den Süden, darüber hinaus ein geeigneter Platz, um Vézelay, St-Père, die Täler der Cure und des Cousin, die Wanderlandschaften des Avallonnais und des Morvan zu erkunden. Nicht zuletzt lohnt

Gastlichkeit mit Tradition und auf hohem Niveau – im viel besuchten Vézelay und seinem Umland wird Gastlichkeit mit Stil und Atmosphäre zelebriert

Avallon in seinem mittelalterlichen Mauerring wurde im 11. Jh. wie Autun dank Reliquien des hl. Lazarus berühmt. Heute erwarten den Besucher auch drei Museen

natürlich Avallon selbst einen Besuch. Am lebhaftesten geht es am Samstag zu, beim farbenfrohen *Markt*.

Besichtigung   Parkplätze gibt es bei der Place Vauban am Nordrand der Altstadt, wo auch die **Hostellerie de la Poste** zu finden ist – interessant für Napoleon-Bewunderer, nächtigte der Korse doch hier bei seiner Rückkehr von Elba. Kunstinteressierte kommen vor allem wegen der berühmten Kollegiatskirche **St-Lazare** (11. Jh.). Im Mittelalter versuchte man mit einer *Lazarus-Reliquie*, angeblich dem Schädel des Heiligen, die Lazarus-Pilgerfahrten von Autun [Nr. 15] in die eigene Stadt umzulenken.

An den drei *Stufenportalen* der Kirche, die einst die Pilger empfingen, richtete der Einsturz eines Turmes 1633 schwere Schäden an. Das linke zeigt sich seither im Stil der Renaissance, das rechte fast schmucklos. Am **Mittelportal** blieben jedoch ein reiches romanisches Dekor mit Weinranken, Blättern und Monatssymbolen sowie eine große *Gewändefigur* erhalten, die im romanischen Burgund einmalig ist: ein Prophet oder ein Heiliger, der in vergeistigter Schlankheit und mit konzentriert klarem Ausdruck schon an die Figuren des Königsportals in Chartres erinnert. Steigt man in das **Langhaus** von St-Lazare hinab, das in geheimnisvollem Dunkel liegt, ist der Gesamteindruck

zwar romanisch, aber die *Spitzbogen* künden bereits vom Übergang zur Gotik.

Von der Kirche St-Lazare aus, die vom Steilhangrand über das Tal ragt, kann man dem erhaltenen **Mauerring** von Turm zu Turm folgen und den **Ausblick** ins Cousin-Tal genießen. Oder man steigt bei der **Tour Beurdelaine** zum Parc de Chaumes hinab und genießt dann von dort einen prächtigen Blick auf den Stadtfelsen.

Zum Spazierengehen locken auch die alten Bauten der Stadt, vom Uhrturm **Tour de l'Horloge** (15. Jh.) gleich bei St-Lazare vorbei am Haus in der **Grand' Rue**, das dem Prinzen Condé geschenkt wurde (16./17. Jh.) – sein Sohn, weiß die Überlieferung, genoss die ›gute Luft‹ von Avallon –, bis zum **Hôtel de Ville,** dem Rathaus (18. Jh.), und weiter durch die historischen Gassen.

Außerdem stehen drei Museen zur Wahl: Das **Musée de l'Avallonais** (place de la Collégiale, Juli–Sept. Mi–Mo 14– 18 Uhr, Tel. 03 86 34 03 19) zeigt Exponate zur Vorgeschichte und gallorömischen Zeit, aber auch zwei Jugendwerke und den großen ›Misere‹-Zyklus von Georges Rouault sowie Werke des im Avallonais geborenen Jean Desprès. Das in einem Stadtpalais des 18. Jh. untergebrachte **Centre d'Exposition du Costume** (6, rue Belgrand, Führungen Ostern–1. Nov. tgl. 10.30– 12.30 und 13.30–17.30 Uhr, sowie nach Vereinbarung, Tel. 03 86 34 19 95) präsentiert Wechselausstellungen prächtiger Gewänder des 18.–20. Jh.

Ausflüge

In **Sauvigny-le-Bois**, 4 km nördlich von Avallon, stellt das im Château de Montjalin beheimatete **Musée Automobile des Voitures de Chefs d'État** (tgl. 9–19 Uhr, Tel. 03 86 34 46 42, www.voitures-presidentielles.com) Automobile vor, die John F. Kennedy, Charles de Gaulle oder Erich Honecker gehörten – 30 Staatskarossen sind hier versammelt.

Die Merowinger-Königin *Brunehaut* (Brunhilde, 534–613) soll auf dem Hügel von **Montréal** (10 km östlich) ihre Residenz gehabt haben. Brunehauts Ende war grausam, sie soll auf Beschluss ihrer Widersacher von einem Pferd zu Tode geschleift worden sein.

Weitaus besser passt zu der friedvoll harmonischen Landschaft Montréals, des ›königlichen Bergs‹, die Kirche **Notre-Dame** (12. Jh.), ein Ziel von Pilgerfahrten. Der klar gegliederte helle Innenraum ist schon gotisch inspiriert. Das *Chorgestühl* mit herrlichen figurenreichen Schnitzereien stammt von 1526. Allein schon die *Marmorreliefs* eines aus England stammenden Altars (15. Jh.) sind die Fahrt nach Montréal wert. Sie zeigen Figuren mit anmutigen Gesten und vornehmen Gewändern. Kunsträuber stahlen 1971 zwei der sechs Tafeln.

Montréal: fromme Kostbarkeit aus England (Relief eines Altars aus dem 15. Jh.)

ℹ️ Praktische Hinweise

Information

Office de Tourisme, 4, rue Bocquillot, Avallon, Tel. 03 86 34 14 19, Fax 03 86 34 28 29, www.avallonnais-tourisme.com

Hotels

****Hostellerie de la Poste**, 13, place Vauban, Avallon, Tel. 03 86 34 16 16, Fax 03 86 34 19 19, www.hostelleriede laposte.com. Hotel voller Eleganz und mit erlesener Küche.

***Le Relais Fleuri**, an der N 6, 6 km in Richtung Saulieu, Tel. 03 86 34 02 85, Fax 03 86 34 09 98. Ruhiges ländliches Haus mit Garten, Tennisplatz und Pool.

Dak' Hôtel, 119, rue de Lyon, Avallon, Tel. 03 86 31 63 20, Fax 03 86 34 25 28, www.dak-hotel.com. Kleines Hotel außerhalb der Altstadt, kein Restaurant, aber Pool.

****Les Fleurs**, 69, route de Vézelay, Pontaubert (5 km westlich), Tel. 03 86 34 13 81, Fax 03 86 34 23 32, www.hotel-lesfleurs. com. Angenehmes Haus (›Logis de France‹) mit burgundischer Küche (Restaurant Mi/Do geschl.).

Restaurant

Relais des Gourmets, 45, rue de Paris, Avallon, Tel. 03 86 34 18 90. Die Küche hält, was der Name verspricht. Täglich wechselnde Karte und sehr gutes Preis-Leistungs-Verhältnis. Reservierung empfohlen.

28 Arcy-sur-Cure

 Tropfsteinhöhlen im Tal der Cure, Felszeichnungen und ein bizarres Schloss.

Unter den (zugänglichen) Höhlen Burgunds haben die **Tropfsteingrotten** im Tal bei Arcy-sur-Cure einen besonderen Ruf als archäologische Stätte, klassifiziert als *Site d'Intérêt national archéologique*. Seit 1946 arbeitet hier eine École Internationale de Fouilles archéologiques, die In-

*Freizeit-Vergnügen: Kletterer im Tal der Yonne an den Rochers du Saussois (**oben**) und etwas ältere Jahrgänge beim nicht weniger aufregenden Boulespiel (**unten**)*

ternationale Schule für archäologische Ausgrabungen. Vor einigen Jahren wurden Spuren steinzeitlicher Felszeichnungen entdeckt.

Von der rund 2,5 km langen Folge von Tropfsteingalerien in **La Grande Grotte** (Führungen April–Mitte Nov. tgl. 14, 15 und 16 Uhr, sonst Gruppen auf Anfrage, Tel. 03 86 81 90 63, www.grottes-arcy.net) sind etwa 900 m zugänglich. Schon Neandertaler hatten hier Zuflucht gefunden, sie hinterließen ihre aus Feuerstein gefertigten Werkzeuge und Waffen. Ähnlich wie in den benachbarten *Grottes de St-More* wurden auch Tierknochen entdeckt, darunter solche von Löwen und Mammuts.

Hoch über dem Tal der Cure steht seit dem 11. Jh. das **Château du Chastenay** (Juli/Aug. tgl. 10.30–12 und 14.30–18, Mau/Juni Sa/So 10.30–12 und 14.30–18 Uhr, Führung ca. 60 Min., Tel. 03 86 81 90 63). Seit den 1970er-Jahren wurden die Ruinen der Anlage aus dem 14. Jh. wieder hergestellt. Der 29. Besitzer von Chastenay, Comte Gabriel de la Varende, hat nicht nur esoterische Forschungen betrieben, sondern auch über Alchemie und die Goldene Zahl, Templerritter und den Stein der Weisen geschrieben.

Rundum breitet sich die schönste Landschaft aus, am allerschönsten sind die felsigen **Täler** der Cure und der Yonne. Hoch über den Schleifen der Yonne finden Bergsteiger in den *Rochers du Saussois* ein ideales Klettergebiet. Sehr reizvoll ist das Yonne-Tal auch bei **Mailly-le-Château**, das teils am Flussufer, teils auf einem Felssporn liegt. Bewunderer romanischer Architektur werden dort die Pfarrkirche **St-Adrien** sehen wollen – vor allem wegen der fünf Säulen tragenden rätselhaften *Figuren* an der Fassade.

29 **Auxerre** *Plan Seite 88*

Früheste Fresken, gotische Größe, heiteres Provinzleben an der Yonne.

Wie ein Amphitheater liegt die Stadt (40 000 Einw.) über der Yonne, und auf ihren drei Hügeln schmückt sie sich mit den Türmen dreier Kirchen: der Abbaye St-Germain, der Cathédrale St-Étienne und der flamboyant-gotischen St-Pierre. Das Fünfeck des historischen Stadtkerns erkundet man am besten zu Fuß, denn fast an jeder Straßenecke gibt es etwas zu entdecken.

In Burgund gibt es viele Stadtpanoramen über einem Fluss – Auxerre an der Yonne zeigt jedoch gewiss eines der allerschönsten

Geschichte Römer und gallische Senonen nannten ihre Stadt *Autessiodorum*, nach dem Mont Autric. Sie hatten ihre Handelsschiffe auf der Yonne und dank der Via Agrippa auch Verbindung nach Süden, letztlich bis ans Mittelmeer. Das mag zur frühen christlichen Missionierung beigetragen haben. Als **St-Germain**, Bischof von Auxerre – derselbe, von dem das Pariser Viertel Saint-Germain-des-Prés seinen Namen hat –, 448 während einer diplomatischen Reise in Ravenna starb, wurde sein Leichnam, eine unschätzbar kostbare Reliquie, sogleich nach Auxerre überführt und in einem Oratorium bestattet. Dort ließ die merowingische *Königin Clotilde* im 6. Jh. ein Kloster bauen. Die Klosterschule gewann europaweit einen vorzüglichen Ruf, die Zahl der Schüler – bis zu 2000 – nahm ebenso wie die der Pilger und Kirchen beständig zu.

Das **Stadtrecht** wurde Auxerre allerdings viel später verliehen, erst 1223 unter den Grafen von Auxerre. Denn einer von ihnen, **Pierre de Courtenay**, war im kurzlebigen, von den Kreuzrittern gegründeten lateinischen Kaiserreich zum Kaiser von Konstantinopel gewählt worden und fand wohl, es sei eine solche Geste des Großmuts seitens seiner Tochter und Stellvertreterin Matilda daheim am Platze. In den folgenden Jahrhunderten eroberten einmal die *Engländer*, dann die *Hugenotten* die Stadt. Letztere plünderten die Abtei St-Germain und die Kathedrale. Diese wurde in der Revolution zum Tempel der Vernunft erklärt.

Auxerre verlor den Bischofssitz, avancierte dafür aber zur Hauptstadt des neu geschaffenen **Départements Yonne**, dem u. a. auch Teile der Champagne und der Île de France zugeschlagen wurden. Weinbau und Weinhandel ließen den Wohlstand wachsen, bis zur großen Reblausplage gegen Ende des 19. Jh. Im 20. Jh. stieg die Einwohnerzahl auf über 40 000, Industrien entstanden und der Tourismus entwickelte sich. Auxerre ist auch ein Zentrum der Fluss- und Kanalschifffahrt. Klobige Getreidesilos bei den Hafenanlagen erinnern daran, dass das Département Yonne einen Spitzenplatz beim Rapsanbau behauptet.

Besichtigung Vom platanenbestandenen städtischen Kai an der Yonne, wo man mit etwas Glück einen Parkplatz findet, geht es gleich zur **Place St-Nicolas** ❶, zum alten Hafenviertel Quartier de la Marine. Hier wurden einst die Weinfässer für Paris verladen.

Die Rue Dr. Labosse und Rue Cochois führen zu den christlichen Anfängen Auxerres, zur einstigen **Abbaye St-Germain** ❷ und ihrer karolingischen **Krypta** (Juni–Sept. Mi–Mo 10–12.30 und 14–18.30, Okt.–Mai Mi–Mo 10–12 und 14–18 Uhr, Tel. 03 86 18 05 50). Die in der Krypta in einem Gang angebrachten verblassten rötlichen und ockergelben Darstellungen der *Stephanuslegende* zeigen die Steinigung des ersten Märtyrers sehr eindrücklich. Dem Stürzenden z. B. streckt sich aus dem Himmel die Hand Gottes entgegen. Diese **Fresken** gelten als die ältesten Frankreichs (um 850). Benachbart sind im zweistöckigen Bau der **Krypta** schöne zehnstrahlige Rundgewölbe und die verwinkelten Kammern mit *Bischofs-* und *Heiligensarkophagen*. Die Kirche dagegen entstand erst im 13./14. Jh., anstelle einer älteren, von der nur noch der jetzt frei stehende romanische Nordturm, die **Tour St-Jean**, blieb.

In die Säle der Abtei ist das **Musée St-Germain** (Juni–Sept. Mi–Mo 10–12.30 und 14–18.30, Okt.–Mai Mi–Mo 10–12 und 14–18 Uhr, Tel. 03 86 18 05 50) mit Funden aus Steinzeit, gallorömischer Epoche und Mittelalter eingezogen. Bei der Besichtigung durchläuft der Besucher die alten Klosteranlagen, die aus dem 12.–18. Jh. stammen, u. a. Sakristei, Vorratskeller, Kreuzgang und Mönchszellen.

Der nächste Höhepunkt des Stadtrundgangs ist die **Cathédrale St-Étienne** ❸ (Ostern–Okt. tgl. 7.30–18, sonst bis 17 Uhr. Tel. 03 86 52 23 29), mit dem reichen, wenngleich schwer beschädigten *Figurenschmuck* an Fassade und Portalen. Mit Fensterrosen und Fialen, Strebepfeilern und Spitzbogen entfaltet sich die himmelstrebende Architektur der Gotik (13.–16. Jh.), aber etwas beeinträchtigt dadurch, dass der zweite Fassadenturm nicht vollendet wurde. Am **Südportal** (um 1270) erkennt man Szenen aus der Kindheit Jesu und dem Leben Johannes des Täufers, am Sockel außerdem die Geschichte König Davids, der Bathseba beim Bade beobachtet und diese nach dem arrangierten Tod ihres Gatten neben sich auf dem Thron plaziert. Im Tympanon des **Mittelportals** schließlich ist das Jüngste Gericht mit Christus als Weltenrichter dargestellt (15. Jh.).

Von großer Schönheit sind die *Strebepfeiler* im **Inneren**, die sich steinernen Halmen gleich in die Kreuzgewölbe verzweigen, und die wunderbaren *Glasmalereien* des 13. Jh. im Chorumgang. Nur in

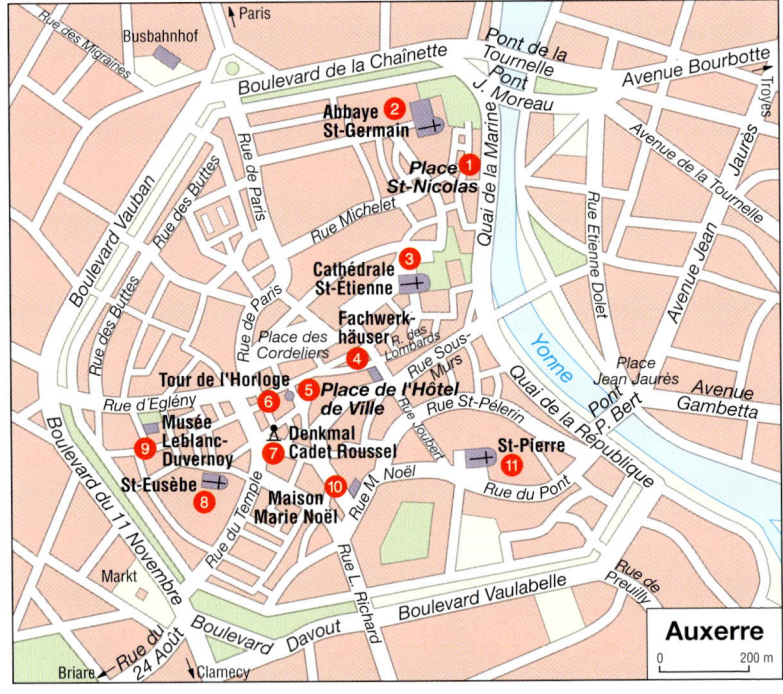

Chartres und Bourges gibt es aus dieser Zeit einen reicheren Bestand farbiger Fenster (ein Fernglas hilft bei der Betrachtung).

Einer Besonderheit der künstlerischen Ausgestaltung von St-Étienne birgt die **Krypta** (mit Kirchenschatz, Ostern–Okt. tgl. 9–18, sonst So 10–17 Uhr). Ein **Fresko** zeigt Christus auf einem Schimmel, von vier Engeln der Apokalypse – gleichfalls zu Pferde – begleitet, eine Komposition, die zumindest in Frankreich einzigartig ist. Der Künstler hat sogar versucht, die Bewegung des Schimmels mit drei Kopfumrissen darzustellen. Der Kirchenschatz umfasst wertvolle Emaillemalereien, Minitauren und Handschriften.

Der Weg zum Zentrum führt vom rechten Seitenportal der Kirche St-Étienne in die Rue des Lombards, weiter an schönen **Fachwerkhäusern** ❹ vorbei zur Rue Fécauderie, einer Fußgängerzone mit vielen Läden. An der **Place de l'Hôtel de Ville** ❺ steht das originelle *Denkmal* der Schriftstellerin Marie Noël (1883–1967), die über das Leben in Auxerre schrieb – wie zwei Jahrhunderte zuvor Nicolas Edme Restif de la Bretonne (1734–1806). Der war ein Freigeist, und als solcher machte er sich auch in seinen Jugenderinnerungen ›Monsieur Nicolas‹ kenntlich.

Auf der benachbarten **Place des Cordeliers** stand einst ein Franziskanerkloster, das in den 1970er-Jahren angeblich in die USA verkauft wurde. Man wende sich dem Uhrturm, der **Tour de l'Horloge** ❻ aus dem Jahr 1483, zu, an deren Stelle zu gallorömischer Zeit eine Befestigung existierte. Die Uhren für Sonnen- und Mondlauf stammen aus dem 17. Jh.

Ein Platz öffnet sich dem nächsten. Auf der **Place Charles-Surugue** steht wieder die Statue eines Auxerre-Originals, des Gerichtsdieners *Cadet Roussel* (1743–1807) – zu seinen Lebzeiten berühmt für verrückte Streiche trotz amtlicher Würden –, als munterbuntes **Denkmal Cadet Roussel** ❼.

Von der Stadtmitte mit ihren Geschäften, Café-Bars und Bistros kann man einen Abstecher zur ursprünglich romanischen Kirche **St-Eusèbe** ❽ mit Glasfenstern aus dem 16./17. Jh. machen und einige Ecken weiter zum **Musée Leblanc-Duvernoy** ❾ (9 bis, rue Egleny, Mi–Mo 14–18 Uhr, Tel. 03 86 52 44 63). Das einstige Patrizierhaus ist ein wahres Schatzhaus voll kostbarer Möbel, Keramik, Beauvais-Tapisserien und Gemälde.

Auxerres gotische Cathédrale St-Étienne

Zum Quai de la République geht es zurück über die Rue Paul Bert und die Rue Marie Noël mit dem Geburtshaus der Schriftstellerin, der **Maison Marie Noël** ❿ (keine Besichtigung). Man kann an der Rue Joubert durch einen üppigen Renaissance-Bogen – mit Symbolen ländlicher Fruchtbarkeit, Skulpturen Noahs und der Göttin Ceres – auf den Vorhof der Kirche **St-Pierre** ⓫ treten. Deren *Flamboyant-Turm* wurde im 16. Jh. von Winzern, Küfern und Weinhändlern finanziert und nach dem Vorbild der Cathédrale St-Étienne gestaltet.

Ausflug

19 km östlich von Auxerre liegt das Winzerstädtchen **Chablis** (2600 Einwohner) mit den imposanten Rundtürmen der *Porte Noël* (1778) und schönen Fachwerkhäusern. Es ist die Heimat preisgekrönter trockener **Weißweine** – auf dem rechten Ufer der Serein wachsen Grand-Crus – und bietet auch Wander- und Fahrradtouren durch seine berühmten Weinberge an (insgesamt rund 4200 ha, verteilt auf 20 Gemeinden).

Die Weinadresse mit dem interessantesten historischen Hintergrund in Chablis ist die **Domaine Long-Depaquit** (45, rue Auxerroise, Tel. 03 86 42 11 13, Fax 03 86 42 81 89, www.bichot.com). Ihr Gründer Simon Depaquy, Bruder des Abts von Pontigny [Nr. 34] und dessen Bevollmächtigter, ergriff die Chance, als die seit dem 12. Jh. bestehenden Weinberge der Abtei 1790 privatisiert wurden, und erwarb beste Lagen wie *Moutonne* und *Vaudesirs*. Das Gut blieb in Familienbesitz, bis Louis Long-Depaquit 1967 kinderlos starb, dann wurde es von der Weinhändler- und Winzerfamilie Bichot aus Beaune übernommen. Der Weinkeller ist Mo–Sa 9–12.30 und 13.30–18 Uhr zur Verkostung geöffnet.

ℹ Praktische Hinweise

Information

Office de Tourisme, 1–2, quai de la République, Auxerre, Tel. 03 86 52 06 19, Fax 03 86 51 23 27, www.ot-auxerre.fr. Auch Stadtführungen.

Office de Tourisme, 1, rue de Maréchal de Lattre de Tassigny, Chablis, Tel. 03 86 42 80 80, Fax 03 86 42 49 71, www.chablis.net

Hotels

***Hostellerie des Clos**, 18, rue Jules-Rathier, Chablis, Auxerre, Tel. 03 86 42 10 63, Fax 03 86 42 17 11, www.hostellerie-des-clos.fr. Traditionelles Haus mit ausgezeichnetem Restaurant – ›Logis de France‹ und Michelin-Stern.

***Le Parc des Maréchaux**, 6, avenue Foch, Auxerre, Tel. 03 86 51 43 77, Fax 03 86 51 31 72, www.hotel-parcmarechaux.com. Ruhiges Haus in der Nähe der Altstadt, ohne Restaurant, aber mit großem Frühstücksbuffet. Nostalgische Bar und schöner Park mit Gingko-Bäumen.

****Aux Lys de Chablis**, 38, route Auxerre, Chablis, Tel. 03 86 42 49 20, Fax 03 86 42 80 04, www.hotel-lys-chablis.com. Praktisch für Autotouristen.

Ein Spaziergang durch Auxerre: Alte Grafiken warten im Buchladen, das Fachwerk ist besonders reizvoll und die Auswahl an Käse selbstverständlich übergroß – französische Provinz, wie sie sich mancher erträumt

Chablis – schon zu Beginn des 12. Jh. legten Mönche hier die ersten Weinberge an

****Normandie**, 41, boulevard Vauban, Auxerre, Tel. 03 86 52 57 80, Fax 03 86 51 54 33, www.hotelnormandie.fr. Freundliches Hotel am Boulevardring der Stadt, doch ruhig. Kein Restaurant.

Restaurants

Barnabet, 14, quai de la République, Auxerre, Tel. 03 86 51 68 88. Exzellentes Restaurant mit einem Michelin-Stern und erfreulichem Preis-Leistungs-Verhältnis (So abends, Mo und Di mittags geschl.).

La Taverne de Maître Kanter, 11, place Charles Lepère, Auxerre, Tel. 03 86 52 16 21. Zentral gelegenes, beliebtes Restaurant im 1. Stock. Eine Brasserie befindet sich im Erdgeschoss.

30 St-Sauveur-en-Puisaye

La Puisaye – eine von Seen und Flüssen durchzogene, waldige Landschaft – Kinderland einer Dichterin.

Die Schriftstellerin *Sidonie-Gabrielle Colette* (1873–1954) hat das Dorf, das auch Schauplatz ihrer ›Claudine‹-Romane ist, nie vergessen und die ländliche Atmosphäre der Puisaye immer wieder gesucht. In St-Sauveur, ihrem Geburtsort, wurde

das Schloss ambitioniert zu einem Ge-
dächtnismuseum gestaltet, dem

Musée Colette (April–Okt. Mi–Mo
10–18 Uhr, Nov.–März 14–18 Uhr, Tel.
03 86 45 61 95) mit Erinnerungsfotos, Ori-
ginalmöbeln und Gegenständen, die ihr
lieb waren, mit Musik und mit Aufnah-
men ihrer Stimme. Unter dem Dach gibt
es eine *Bibliothek* besonderer Art: Hunderte von Büchern sind hier zu finden,
aber jedes enthält nur einen einzigen Ab-
satz aus einem von Colettes Werken: Da
wächst die Lust auf umfassende Lektüre.

Das Schloss selbst ist jedoch keineswegs Colettes Geburtshaus – dieses ist
zwar erhalten, aber nicht zu besichtigen.
Ein Gang durch die Felder in der Nähe, an
Hecken und Waldstücken entlang, er-
weckt noch heute die authentische Stim-
mung, die Colettes Autobiographie ›Die
Erde mein Paradies‹ beschwört.

Sehenswert sind in St-Sauveur-en-Puisaye auch die **Kirche** mit ihrem hölzernen
Langhausgewölbe und der so genannte
Sarazenenturm, die Ruine des Berg-
frieds, der übrig blieb von der Burg aus
dem 12. Jh.

Ausflüge

Die **Puisaye** ist ein Land, das man gut mit
dem Fahrrad oder zu Fuß erkunden kann.
Sehenswürdigkeiten liegen am Weges-
rand, so das mittelalterliche **Château de
Ratilly** (8 km südwestl., Mitte Juni–Mitte
Sept. tgl. 10–18, Mitte März–Mitte Juni
und Mitte Sept.–Okt. Mo–Fr 10–12 und 14–
17, Sa/So 15–18 Uhr, Tel. 03 86 74 79 54) bei
Treigny, in dem Kunstausstellungen und
eine Töpferei zu finden sind, hier werden
auch Musik- und Kunstkurse angeboten
(www.passionchateaux.com). In **Saints** (5
km östl.) sieht man eine *Wassermühle*, die
noch in Betrieb ist.

Moutiers (2,5 km südwestl.) ist Ziel des
liebevoll beschriebenen Wanderweges
Chemin des Roches. Das kleine Heft dazu
kann man im Musée Colette in St-Sauveur (s. o.) erwerben. In der Kirche **St-
Pierre** wurden 1982 *Wandmalereien* aus
dem 12. und 13. Jh. und (im Altarraum) aus
dem 16. Jh. entdeckt. Die geschlossene
Vorhalle hat seltene, orientalisch wirken-
de Fenster.

Praktische Hinweise

Information

Syndicat d'Initiative, Place du Château,
St-Sauveur-en-Puisaye, Tel. 03 86 45 61 31,
Fax 03 86 45 63 13, www.cc-stsauveur.fr

*Im Museum begegnet man ihr:
der berühmten Colette*

… aber immer mit Herz

St-Sauveur-en-Puisaye war im 19. Jh.
eine Kleinstadt bäuerlicher Prägung,
fern allem mondänen Pariser Flair.
Hier wurde 1873 **Sidonie-Gabrielle
Colette** geboren, und hier wuchs sie
als vitales Kind vom Lande auf, bevor
sie zur berühmten Romanschriftstel-
lerin wurde, Autorin von ›**Mitsou**‹
(1919), ›**Chéri**‹ (1920), ›**Gigi**‹ (1944) und
anderer beachteter Prosa, Vorsitzen-
de der Königlich-Belgischen Akademie und Präsidentin der Académie
Goncourt. Mit sicherem Gefühl für
das Atmosphärische und ohne weh-
mütigen Tonfall beschrieb sie das Leben und bewegende Schicksal junger
Frauen. Marcel Proust nannte sie sei-
nerzeit »das menschliche Herz der
französischen Literatur«.

Das Provinzmädchen Colette verwandelte sich nach der frühen Heirat
mit Henry Gauthier-Villars (›Willy‹) zur
weltgewandten Großstädterin, die im
Variété auftrat und in jenen prüden
Jahren sogar barbusig auf die Bühne
kam. Von der Ausbeutung durch
ihren ersten Mann befreite sie sich
nach dreizehnjähriger Ehe – er hatte
jahrelang alles, was sie schrieb, unter
seinem eigenen Namen veröffent-
licht. In zweiter Ehe heiratete sie 1912
den Journalisten Henri de Jouvenel,
in dritter Ehe 1935, elf Jahre nach der
zweiten Scheidung, den Schriftsteller
Maurice Goudeket. Bis in ihr Alter – sie
starb 1954 – bewahrte sich die Colette
den Ton frischer Unmittelbarkeit, der
ihr bis heute eine treue Leserschaft si-
chert.

31 St-Fargeau

Ein Fünfeck-Schloss im Bauernland.

Mächtige Mauern erinnern daran, dass das **Château St-Fargeau** (April–Mitte Nov. tgl. 10–12 und 14–18 Uhr, Tel. 03 86 74 14 99) zwischen dem 15. und 17. Jh. an der Stelle einer mittelalterlichen Burg entstanden ist. Den fünfeckigen Grundriss markieren wuchtige **Türme** von jeweils unterschiedlicher Gestaltung. Diese leichte Unregelmäßigkeit des Baus sowie die Wasserflächen und das reiche Grün vermindern den Eindruck von Schwere und Monumentalität.

Die Eleganz der Barockarchitektur von der Hand des Versailler Baumeisters *Le Vau* zeigt sich auch bei der Gestaltung des **Innenhofs**. Das reich möblierte Schloss selbst bezaubert mit kostbar getäfelten Räumen, mit Lüstern, Silber und Fayencen, einer alten Küche, einer Kapelle und als ungewöhnlicher Besonderheit mit dem kunstvoll gefügten Gebälk der Dachstühle.

Im 17. Jh. hat hier übrigens *La Grande Mademoiselle* residiert, die Cousine Ludwigs XIV., die er wegen eines politischen Streits aus Versailles verbannt hatte. Diese und viele andere Episoden der französischen Geschichte werden jeden Sommer in einem Historienspiel unter freiem Himmel, dem **Spectacle Historique** (Mitte Juli–Aug. Fr/Sa 22 Uhr, Tel. 03 86 74 14 99) mit Hunderten von Schauspielern und Statisten vorgeführt.

Der **Ort** St-Fargeau ist gemütlich und malerisch. Man hat zum Vergleich alte Fotos von Stadtansichten an den Häusern angebracht. Wer sich für Oldtimer der Tonwiedergabe interessiert: Dank einer Stiftung konnte die Stadt ein **Musée de l'aventure du Son** (place de l'Hôtel de Ville, Mai–Sept. tgl. 10–12 und 14–18, März/April und Okt. Mi–Mo 14–18 Uhr, Tel. 03 86 74 13 06) einrichten, in dem es zahlreiche alte Trichtergrammofone zu bestaunen gibt. Im Jahr 2000 wurde der *Edith-Piaf-Saal* eröffnet.

Bäuerliche Kultur vor der Mechanisierung der Landwirtschaft zeigt anschaulich und mit lebendem Vieh **La Ferme du Château** (Mitte April–Aug. Di–So 10–12 und 14–18 Uhr, während der Mittagspause Picknick auf dem Gelände möglich, Tel. 03 86 74 03 76, www.ferme-du-chateau.com) 500 m vom Schloss entfernt. Lokale Produkte werden verkauft.

Ausflüge

Wer genügend Geduld hat, kann etwa 11 km südöstlich im **Parc Naturel de Boutissaint** (tgl. bei Tageslicht; geführte Fotopirsch und Mountainbike-Verleih, Tel. 03 86 74 18 18) Tiere in freier Wildbahn beobachten. Fast 400 ha groß ist das Waldgebiet, in dem sich Rehe, Hirsche, Wildschweine und Bisons aufhalten. Hier trifft man auf Wanderer, Radler und Reiter, auch Picknickplätze sind vorhanden.

Treigny (etwa 15 km südöstlich) hat eine sehenswerte spätgotische Kirche im Flamboyant-Stil (15. Jh). Der Ort ist ein altes Zentrum der für die Puisaye typischen Töpferei. In *Chaineau* werden im Sommer Töpferausstellungen veranstaltet.

Bei Fontenoy, östlich von St-Fargeau, entstand im **Château du Tremblay** (April–Okt. Di–So 11–19 Uhr, Tel. 03 86 44 02 18) das ›*Centre régional d'árt contemporain-Musée M'an Jeanne*‹, mit Werken des Malers Fernand Rolland (1920–2004), einer Bäuerin und mit überlebensgroßen Fantasiefiguren im herrlichen Park.

So interessant die vielen alten Burgen Burgunds sein mögen, einer der meistbesuchten Orte Burgunds ist Guédelon – mit sechsstelligen Besucherzahlen –, weil die Menschen von einem Neubau fasziniert sind. Mit Techniken des 13. Jh. mauern Mittelalter-Fans vom Baufach, die *Compagnons Bâtisseurs de Puisaye*, an der Burg **Chantier Mediéval de Guédelon** (10 km südöstl., Juli/Aug. tgl. 10–19, Mitte März–Juni Do–Di 10–18, Sept./Okt. Do–Di 10–17.30 Uhr, Tel. 03 86 45 66 66, www.guedelon.com). 2005, nach neun Jahren Bauzeit, war der erste Turm begehbar. Bis zum geplanten Richtfest 2025 müssen die Freiwilligen allerdings noch Abertausende Steine im alten Steinbruch schlagen. Ein weiträumiger Parkplatz, Souvenirstände und die Ritter-Taverne mit Selbstbedienung befriedigen die Bedürfnisse der Moderne.

i Praktische Hinweise

Information

Maison de la Puisaye, 3, place de la République, St-Fargeau, Tel./Fax 03 86 74 10 07

Hotel

**Le Petit Saint-Jean, 1, promenade du Grillon, St-Fargeau, Tel. 03 86 74 01 75, Fax 03 86 74 09 73. In Schlossnähe, gute bodenständige Kost (So abends und Mo geschl.).

32 Sens

*Eine der ersten gotischen Kathe-
dralen, ein exorbitanter Schatz und
attraktive Ziele im Umland.*

Bis heute ist die mittelalterliche Stadtge-
stalt klar erkennbar geblieben, und erst in
neuerer Zeit begann sich Sens über die
Yonne-Insel hinaus auf den Hügeln des
Westufers auszubreiten.

Geschichte ›Burgund nur eine Stunde
von Paris‹, empfiehlt sich Sens seinen Besuchern. Im Mittelalter hatte die Provinzstadt politisches Gewicht, war sogar kirchenpolitisch Paris übergeordnet: Sens
war Sitz des **Erzbistums**, Paris eine seiner
Diözesen – und der Konkurrent des Erzbischofs von Sens war der von Reims. Als
Henri Sanglier, Erzbischof von Sens um
1140 den Bau der Cathédrale St-Étienne in
Auftrag gab, war dies auch als Zeichen
großen Selbstbewusstseins zu werten.
Mit der Pariser Kirche St-Denis gehört
dieser Sakralbau zu den ersten frühgoti-
schen Kirchenbauten Frankreichs.

Die Anfänge der Stadt gehen auf die
gallischen Senonen zurück. Sie wurden
zu Gallorömern und nannten ihre Stadt
Agedincum. Der Missionar **St-Savinien**

wurde hier zum Märtyrer, künftig durfte
sich das geistliche Oberhaupt der Stadt
›Primas von Gallien und Germanien‹ nen-
nen. **König Ludwig IX.** (später: der Heilige) wählte 1234 Sens für die Zeremonie
seiner Heirat mit Marguerite, der Erbin
der Provence. Fünf Jahre darauf brachte
er aus Jerusalem die Dornenkrone Christi
nach Sens, die später in die eigens erbaute Ste-Chapelle nach Paris kam. Durch
den Machtzuwachs der Kapetinger-Köni-
ge geriet Sens immer mehr ins Abseits.

Besichtigung Vom Parkplatz auf der
Place Jean-Jaurès führt der Rundweg zuerst durch die Altstadtgasse Impasse Abraham zur **Maison de l' Œuvre** mit ihrem
mittelalterlichen Hof.

Bald kommt die **Cathédrale St-
Étienne** (Führungen Sa/So 14.30–
15.30 Uhr) aus dem 12.–18. Jh. ins
Blickfeld. Sie bildet mit dem Erzbischofs-
palast **L'Ancien Archevêché** (16.–18. Jh.)
und dem **Palais Synodal** (13. Jh.) einen
imposanten, durch die Jahrhunderte ge-
wachsenen Baukomplex. Die beiden Palais dienen inzwischen als *Museen* (s. u.).

Eine Katastrophe traf die Kathedrale
im Jahr 1268, als der *Südturm* einstürzte.
Erst drei Jahrhunderte später wurde der
Wiederaufbau mit einem aufgesetzten

*Sens war vor vielen Jahrhunderten kirchenpolitisch bedeutender als Paris und leistete sich dar-
um auch die großartige gotische Cathédrale St-Étienne*

Farbenfrohe Kunstwerke aus dem 13. bis 15. Jh. – die meisten der wunderbaren Glasfenster von St-Étienne blieben erhalten und tauchen das Innere der Kathedrale in ein zauberhaftes Licht

Renaissance-Campanile abgeschlossen, der über dem kraftvoll gedrungenen Turm und seinem feinen Maßwerk heute merkwürdig disproportioniert wirkt. Der *Nordturm* wurde nie fertig gestellt.

Aber die reich gegliederte **Fassade** mit den *Spitzbogen* der Portale und Fenster ist eine Augenweide. Sie lässt deutlich den Stilumbruch von der Romanik zur Gotik erkennen. Den Portalen und ihrem Skulpturenschmuck hat der Bildersturm der Revolution schwer geschadet. Erhalten blieb jedoch die *Figur* des hl. Stephan, des St-Étienne – dank des pfiffigen Einfalls eines Kunstfreundes. Dieser, so heißt es, machte den Heiligen mit einer Jakobinermütze ›politisch korrekt‹.

Zu den schönsten Kunstwerken der Kathedrale gehören die **Fensterrosen** (auch an der Südfront, im Palasthof) und die farbigen **Fenster** aus dem 13. Jh. (Kapelle hinter dem Chor; Darstellung des Martyriums von St-Savinien) sowie aus dem 15. und 16. Jh., die im rechten Seitenschiff vormittags bei Sonnenlicht voll zur Wirkung kommen. In einer Seitenkapelle rechts vom Chor lächelt eine gotische **Madonna**, eine grazile Sandsteinskulptur. Auch die schmiedeeisernen **Chorgitter** des 18. Jh. und das **Chorgestühl** sind außerordentliche Ausstattungstücke.

Schatzkammer und Museum

Eine der kostbarsten Sammlungen sakraler Kunst in Frankreich bewahrt die Schatzkammer, **Trésor**, darunter einen italienischen *Reliquienbehälter* (11.–13. Jh.) aus feinst geschnitztem Elfenbein mit Darstellungen der Geschichten um David und Joseph, u. a. der sieben fetten und sieben mageren Jahre. Auch Elfenbeinschnitzereien aus dem Orient, Goldschmiedearbeiten und extrem alte, kostbare Textilien sowie Funde aus dem Grab eines Erzbischofs aus dem 9. Jh. werden hier präsentiert.

In den **Musées de Sens** des L'Ancien Archevêché und Palais Synodal (Place de la République, Juli/Aug. Mi–Mo 10–18, Juni, Sept. 10–12 und 14–18, Okt.–Mai Mo, Do/Fr 14–18, Mi, Sa/So 10–12 und 14–18 Uhr, Tel. 03 86 64 46 22) sind Zeugnisse der *Kultur-* und *Kunstgeschichte* von der Altsteinzeit bis ins 19. Jh. zu entdecken,

![Hauptportal von St-Étienne]

Hauptportal von St-Étienne: Im Mittelalter wurden bei jedem großen Kirchenbau die Portale mit Bildwerken der Verheißung und der Warnung vor dem Bösen geschmückt

Schwerpunkte sind die Vorgeschichte und Antike. Eindrucksvoll ist z. B. der bronzezeitliche *Schatz von Villethierry*.

Nach dieser kostbaren Fülle kann ein Rundgang durch die Altstadt mit ihren Fachwerkfassaden und begrünten Boulevards erholsam sein. Recht lebendig sind

In der Schatzkammer: Reliquienbehälter aus Elfenbein, feinste italienische Arbeit

die Bistros an der **Place de la République** mit der Markthalle aus dem 19. Jh. Über die Rue de la République und östlich über die Rue des Déportés et de la Résistance kommt man in ein Viertel, das sich seit dem 18. Jh. kaum verändert hat. Altertümliche Namen wie Rue du Tambour d'Argent (= silberner Trommler) oder Rue du Lion d'Or (= goldener Löwe) begegnen einem hier. Imposant sind die mächtigen, hohen Stadtmauern, die **Remparts** am Boulevard du Quatorze Juillet. Sie wurden zuerst zur Zeit der Völkerwanderung im 4. Jh. errichtet und zeigen ihre Geschichte mit unterschiedlichem Mauerwerk, von behauenen römischen Natursteinblöcken bis zum Ziegel. Von den 26 *Türmen* der Mauer sind noch vier erhalten, von den Stadttoren die **Poterne de Garnier-des-Prés** an der Rue de l'Amiral Rossel. Zurück geht es über die Rue de la République und von dort westlich in die Rue Jean-Cousin: An der Straßenecke zeigt die **Maison dite d'Abraham** das Zeichen der Färberinnung und eine schön geschnitzte *Wurzel Jesse*, unter den Häusern des 16. Jh. ist die *Maison Jean Cousin* besonders gut restauriert.

Weiter westlich erreicht man die *Yonne*. An den Kais kann man ein kleines Stück entlang spazieren, auf der Yonne-Insel die (meist geschlossene) Kirche **St-Maurice** aus dem 12. Jh. besuchen oder das Panorama der Fluslandschaft genießen.

Zum Zentrum kehrt man durch die **Grand' Rue** zurück, schon seit Jahrhunderten eine Straße der Läden und Restaurants, in der vor allem die Häuser Nr. 90, 96 und 102 sehenswert, insgesamt aber die alten Fassaden durch große Schaufenster verfremdet sind. Üppige Gründerzeit-Architektur zeigt das **Hôtel de Ville** von 1904. Ein Stück weiter nördlich, nahe der Place Jean-Jaurès findet man das **Théâtre** von 1882 – es gilt seit der Renovierung Anfang der 1980er-Jahre als das schönste ganz Frankreichs im italienischen Stil. Blumenfreunde zieht es in Sens, das als *Ville Fleurie* ausgezeichnet ist, zum Park **Étang de la Ballastière** am Nordrand der Stadt – und zur **Fête du St-Fiacre** für den Schutzheiligen der Gärtner am zweiten Septemberwochenende.

Ausflüge

Die einstige Stadt der Flussschiffer und Winzer, **Villeneuve-sur-Yonne** (13 km südlich), ist durchaus einen Besuch wert. Es gibt die gotische Kirche Notre-Dame, das *Musée Villeneuvien des Beaux-Arts* (2, rue Carnot, Juni–Sept. Do–Mo 10.30-13 und 15–18.30 Uhr, Tel. 03 86 87 37 66), mittelalterliche Überreste der einstigen Königsburg sowie das pittoreske Stadttor aus dem 13. Jh. und zu guter Letzt das schöne Restaurant *La Lucarne aux Chouettes* (7, quai Bretoche, Tel. 03 86 87 18 26, auch einige Hotelzimmer) mit einer hübschen Aussichtsterrasse am Fluss. Besitzerin des empfehlenswerten Lokals ist übrigens die international bekannte Schauspielerin Leslie Caron (*1931).

Im Südosten von Sens erstreckt sich das **Pays d'Othe** und der Wald *Forêt d'Othe*. Hier liefern zahllose Apfelbäume den Rohstoff für den Cidre, und unterirdische Wasserläufe versorgen von hier aus seit Baron Haussmanns Zeiten Paris mit Trinkwasser.

Weiter nördlich, bei Nogent-sur-Seine, findet man in einer romantischer Waldlandschaft die jungsteinzeitlichen Dolmen bei *Lancy* und die Reste der Abtei von *Vauluisant*. Ein Naturdenkmal ist die *Chêne Sauvageon*, eine Roteiche von 31 m Höhe mit einem Stammumfang von 4,8 m.

ℹ Praktische Hinweise

Information

Office de Tourisme, 1, place Jean-Jaurès, Sens, Tel. 03 86 65 19 49, Fax 03 86 64 24 18, www.office-de-tourisme-sens.com

Parkmöglichkeiten

Zentral an der Place de la République, westlich an der Place des Jacobins, nördlich an der Place Jean-Jaurès

Hotel

*****Hôtel de Paris & de la Poste**, 97, rue de la République, Sens, Tel. 03 86 65 17 43, Fax 03 86 64 48 45, www.hotel-paris-poste.com. Innenstadthotel mit gutem Restaurant.

Restaurants

La Madeleine, 1, rue Alsace-Lorraine, Sens, Tel. 03 86 65 09 31. Edelküche mit zwei Michelin-Sternen (So/Mo und Di mittags geschl.).

Au Crieur de Vin, 1, rue d'Alsace-Lorraine, Sens, Tel. 03 86 65 92 80. Sympathische Bistroatmosphäre. (So/Mo und Di mittags geschl.).

33 Joigny

> *Die alte, wie ein Amphitheater angelegte Stadt entwickelt sich zu einer veritablen Yonne-Schönheit.*

Drunten eine lebensfrohe Uferpromenade, Läden, Kaffeehaustische, angeregte Gespräche, droben die Gassen einer Altstadt, die ihre ererbte Schönheit immer wieder auffrischt. Wunderschöne Fachwerkhäuser sind zu bewundern, die Kirche **St-Thibault** mit ihrer lieblich lächelnden Madonna, die Kirche **St-Jean** mit ihrem stolzen Renaissance-Marmorgrabmal einer Gräfin von Joigny. Anderes hat der Stadtbrand von 1530 unwiederbringlich zerstört. Noch 1981 ließ eine Gasexplosion an der Cour des Miracles inmitten der Stadt ehrwürdige Bauten zusammenstürzen, aber flugs ist an ihrer Stelle das moderne Kulturzentrum *Centre Jean de Joigny* entstanden.

Ausflüge

Das **Musée La Fabuloserie** (Juli/Aug. tgl. 14–18, April/Mai, Sept./Okt. Sa/So 14–18, Uhr, Tel. 03 86 63 64 21) in **Dicy**, 25 km westlich, ist der Kunst außerhalb der Normen, der *Art brut*, gewidmet. Es stellt die

Joigny: reich an Fachwerkhäusern, mit attraktiven Hotels und Restaurants versehen und in der Umgebung dazu noch mit interessanten Museen

in drei Jahrzehnten von Alain und Caroline Bourbonnais gesammelten Arbeiten von Amateurkünstlern, Kindern und psychisch Kranken vor. Es handelt sich um faszinierende Werke aus hunderterlei Materialien und in tausenderlei fantastischen Formen. Zur Sammlung gehört auch ein interessanter Skulpturenpark. In **Laduz** (15 km südlich) präsentiert Jaqueline Humbert im **Musée Rural des Arts Populaires** (22, rue du monceau, Juli/Aug. tgl. 14.30–18, Sept. Sa/So 14.30–17.30 Uhr, sonst Gruppen auf Anfrage, Tel. 03 86 73 70 08, www.art-populaire-laduz.com) die Objekte ländlichen Leben, die sie mit ihrem verstorbenen Mann Raymond über vier Jahrzehnte gesammelt hat. Die reiche Kollektion umfasst Alltagsgegenstände, Spielzeug und Kunstwerke vom 18.–20. Jh.

ℹ Praktische Hinweise

Information

Office de Tourisme, 4, quai Henri-Ragobert, Joigny, Tel. 03 86 62 11 05, Fax 03 86 91 76 38, www.tourisme-joigny.fr.fm. Auch Stadtführungen.

Hotels

****La Côte St-Jacques**, 14, faubourg Paris, Joigny, Tel. 03 86 62 09 70, Fax 03 86 91 49 70, www.cotesaintjacques.com. Spitzenadresse dank höchster Küchenkunst von Lorain, elegante Einrichtung, hübscher Garten.

***Le Rive Gauche**, chemin du Port au Bois, Joigny, Tel. 03 86 91 46 66, Fax 03 86 91 46 93, www.hotel-le-rive-gauche.fr. Postmoderne Eleganz am Südufer der Yonne mit Terrasse , Garten, Tennisplatz (Restaurant So abends geschl.).

Le Relais Saint Benoit, Villiers Saint-Benoit (25 km südlich von Dicy), Tel. 03 86 45 73 42, Fax 03 86 45 77 90, www.relais-saintbenoit.fr. Logis de France. Mit originell eingerichtetem Restaurant, vorzüglicher Küche und gemütlichem Garten.

La Ferme des Perriaux, Champignelles (ca 22 km südlich von Dicy), Tel. 03 86 45 17 91, Fax 03 86 45 17 99, www.lafermedesperriaux.com. Ideal für Ausflüge in die Puisaye, sehr ruhig zwischen Feld und Wald gelegen, mit üppigem Frühstück.

34 Pontigny

Für viele die schönste frühgotische Kirche Burgunds.

Wie ein lang gestreckter Schiffskörper erhebt sich die **Zisterzienser-Kirche** von Pontigny über das flache Ackerland. Eine große Ruhe geht von dieser 1114 gegründeten Abtei aus, der ›zweiten Tochter‹ von Cîteaux.

Geschichte Im Mittelalter war Pontigny eine der reichsten und mächtigsten Abteien Frankreichs. **Edmond Rich**, einer der drei Erzbischöfe von Canterbury, die in Pontigny damals Zuflucht suchten (ein anderer war Thomas Becket), starb 1240 in Pontigny. Sein Grab wurde Pilgerziel, er selber später heilig gesprochen.

Nach der Revolution und den folgenden Zerstörungen – man benutzte auch dieses Kloster als Steinbruch – ließ sich von 1842 bis 1903 noch einmal eine Mönchsgemeinschaft, die *Pères de St-Edmé*, hier nieder und nutzte die verbliebenen Gebäude. Internationales Ansehen gewannen die **Décades de Pontigny** des Philosophen *Paul Desjardins*, ein Versuch der geistigen Erneuerung nach dem Ersten Weltkrieg, unter Beteiligung von André Malraux, Thomas Mann und Paul Valéry. Der Zweite Weltkrieg setzte dem ein Ende. Papst Pius XII. wählte 1954 Pontigny zum Sitz der *Mission de France*.

Besichtigung Die reinen Formen von Wand, Säule, Gewölbe, Bogen und Spitzbogen prägen so klar wie nirgends sonst in Burgund den weißen Baukörper der **Kirche** (Mai–Okt. tgl. 9–19 Uhr, Nov–April 10–17 Uhr). Und das Licht! Anders als in Fontenay [Nr. 40] kann es durch großflächige Fenster einfallen. Zwischen 1140 und 1170 erbaut, um 1185 mit dem Kapellenkranz des Umgangschors erweitert, zeigt sich Pontigny von der jungen Gotik der Île de France geprägt, in erstaunlicher Vollkommenheit am Anfang einer neuen Stilepoche. Sehr störend wirken jedoch leider der steinerne *Baldachin* über dem Reliquienschrein und das für seine künstlerische Qualität viel gepriesene barocke *Gestühl* (17. Jh.), das eine düstere Raumschranke in das lichte Mittelschiff setzt.

Die *Amis de Pontigny* veranstalten häufig Konzerte, anlässlich des ›Pentecôte à Pontigny‹ wird liturgische Vokalmusik geboten. Auch Nachtbesuche zu gregorianischen Gesängen sind möglich (Tel. 03 86 47 54 99, Fax 03 86 47 84 66).

35 Tonnerre

Ein mittelalterliches Armenkrankenhaus mit der eindrucksvollen Halle der Sieben Werke der Barmherzigkeit.

In den Hügeln zwischen Feldern, Weinbergen und Wäldern liegt Tonnerre, am kleinen Fluss Armançon und dem Canal de Bourgogne, der den Fluss begleitet.

Geschichte Die Anfänge gehen auf gallorömische Zeit zurück, als der Platz *Tornodurum* hieß. Manches spricht sogar

Der Inbegriff strenger, klarer Gotik: das lang gestreckte Kirchenschiff des Zisterzienser-Klosters Pontigny, nicht weit von Auxerre in stiller Landschaft gelegen

für eine noch frühere, keltische Gründung. Im Lauf des Mittelalters wurde Tonnerre mehrmals von Kriegshandlungen heimgesucht. Ein Brand im 16. Jh. ist die Ursache, dass die Altstadt zwar in ihrem Grundriss, nicht jedoch in ihrer hauptsächlichen Bausubstanz mittelalterliche Gestalt hat.

Besichtigung Hauptsehenswürdigkeit ist zweifellos das **Hôtel-Dieu** (April–Sept. Mo–Sa 9–12.30 und 14–18.30, So 10–12 und 14–17, Okt.–März Mo–Sa 9–12 und 14–18 Uhr, Tel. 03 86 54 33 00). Dieses *Hôpital de Notre-Dame des Fontenilles* ist ein früher, stattlicher Vorläufer des Hôtel-Dieu in Beaune, erstaunlicherweise 150 Jahre älter. Sein riesenhaftes Dach überragt die Häuser der Umgebung und weist den Weg. 1293 wurde das Hospital von *Margarete von Burgund* gestiftet. Sie war nach dem Tod ihres Mannes Karl I. von Anjou, König von Neapel und Sizilien, in ihre burgundische Heimat zurückgekehrt und erhoffte sich durch die große barmherzige Stiftung Seelenrettung im Jenseits. Die *Sieben Werke der Barmherzigkeit* sollten, wie sie in der Stiftungsurkunde erklärte, jedem Bedürftigen zuteil werden. Hungernden und Dürstenden wollte man helfen, Fremde und Pilger sollten beherbergt, Arme gekleidet, Kranke betreut, Gefangene getröstet und Tote begraben werden.

Beeindruckend – fast 100 m lang, 18 m breit und 20 m (!) hoch – ist die **Halle**, in der sich früher der *Krankensaal* befand.

Früher der Waschplatz von Tonnerre: ein Quelltopf mit starkem Wasserausstoß, Fosse Dionne genannt

Damals floss ein Bach in einer steinernen Rinne mitten durch das Gebäude. Der Blick geht bis unter das Dach zum Tonnengewölbe aus Eichenholz, einer großartigen Zimmermannsarbeit, die Jahrhunderte stabil gehalten hat. Das Hospiz war, wie das in Beaune, auch geistlicher Ort mit angeschlossener *Kapelle* und diente als **Grabstätte** für Stifter und Förderer, deren Grabsteine in den Boden eingelassen wurden.

Der **Altar** am Hallenende trägt eine schöne Skulptur der Madonna aus dem 14. Jh., vor der Moses mit dem Dornbusch kniet. Aus dem 19. Jh. stammt das *Grabmal der Königin Margarete* (das Original wurde in der Revolution zerstört), auch das *Grabmal von Louvois*, dem Minister Ludwigs IV., kam erst im 19. Jh. hierher. Ein Werk des 18. Jh. ist der *Meridian* aus Messing, der in den Boden der Halle eingelassen ist. Er zeigt beim Aufleuchten des Sonnenstrahls in den Ellipsen die Mittagsstunde nach Ortszeit an.

In einer **Nebenkapelle** ist eine große Darstellung der *Grablegung Christi* zu sehen (15. Jh.), deren Ausdruck allerdings nicht die künstlerische Intensität der Werke Claus Sluters erreicht.

Direkt mit dem Hauptbau verbunden ist ein **Museum**, das Reliquiare, Ornate, Skulpturen und Stiftungsurkunden zeigt – alle diese Exponate beziehen sich auf das Hôtel-Dieu und seine Geschichte.

Geheimnisvolles

Geht man an der Schmalseite des Hôtel-Dieu die *Rue de l'Hôpital* in südlicher Richtung entlang, kommt man alsbald zum **Hôtel d'Uzès**, einem Palais aus dem 16. Jh. Es ist ein stattlicher Bau, nicht zugänglich, aber gleichwohl recht interessant, weil es das Geburtshaus einer geheimnisvollen Persönlichkeit des 18. Jh. ist: des **Chevalier d'Eon**, der ein romanhaftes Leben als Haudegen und Agent führte und später ein ganz anderes Dasein – als Dame.

Doch der Ort bietet weitere Besonderheiten. Der ältesten Sehenswürdigkeit Tonnerres kann man nicht auf den Grund gehen. Es ist die **Fosse Dionne**, ein sehr tiefer, grünblauer Quelltopf. Der Verlauf der Wasserhöhlen im Untergrund des Kalkgesteins ist bislang unerforscht. Hier verehrten schon die Kelten ihre Quellgötter, bevor die Römer kamen. In praktischer orientierten Zeiten baute man überdachte Holzeinfassungen um die Quelle und Jahrhunderte hindurch wu-

Den prächtigen Bauplatz auf einem Felsen über Tonnerre besetzte schon im 10. Jh. eine Kapelle. Als diese 1556 abbrannte, wurde an gleicher Stelle die Kirche St-Pierre errichtet

schen hier die Frauen ihre Wäsche. Schön ist es, zum Ufer hinunterzusteigen, wo sich im Wasser die Häuser spiegeln.

Gegenwärtiges

Vor den Toren von Tonnerre gibt es Weinberge, der *Pinot noir* gedeiht gut in Epineuil und Molosmes. Ein weltberühmter Exportartikel aber ist das **Gestein** des Tonnerrois: vom 12. Jh. an diente es als Baustoff z. B. für die Abteien von Fontenay und Pontigny sowie für die Kirche von Vézelay. Im 19. Jh. wurde es zum Bau berühmter Pariser Gebäude, z. B. des Panthéon und der Grundmauern des Eiffelturms, in unserer Zeit für die neue Bastille-Oper und sogar für Teile des Metropolitan Museum in New York verwendet. So weltgewandt ist Tonnerre.

ℹ Praktische Hinweise

Information

Office de Tourisme, Le Cellier, place Marguerite de Bourgogne, Tonnerre, Tel. 03 86 55 14 48, Fax 03 86 54 41 82

Hotels

***Auberge de Bourgogne**, route de Dijon, Tonnerre, Tel. 03 86 54 41 41, Fax 03 86 54 48 28. Moderne Unterkunft der Logis de France, wenige Minuten außerhalb der Stadt.

***Chambre d'Hôtes Jean et Madeleine Piedallu**, 5, route de Argentenay, Lezinnes (12 km südöstlich), Tel. 03 86 75 68 23. Im ersten Stock, mit Garten.

36 Tanlay

Der Spott am Götterhimmel – ein extravagantes Deckengemälde des 16. Jh. in einem schönen Wasserschloss.

Ein Schloss wie im Märchen, das **Château de Tanlay** (Führungen April–Okt. Mi–Mo 10–17.15 Uhr, Tel. 03 86 75 70 61, www.chateaux-france.com). Der Froschkönig könnte aus den breiten Wassergräben gehüpft oder die Kutsche mit dem gestiefelten Kater die lange Allee entlang gefahren sein, durch den Bogen des kleinen Vorschlosses. Breit, aber etwas uneinheitlich steht das Gebäude im Wasser, runde und eckige Türme, Kuppeldach darüber, Zeltdach über dem Hauptportal, Dachmansarden abwechselnd mit ovalen und rechteckigen Fenstern, Obelisken mit waagerechten Rillen an der Brücke, viele Kamine auf den Dächern –

In Tanlay zu erkunden: ein verträumter Schlosspark, ein Schloss voller Familiengeschichten und alter Bilder sowie in den Stallungen ein modernes Kunstzentrum

die Architektur ist alles andere als langweilig, aber keineswegs in reinem Stil, etwa der Renaissance, gestaltet, wie manche behaupten. Und dennoch: Man kann sich nicht satt sehen. Man erfährt im Schloss, dass ein *Coligny d'Andelot* 1550 Bauherr war, dass rund 100 Jahre später ein adeliger Finanzberater des Königs als Schloss-herr Geld genug hatte, den Bau zu vollenden. Man sieht kostbares Mobiliar, Kamine, Wandbehänge, meist aus dem 17. und 18. Jh.

Rätselhaftes gibt es vom Turm der Liga, **Tour de la Ligue**, zu berichten: Im 16. Jh. war der Generaloberst und Admiral von Frankreich, Gaspard de Coligny (1519–1572), der Bruder des Besitzers, führende Kopf der protestantischen Liga. Es wird behauptet, hier hätten äußerst geheime Treffen stattgefunden. Ein **Fresko** in einem achteckigen Raum unter dem Dach des Turms stellt die adeligen Vertreter der beiden religiösen Gegenparteien als *griechische Götter*, auch in göttlicher Nacktheit, dar. Aber der Betrachter kann erkennen, dass keines der beiden Lager auf dem Wandbild verherrlicht wird. Allesamt wirken sie eingebildet und beschränkt, mit dem Ausdruck peinlicher Engstirnigkeit behaftet, die Königin ebenso wie ihre Gegenspieler. Der Auftraggeber des Gemäldes und sein Maler – er soll aus Fontainebleau gekommen sein – wollten wohl zeigen, dass solcherlei Machtkampf hässlich und lächerlich macht. Tritt man aus dem *Ehrenhof* hinaus und wendet sich den einstigen Stallungen zu, kommt man zu den Ausstellungsräumen des **Centre d'Art de l'Yonne** (Juni–Sept. tgl. 11– 18.30 Uhr, Tel. 03 86 72 85 31) in denen zeitgenössische Kunst gezeigt wird. Außerdem befindet sich im Schlossareal ein 9-Loch-Golfplatz.

37 Ancy-le-Franc

Wo Könige einkehrten – eines der schönsten Renaissanceschlösser Burgunds.

Schon Heinrich IV., Ludwig XIII. und Ludwig XIV. waren in dem mächtigen **Château d'Ancy-le-Franc** zu Gast (Führungen Juli/Aug. Di–So 9.30–11.30 und 14–17 Uhr, April–Juni und Sept.–Mitte Nov. 10.30–11.30 und 14–16 Uhr, sonst Gruppen auf Anfrage, Tel. 03 86 75 14 63, www. chateau-ancy.com). 1546 ließ es Antoine de Clermont, ein Schwager der schönen Diane de Poitiers, erbauen, er beauftragte den italienischen Architekten **Sebastiano Serlio**. Dieser hatte schon beim Bau von Fontainebleau mitgearbeitet.

Das Schloss und seine Sammlungen sind nicht mehr in Familienbesitz, Restaurierungen wurden von einem reichen US-Bürger finanziert. Frei zugänglich ist der **Park** mit seinem schönem Baumbestand. Der Baukörper selbst wirkt massiv, als könne er sich nicht ganz vom Festungskonzept lösen, er ist zudem von strenger *Symmetrie*: vier zweigeschossige Flügel liegen um den Innenhof, ein quadratischer dreigeschossiger Turm an jeder Ecke.

Die **Inneneinrichtung** überrascht nach der Kühle der Außenansicht. Sie zeigt sich im Stil des Manierismus (Schule von Fontainebleau), reich dekoriert, mit sehr schönen Kassettendecken und Holztäfelungen in sparsamer Goldverzierung. In den Zimmern hängen Gemälde, häufig Porträts, aus dem 17.–19. Jh. Zu besichtigen ist der Raum, in dem *Madame de Sévigné* während ihrer Besuche gerne aufhielt, eine *Bibliothek* mit einer Ausstattung von 1800, ein *Musiksalon*, ferner kostbare Grisaille-Wandmalereien in der **Galerie des Sacrifices** mit Darstellungen antiker Opferprozessionen, ein italienischer Schrank aus dem 16. Jh. mit Intarsien, der klassizistische *Salon Louvois* aus der Zeit Ludwigs XVIII., ein Speisezimmer mit gedecktem Tisch sowie eine *Kapelle* mit theologisch interessanten Gemälden, die Motive des 16. Jh. aus Deutschland aufnehmen (aus der Apostelgeschichte). Es fragt sich, ob der ästhetische Höhepunkt in dieser Überfülle das **Blumenzimmer** (Anfang 17. Jh.) ist, in dem viele Blumen in rechteckigen Tafeln auf Goldgrund die Wände schmücken, oder doch die prunkvolle **Chambre des Arts**, in der auf ovalen Medaillons zwischen Ornamenten der Zeit Ludwigs XIII. in leuchtenden Farben Personifikationen der Künste und Musen dargestellt sind. Exponate jüngeren Datums sind die in den Wirtschaftsgebäuden präsentierten *Oldtimer*.

ℹ Praktische Hinweise

Information

Office de Tourisme, ancienne Faiencerie, 59, Grand' Rue, Tel. 03 86 75 03 15, Fax 03 86 75 04 41

Hotel

**Hostellerie du Centre, 34, Grand' Rue, Ancy-le-Franc, Tel. 03 86 75 15 11, Fax 03 86 75 14 13, www.diaphora.com/ hostellerieducentre. Helles, modernes Haus am Schlossplatz. Mit Hallenbad und engagierter Küche.

38 Noyers-sur-Serein

Ein Städtchen geschmückt mit Weinlaub und Rosenstöcken sowie ein interessantes Museum für Naive Kunst.

»Man muss das ganze Leben mit den Augen der Kinder betrachten, man muss sich diese Frische der Kinder im Umgang mit den Dingen bewahren, diese Naivität«, sagte Henri Matisse. Am **Musée de Noyers et sa collection d'Art Naïf** (rue de l'Église, Juni–Sept. tgl. 11–18.30 , Okt.– Mai Sa/So 14.30–18.30 Uhr, Tel. 03 86 82 89 09) in Noyers-sur-Serein hätte er seine Freude gehabt. Seit der Schenkung der großen *Sammlung Jacques Yankel* 1987 ist das Museum zu einem der interessantesten im Département geworden. Man sieht Werke von Camille Bombois und André Bauchant, es werden aber auch wechselnde Ausstellungen zeitgenössischer und nicht durchweg ›naiver‹ Künstler gezeigt.

Das Städtchen am kleinen Fluss Serein gehört zu den über 100 *Zones de Protection du Patrimoine architectural et urbain* (ZPPAU, Schutzzonen des architektonischen und urbanen Erbes, s. S. 53). Unterhalb der Ruine seiner **Burg** ist die **Altstadt** von Noyers-sur-Serein fast unverändert erhalten geblieben. Ihre Stadttore sind so schmal, dass man sie heute mittels Strohballen vor Beschädigungen durch die Touristenbusse schützen muss. Aus Bruchstein gemauert, mit Ziegeln gedeckt, mit Weinlaub überwachsen und von Rosenstöcken umstellt, ist den alten **Gebäuden** viel von dem eigen, was man sich andernorts unter einer stiechten Spitzweg-Atmosphäre vorstellen. In dem einen oder anderen der Häuser kann der Besucher sogar wohnen, es gibt Chambres d'Hôtes und zwei kleine Hotels.

Allsommerlich ist Noyers-sur-Serein von Musik erfüllt bei den *Rencontres Musicales de Noyers*, mit Konzerten und speziell mit Auftritten junger Künstler. Und am 14. August wird zu Ehren der Ortsheiligen eine *Prozession* durch die kopfsteingepflasterten Gassen zur Statue der Jungfrau Maria veranstaltet.

ℹ Praktische Hinweise

Information

Syndicat d'Initiative, 22, place de l'Hôtel-de-Ville, Noyers-sur-Serein, Tel./Fax 03 86 82 66 06, www.noyers-sur-serein.com

Côte d'Or –
Kelten, Klöster, Kulinarisches

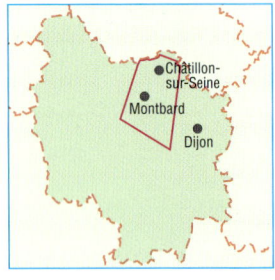

Das **Châtillonais** um Châtillon-sur-Seine und das **Auxois** um Montbard und Semur-en-Auxois bieten eine Fülle von Attraktionen rund um Geschichte, Kunst und Landschaftsbilder der Region. Das gallorömische Alesia, die Zisterzienser-Abtei von Fontenay, das Château de Bussy-Rabutin mit der Schönheiten-Galerie des Roger de Rabutin, Comte de Bussy, die ›Große Schmiede‹ des Naturforschers Buffon, dazu museale Schätze wie die grandiose ›Vase von Vix‹ – der **Norden** der Côte d'Or präsentiert einen kostbaren Reigen von hochkarätigen Sehenswürdigkeiten. Ein günstiges Standquartier und Ausgangspunkt für Rundfahrten ist Semur-en-Auxois mit dem nahen Lac du Pont.

39 Montbard

Auf den Spuren eines Genies: die Stadt und die Entdeckungen Buffons.

Montbard, eine Kleinstadt mit 21 500 Einwohnern und malerischen Winkeln, steht touristisch noch im Schatten berühmter Ziele der Umgebung, der Abbaye de Fontenay, des Château de Bussy-Rabutin und des gallorömischen Alesia. Neu ins öffentliche Licht gestellt wird deshalb jetzt Montbards großer Sohn, der bahnbrechende Naturforscher des 18. Jh., *Georges-Louis Leclerc, Comte de Buffon* (1707–1788). Seine Lebens- und Wirkungsstätten und damit ein frühes Kapitel moderner Wissenschaft wurde zugänglich gemacht. Buffon war ein *Universalist*, seine Hauptarbeiten kreisen um Biologie, Botanik und Mineralogie sowie um die Entwicklungsgeschichte des Lebens und der Erde. Er legte auch Baumschulen an, engagierte sich für die Industrialisierung und baute ein Eisenwerk.

Das **Denkmal Buffons** steht nahe dem Ufer der Brenne. Schon jung in die Pariser Akademie der Wissenschaften berufen, Direktor des Botanischen Gartens in Paris (damals die ›königlichen Gärten‹), zugleich durch mütterliche Erbschaft in den Besitz der Burg von Montbard gekommen, teilte er sein Leben zwischen der Haupt- und der Provinzstadt.

Durch steile Gassen, durch die Rue du Paradis und über Treppen steigt man hinauf zu dem von ihm angelegten **Parc Buffon**. In der mittelalterlichen Burg, von der nur Türme und Mauerreste übrig sind, und in Gartenpavillons hatte Buffon seine Arbeitszimmer eingerichtet – jeweils eines für jedes seiner umfassenden Arbeitsgebiete. Zu besichtigen sind die **Tour de l' Aubespin** sowie die **Tour St-Louis** (März–Okt. Mi–Mo 10–12 und 14–18, Juli/Aug. bis 19, Nov.–März bis 17 Uhr, auch Führungen).

Den besten Einblick in das Leben Buffons vermittelt am Fuß des Burgbergs das **Musée des Anciennes Écuries de Buffon** (Mi–Fr 10–12, Sa/So 10–12 und 14–18 Uhr, Tel. 03 80 92 50 42). In den ehem. herrschaftlichen Stallungen sind seine Karriere, Auseinandersetzungen mit Theolo-

Einer der berühmtesten Burgunder: der Naturwissenschaftler Comte de Buffon

Choräle aus Stein

Feierlich, geheimnisvoll, kräftig, erhebend, wuchtig, klar, harmonisch – wie auf uralte geistliche Gesänge treffen all diese Eigenschaften auch auf **romanische Kirchenbauten** zu, die in Burgund in so großer Zahl und oft in ganz unbekannten Dörfern zu finden sind. Allein im Département Saône-et-Loire sind es über 250! Und jede Kirche hat ihren eigenen Charakter. Durch Burgund führten im Mittelalter Pilgerwege, besonders der nach Santiago de Compostela, und auf diesen verbreitete sich auch architektonisches Wissen.

Im 11. Jh. strahlten Wille und geistige Kraft zum Kirchenbau vom mächtigen **Cluny** [Nr. 12] aus, dessen Architekten Frühromanisches (wie in der Krypta St-Bénigne in Dijon, s. S. 22) weiterentwickelten, der einfachen benediktinischen Basilika mit Haupt- und zwei Seitenschiffen ein großzügiges **Querhaus** anfügten, den Chor und die Kirchenschiffe durch **Apsiden** abschlossen und schließlich für Prozessionen den **Chorumgang** mit angrenzenden Radialkapellen errichteten.

Für die großen Wallfahrergruppen brauchte man mancherorts eine geräumige **Vorhalle** (Narthex). Der offene Dachstuhl, der schwer auf den Hauptschiffsmauern lastet, wurde zugunsten einer **Einwölbung** aufgegeben – jetzt konnten die Öffnungen des Lichtgadens vergrößert werden, die Kirchen wurden höher und heller.

Aber an den Gewölben musste man experimentieren, nicht sofort erreichte sie die nötige Stabilität! Die Geschichte berichtet von **Baukatastrophen**, auch in Cluny. Und heute, nach Jahrhunderten, kann man oft sehen, wie die Pfeiler unter dem Druck der Gewölbe in der Höhe auseinander weichen. In Tournus [Nr. 10] experimentierte man mit **Quertonnen** statt des einen langen Tonnengewölbes. Schließlich fand man die Lösung mit der tragfähigeren **Spitztonne** (Paray-le-Monial [Nr. 18]), die noch nicht zum gotischen Stil gehört, ihn aber vorbereitet.

Kreuzgratgewölbe über den Seitenschiffen waren eine andere Antwort auf die statischen Probleme. Eine Besonderheit der burgundischen Romanik ist die Gliederung der Wände durch das so

Kapitell, Chor und Apsis, Triforium – die konstituierenden Elemente der romanischen Baukunst

genannte **Triforium**, eine Galerie hinter Rundbogen zwischen Arkade und Lichtgaden, die zwar manchmal nur vorgeblendet, oft aber auch begehbar ist. Durch sie erscheinen die Mauern leichter und eleganter.

Die Bildhauerkunst hat herrliche **Portal-** und **Kapitellplastik** geschaffen, einen selbst nach den Bilderstürmen von Reformation und Revolution noch immer einzigartigen Bestand. Wenig erhalten sind **Wandgemälde**, doch Berzé-la-Ville [s. S. 50] und die Krypta von St-Germain in Auxerre [s. S. 88] stellen eindrucksvolle Beispiele dar.

Die asketischen **Zisterzienser** strebten im 12. Jh. nach Schlichtheit, vermieden figürliche Plastik und fanden zu rechteckigen Chorabschlüssen (Fontenay [Nr. 40]). Sie verzichteten außerdem auf die schön gegliederten, oft achteckigen Kirchtürme – ein **Dachreiter** musste nun genügen. Die **Basilika-Ste-Madeleine** in Vézelay [Nr. 26], deren Chor erst im 13. Jh. vollendet wurde, stellt einen Höhepunkt romanischer Baukunst dar, in Höhe und Helligkeit verweist dieses Gotteshaus bereits deutlich auf die Gotik.

gen und Entdeckungen dokumentiert. Allein die von ihm verfasste ›Naturgeschichte‹ ist ein gewaltiges, 44-bändiges Werk.

Fünf Minuten zu Fuß entfernt befindet sich das **Musée des Beaux-Arts** (rue Piron, Juni–Sept. Mi–Mo 14–18 Uhr, Tel. 03 80 92 50 42) in einer ehem. Kirche. Unter den Werken lokaler Künstler leuchtet ein Cézanne-Porträt von *Pissarro* auf.

Ausflug

In **La Grande Forge** (6 km nordwestlich) begegnet man erneut Buffon. Diesmal ist es sein großes Eisenwerk, die **Forge de Buffon** von 1768, eine Art Musterschmiede, die er zehn Jahre lang leitete. Hier setzte der Naturforscher seine Erkenntnisse in die Praxis um. Das Industriedenkmal liegt recht idyllisch am Canal de Bourgogne, der Teil eines staatlichen Entwicklungsprogramms war. Bis zum Ersten Weltkrieg als Zementfabrik genutzt, beherbergt es heute ein **Technikmuseum** (April–Sept. Mi–Mo 10–12 und 14.30–18 Uhr, Okt. nach Vereinbarung, Tel. 03 80 92 10 35). Gezeigt werden z. B. Schmelzofen und Klopfwerk, aber auch eine interessante Ausstellung über Buffon und die Epoche der Aufklärung.

ℹ️ Praktische Hinweise

Information

Office de Tourisme, place Henri Vincenot, Montbard, Tel. 03 80 92 53 81, Fax 03 80 89 17 38, www.ot-montbard.fr

Hotels

***Château de Malaisy**, Fain-les-Montbard (6 km südöstlich), Tel. 03 80 89 46 54, Fax 03 80 92 30 16. Ruhiges Schlosshotel mit Pool im Park.

****Hôtel de l'Ecu**, 7, rue Auguste-Carré, Montbard, Tel. 03 80 92 11 66, Fax 03 80 92 14 13. Freundliche Unterkunft, das Restaurant bietet regionale Spezialitäten (Di mittags geschl.).

40 Abbaye de Fontenay

Die berühmte Abtei vermittelt einen guten Eindruck vom Klosterleben im 12. Jh.

Das einsame Tal, in dem das Kloster liegt, strahlt Frieden aus, selbst dann noch, wenn viele Menschen herbeiströmen, um dieses Zeugnis gottgeweihter Diszi-

plin zu sehen. Klarheit und Einfachheit waren die Architekturprinzipien der **Zisterzienser**, und die äußere Schale ihres Klosters ist zum Glück wohl erhalten und seit 1981 UNESCO Weltkulturerbe. Anders als in Cîteaux lebt hier keine Mönchsgemeinschaft mehr, nur die Besucher bevölkern zeitweise die Gärten, Gebäude und Werkstätten.

Geschichte 1118 gründete **Bernhard von Clairvaux** das Kloster, 1147 weihte der aus dem Kloster Cîteaux stammende Papst Eugen III. die Kirche. Die wichtigen Bauten waren schon Ende des 12. Jh. fertig gestellt. Die Abtei, wie es der Zisterzienserregel entsprach, in einem abgelegenen Tal errichtet, war auch dank ihrer zahlreichen *Werkstätten* und *Wirtschaftsgebäude* vollkommen autark. Durch unermüdliche Arbeit zu Ehren Gottes wurde die Gemeinschaft wohlhabend. Das Zeitalter der individuellen Freiheit brachte Jahrhunderte später die Revolution, die Klöster aufhob und deren

Die Abtei von Fontenay, schon 1118 gegründet, wurde Ende des 18. Jh. leer geräumt, aber nicht zerstört. Anschaulich wie kaum anderswo sind hier Zisterzienser-Baukunst und -Lebensstil nachzuempfinden

Gut zerstreute. Fontenay stand leer, wurde verkauft, zur Papierfabrik umgestaltet, aber glücklicherweise nicht abgerissen wie Cluny. Von 1906 an begannen neue Besitzer, die mittelalterliche Form der Klosteranlage wieder herzustellen.

Besichtigung Die meisten historischen Gebäude der *Abbaye de Fontenay* (Führungen ca. 1 Std.: Juli/Aug. tgl. 10–19, April–Juni und Sept.–Nov. 10–18, Mitte Nov.–März 10–12 und 14–17 Uhr, Tel. 03 80 92 15 00, www.abbayedefontenay. com) sind erhalten. Durch die Pförtnerei, an der Fremdenkapelle und Bäckerei vorbei, in der die uralte *Kamin* des Backofens erhalten ist, geht der Weg vor der Wohnung der Laienäbte entlang, die aus dem

18. Jh. stammt. Laienäbte, die der König ernannte und die nur zeitweilig im Kloster lebten, waren eine Erscheinung, die der alten Regel widersprach. Im Weitergehen sieht man den Zwinger für die Jagdhunde der Herzöge, die hier zu Gast waren, und den Taubenschlag.

Aber die volle Aufmerksamkeit wird von der **Westfassade** der **Kirche** in Anspruch genommen. Deren Gestaltung ist schlicht: In der oberen Hälfte unter dem Giebel befinden sich vier, darüber drei rundbogige Fenster, unten öffnet sich ein einfaches Portal. Das **Langhaus** überragt die anderen Gebäude kaum, es ist breit und wuchtig. Beim Eintreten bemerkt man, dass wenig Licht von den Seiten kommt, der Blick wird auf den **Chor** gelenkt, der rechteckig und mit fünf Fenstern abschließt. Der Boden ist mit Splitt-Kies statt mit Steinplatten bedeckt, die Ausstattung zeigt sich karg.

Im Chor wurden die Bodenfliesen erst im 20. Jh. verlegt, sie sind Fundstücke aus der Abtei. Unter den **Grabplatten** ist die des englischen Bischofs *Ebrard von Norwich* eine der schönsten. Ebrard suchte im 12. Jh. in Fontenay Zuflucht, wurde Abt und finanzierte schließlich aus seinem Vermögen den Bau der Kirche.

Im linken Querschiffarm steht eine *Madonna* des 13. Jh. mit einem liebevollen Lächeln. Im selben Bereich ist auch die kleine **Totenpforte** zu sehen, die auf den Friedhof hinausführte. Das Leben der Mönche war so hart, dass sie im Durchschnitt nicht älter als 35 Jahre wurden. Im rechten Querschiffarm führt eine Treppe zum *Schlafsaal* der Mönche hinauf. Die großen verglasten Fenster des Raumes stammen nicht aus dem Mittelalter. Bitterkalt muss es hier gewesen sein, wenn der Winterwind durch die Fensteröffnungen und Ritzen zog. Die Mönche lagen, in ihre wollenen Kutten gehüllt, auf dem Boden, nur Stroh diente als Unterlage. Ihre Nachtruhe war kurz, schon um 1 Uhr rief die Glocke in die Kirche zum Gebet. Das kunstvolle **Deckengebälk** des 56 m langen Saales stammt erst aus dem 15. Jh.

Durch eine Pforte neben der Schlafsaaltreppe tritt man in den **Kreuzgang**. Während in der Kirche an den Pfeilern kein Schmuck angebracht ist, sind hier einige *Blattkapitelle* über den kurzen Doppelsäulen zu sehen.

Vom Kreuzgang gibt es einen Zugang zum **Kapitelsaal**, dem Versammlungsraum der Mönche, mit Sakristei und einem Raum für ausnahmsweise erlaubte Gespräche (Schweigen war meist Vorschrift). Zweischiffig wie der Kapitelsaal ist der **Mönchssaal**, der auch für das Scriptorium gehalten wird. Die daneben liegende **Wärmestube**, außer der Küche der einzige beheizte Raum der Abtei, sollte die Temperatur auch im Mönchssaal erträglich halten. Aufwärmen durften sich die Mönche an den großen Kaminen dieses Raumes nur einmal am Tag.

Neben dem heutigen *Gartenparterre*, einer Schöpfung des 18. Jh., liegen die Räume der **Krankenstation**, die nach der Regel immer abseits eingerichtet wurde. Seitlich über den Hof kommt man zu den Bauten der **Schmiede**, einem sehr frühen Zeugnis der Technikgeschichte. Die Zisterzienser nutzten bereits die Wasserkraft für die Eisenverarbeitung und verhütteten hier auch Erz. 1990 wurde ein Schmiedeofen mit großem Blasebalg rekonstruiert. An einer Fontäne neueren Datums vorbei führt der Weg dann weiter in Richtung Pforte, bei der sich auch das **Gästehaus** befindet. Hier beherberg-

te man die Pilger. Im Mittelalter machte man es ihnen nicht komfortabler als den Mönchen. Denn der Glaube, durch Verzicht auf Irdisches Gott zu gefallen, bestimmte allenthalben das Leben der Zisterzienser. Der Tourist unserer Zeit will den Verzicht nicht übertreiben. Er nimmt gerne die Gelegenheit wahr, beim Verlassen des Klosters aus dem **Laden** der Pförtnerei Buch, Bild und anderes in die Welt mitzunehmen.

Draußen locken der Garten ›Jardin Remarquable‹ und der Wald von Fontenay, ausgedehnte Spaziergänge führen nördlich an jahrhundertealten Fischteichen vorbei nach **Touillon** und **Le Petit Jailly** (2–3 Std., etwa 10 km hin und zurück).

ℹ **Praktische Hinweise**

Information

Secrétariat de l'Abbaye de Fontenay, Montbard, Tel. 03 80 92 15 00, Fax 03 80 92 16 88, www.abbayede fontenay.com

41 Châtillon-sur-Seine

Das Grab einer keltischen Fürstin und eine uralte Kirche erzählen.

Das kleine Städtchen Châtillon-sur-Seine – von einem Hügel mit der Kirche St-Vorles und den Ruinen einer herzoglichen Burg überragt – wird von mehreren Wasserläufen der jungen *Seine* durchzogen. Und ein anderer Fluss entspringt hier sogar. Am Fuß des Kirchbergs findet man die malerisch begrünte Quelle der *Douix*. An deren wasserreichem Quellbecken haben vor allem Kinder ihren Spaß.

St-Vorles ist eine der seltenen gut erhaltenen frühromanischen Kirchen (errichtet 991). In ihrem wuchtigen Baustil mischen sich südburgundische und karolingische Elemente. Die Unterkapelle ist Teil eines noch älteren Oratoriums. Der **hl. Bernhard**, der 1098–1108 in Châtillon-sur-Seine studierte, hatte hier eine seiner Marienvisionen. St-Vorles wiederum war ein lokaler wundertätiger Heiliger des 6. Jh., dessen *Reliquien* seit 868 in diesem Sakralbau ruhen. Erst aus dem 16. Jh. stammt die lebensgroße Skulpturengruppe der Grablegung Christi, die in bewegter Trauer dargestellt ist.

Eine archäologische Sensation ist im **Musée du Châtillonnais** (Juli/Aug. tgl. 10–18, Sept.–Juni Mi–Mo 10–12 und 14.30–

Vermutlich wurde dieses monumentale Metallgefäß in einer süditalienischen Werkstatt geschaffen. Gefunden hat man die ›Vase von Vix‹ jedoch bei Châtillon-sur-Seine

17.30 Uhr, Tel. 03 80 91 24 67) in einem Renaissancegebäude in der Rue Philandrier zu bestaunen: die riesige bronzene **Vase von Vix**. Gefunden wurde sie im Grab einer keltischen Fürstin, die auf einem vierrädrigen Wagen bestattet worden war. 1953 erst entdeckte man diese Grabstätte nördlich der Stadt beim Dorf Vix – mit Schätzen aus dem 6. Jh. v. Chr., Halsreifen in feinster Goldarbeit, den Resten des Zeremonialwagens und eben dem enormen 1,64 m hohen, 1100 l fassenden **Krater** genannten Mischkrug, der immerhin 208 kg wiegt.

TOP TIPP

Mit ihrer schönen, üppigen Form ist die Vase das größte bisher bekannte Metallgefäß der Antike. Sie ist meisterhaft mit einem Fries bewaffneter Krieger und Streitwagen sowie mit zwei Köpfen zungezeigender weiblicher Ungeheuer dekoriert. Die Herkunft des Kraters vermutet man in Großgriechenland, in Tarent oder Cumae. Die Fürstin hatte wahrscheinlich Handelsbeziehungen zu den Zentren dieser mittelmeerischen Hochkultur. Über ihr Gebiet könnte z. B. britisches Zinn zur Bronzeherstellung nach Süden befördert worden sein.

Ausflüge

Der Berg **Mont Lassois** (6 km nördlich) ist nur bescheidene 307 m hoch, doch er bietet eine weite Aussicht auf das waldreiche Châtillonnais. An seinem Fuß, bei **Vix**, fand man das *Gräberfeld* der Hallstattzeit mit der Vase von Vix. Ihr Entdecker, der Archäologe **Maurice Moisson**, ist auf dem Friedhof der **Kirche St-Marcel** (Mai–Sept. So 15–18.30 Uhr) am Mont Lassois bestattet. Sein Grab befindet sich rechts vom Friedhofseingang. Die schlichte Kirche wurde um 1100 von Zisterziensern errichtet. Im Innern stellt ein Gemälde des 16. Jh. eine Marienvision des hl. Bernhard dar. In 45 Min. gelangt man von hier zum Gipfel des Mont Lassois.

Die 1193 gegründete **Abbaye du Val des Choues** (Juli/Aug. tgl. 11–18, April–Juni und Sept. Mi–Mo 13–17, Okt. Sa/So 13–17 Uhr, Tel. 03 80 81 01 09) liegt 24 km südöstlich mitten im **Forêt de Châtillon**, der zum Wandern einlädt. Die Gebäude der Abtei bieten viele Attraktionen für den Familienausflug: ein Jagdmuseum mit Trophäen, Kostümen und Fotodokumenten, eine Ausstellung der Tiere des Waldes, eine Echogalerie, wechselnde Kunstausstellungen und als Spezialität täglich um 16 Uhr die Fütterung der rund 150 Jagdhunde. Auch die barocke *Gartenanlage* im Tal ist restauriert, und einige **Chambres d'Hôtes** stehen bereit.

ℹ **Praktische Hinweise**

Information

Office de Tourisme, 1, place Marmont, Châtillon-sur-Seine, Tel. 03 80 91 13 19, Fax 03 80 91 21 46, www.mairie-chatillon-sur-seine.fr

Hotels

**Côte d'Or, 2, rue Charles-Ronot, Châtillon-sur-Seine, Tel. 03 80 91 13 29, Fax 03 80 91 29 15, www.logis-de-bourgogne.com. Gemütliches Hotel mit Garten. Speisen und Weinkarte sind verführerisch (Restaurant Mo, Mi, samt Hotel Jan./Febr. geschl.).

*Sylvia, 9, avenue de la Gare, Châtillon-sur-Seine, Tel. 03 80 91 02 44, Fax 03 80 91 47 77. Alte Villa mit Garten, kein Restaurant.

42 Château de Bussy-Rabutin

 Ein Juwel von Schloss mit einer etwas kuriosen Innenausstattung aus dem 17. Jh.

Durch bäuerliche Täler führt eine schmale Straße nach Bussy-Rabutin. Der Eingang zum *Château de Bussy-Rabutin* (15. Mai–15. Sept. Di–So 9.15–12 und 14–18, sonst bis 17 Uhr, Tel. 03 80 96 00 03, http://bussy-rabutin.monuments-nationaux.fr) scheint von einem mächtigen Baumstamm beinah blockiert zu sein. Ist dies ein Ort der Abgeschiedenheit, des Rückzugs oder der Verbannung? Für einen Mann von Adel im Rang eines Generals war zur Zeit des Sonnenkönigs Ludwig XIV. das wahre Leben nur in Versailles möglich. Durch beißenden Spott und den kompromittierenden *Schlüsselroman* ›Histoire amoureuse des Gaules‹ hatte sich *Roger de Rabutin, Comte de Bussy* (1618–1693) allerdings die Gunst des 20 Jahre jüngeren Königs verscherzt. Er wurde zunächst in die Bastille gesteckt und dann auf sein Schloss verbannt.

Bei den Jesuiten erzogen, aus zahllosen Schlachten und etlichen Liaisons immer wieder davongekommen, litt der Edelmann schwer unter dem erzwungenen Ruhestand. Er setzte seinen Kummer jedoch kreativ um. Die einstige Wasserburg, jetzt ein **Renaissanceschloss**, verwandelte sich nach seinen Entwürfen im Innern zu einer Galerie voller hintersinniger Allegorien und Porträts schöner Frau-

en. Die illustrierten Sprüche im **Cabinet des Devises** sind Rätselbilder, die stets um Liebe und Abneigung kreisen. So schmähte er seine Freundin, die ihn verlassen hatte: »Sie ist leichter als Luft«, das dazugehörige Bild lässt ihr Porträt auf einer Waage ohne Gegengewicht hochsteigen. Sogar seine Cousine, *Madame de Sévigné*, entging seinem Tadel nicht. Und draußen, im *André Le Nôtre* zugeschriebenen **Park**, zwischen Hecken und Rasenflächen, begleitet den Besucher zuweilen der ruhelose Geist des Schlossherrn, dem die Rückkehr ins Pariser Leben versagt blieb.

43 Alise-Ste-Reine

Wo Vercingetorix die Waffen streckte.

Vor 25 Prozent Gefälle warnt ein Schild. Das ist viel, aber an diesem Ort am Mont Auxois passt das Schild darüber hinaus ins Puzzle der Weltgeschichte: Es erklärt lakonisch, warum Caesar den Berg nicht stürmen, sondern Belagerungsgräben ausheben ließ.

Geschichte Im Jahr 52 v. Chr. schien es den Galliern eine gute Wahl, sich zur Verteidigung auf den 408 m hohen *Mont Auxois* mit seinen abweisenden Hängen zurückzuziehen. Der überlegenen Belagerungsstrategie des Römers Caesar waren sie jedoch nicht gewachsen. Der Mont Auxois mit dem *Oppidum Alésia* wurde zur letzten Bastion, der gallische Anführer *Vercingetorix* musste kapitulieren, wurde nach Rom gebracht und dort sechs Jahre später getötet.

Die Antwort auf die Frage: »Wo ist Alesia?« forderte zwei Jahrtausende später *Kaiser Napoleon III.*, ein Bewunderer Caesars, von den Archäologen ein. Sicherlich tat er dies auch in der Absicht, französischem Nationalgefühl ein neues Symbol zu geben. In einer *Grabungskampagne* 1861–65 gelang es tatsächlich, Spuren von Befestigungen und heftigem Kampf zu finden, dazu andere Entsprechungen zu Caesars Kriegsbericht. Heute gilt als sicher: Alésia lag auf dem Mont Auxois.

Die Spatenforschung erbrachte noch mehr: Offenbar hatten es die Gallier verstanden, sich nach der Niederlage mit den Römern kulturell zu arrangieren. Zeugnis davon legen die eindrucksvollen Ausgrabungen der gallorömischen Siedlung Alésia aus den nachchristlichen

Roger de Rabutin – Besitzer und Ausstatter von Schloss Bussy-Rabutin – war einer der originellsten Männer in der Ära Ludwigs XIV.

Jahrhunderten ab. Erst gegen das Jahr 1000 wurde die alte Stadt aufgegeben und der heutige Ort aufgebaut.

Besichtigung Mit Hilfe von Führungsfaltblättern (auch auf Deutsch) kann man sich im Gelände leicht orientieren. Der Weg durch das **Ausgrabungsgelände** von **Alésia** (Les Fouilles, Juli/Aug. tgl. 9–19 Uhr, April–Juni, Sept./Okt. 10–18 Uhr, Tel. 03 80 96 85 90, www.alesia.com, die Eintrittskarte gilt auch für das Musée Alésia) führt zwischen dem gut erkennbaren Halbrund des *Theaters* und der römischen Hauptstraße *Cardo maximus* hindurch, die mit senkrecht stehenden Steinplatten fundamentiert war. Der Weg führt in Richtung eines künstlichen Hügels mit Aussichtsplattform am *Tempelbezirk* der Stadt vorbei. Dort verehrten die Bewohner den gallischen Gott Taran, der wohl mit dem römischen Jupiter gleichgesetzt wurde. Ein Viertel weltlicher Repräsentation und Aktivitäten schließt sich daran an, mit *Basilika* (eine Halle, die Gerichtssitzungen, der Verwaltung und dem Handel diente), den Resten von *Forum*, Markt und Ladenreihen.

An den Abhang gerückt sind Mauern eines mehrräumigen Gebäudes zu erkennen, das als *Monument des Ucuetis* bezeichnet wird – vermutlich ein Heiligtum und Versammlungshaus der Metall-handwerker, denn Alésia war eine Stadt der Metallverarbeitung. Im Viertel der Handwerker fanden sich u. a. eine Bronzegießerei sowie Eisenschmelzöfen. Für 2010/11 ist eine Erweiterung des archäologischen ›MuséoParc‹ um ein eigenes Museum geplant.

Schließlich kommt man an den Grundmauern einer *Kirche* aus dem 6./7. Jh. vorbei. Hier befand sich bereits im 4. Jh. ein Heiligtum der **Ste-Reine** (hl. Regina), die in Alésia einst den Märtyrertod starb. Es handelt sich um eine der ältesten Stätten des Christentums in Frankreich.

Nördlich des Orts steht auf einem Hügel das 7 m hohe **Denkmal** des **Vercingetorix** (1865), der mit finsterer Melancholie gallische Kraft symbolisiert. Eine Orientierungstafel zeigt die römischen Feldlager und den Doppelring der Wälle und Gräben. Die archäologischen Arbeiten sind noch nicht abgeschlossen.

Im **Musée Alésia** (rue de l'Hôpital, zzt. wegen Restaurierungsarbeiten geschl., Tel. 03 80 96 10 95) drunten in Alise-Ste-Reine werden die bisherigen Forschungsergebnisse anschaulich präsentiert. Unter den **Funden** vom Grabungsgelände sind Statuen von Muttergottheiten sowie Waffen, Vasen und Zeichnungen von Geländeschnitten, die detailliert die Anlage der römischen Belagerungsringe wiedergeben.

Ausflüge

Über dem Flüsschen Ozerain ragen hohe Mauern auf – **Flavigny-sur-Ozerain** (5 km südöstllich) ist ein Burgstädtchen aus einer anderen Zeit. Man lässt das Auto unter den Bäumen vor den Mauern und Türmen, drinnen ist es eng und ruhig, aber durchaus belebt. Die Häuser aus dem 13.–15. Jh. werden heute nur von rund 400 Menschen bewohnt, im Mittelalter jedoch war die Bedeutung des Ortes beträchtlich, denn ab 866 fand in Flavigny die **Wallfahrt** zu den Reliquien der hl. Regina, *Ste-Reine*, statt.

Die Abteikirche **St-Pierre** (tgl. 8.30–11.30 und 14–17 Uhr) ist wegen ihrer vorromanischen *Krypta* bemerkenswert, die auf karolingische Zeit zurückgeht und im

Auf den Spuren von Madame de Sévigné

Briefeschreiben begründete ihren literarischen Ruhm und verschaffte ihr Eingang in sämtliche Lexika. Fast alle 1500 erhaltenen Briefe sind an ihre in der Provence lebende Tochter Françoise gerichtet. Sie berichtet darin von Familie und Freunden, vom Leben in den Pariser Salons, über Theater und literarische Neuerscheinungen – alles mit einer wunderbaren Leichtigkeit des Stils, die später auch die Werke von **Voltaire** auszeichnete, aber auch gewürzt mit lakonischem Spott. In Burgund kann man ihren Lebensspuren folgen. Die **Marquise Marie de Sévigné**, geb. Rabutin-Chantel (1626–1696), kam in Paris zur Welt und lebte im Umkreis des Hofes, kehrte aber immer wieder an die Orte ihrer frühen Jahre in Burgund, auf die Schlösser ihrer Vorfahren, zurück. »In diesem Haus ist viel Freiheit, ich lese, ich arbeite, ich gehe spazieren«, schrieb sie aus Epoisses [Nr. 45]. Von Semur-en-Auxois [Nr. 44] aus werden von April bis November **Rundfahrten** mit Führungen nach Bourbilly [s. S. 116], Epoisses und Bussy-Rabutin veranstaltet. Die Gesellschaft ›L'Auxois de Madame de Sévigné‹ empfiehlt diese Touren als eine ›délicieuse promenade‹ durch die grünen Hügel des historischen und gastronomischen Auxois (Informationen: Office de Tourisme in Semur, s. S. 115).

Jahre 1956 von einem amerikanischen Kunststudenten wieder entdeckt wurde. Sie wird heute für Besucher gut beleuchtet, sodass die Ornamente an den Pfeilern ihre volle Wirkung entfalten können.

Wenn man aus den Kirchengewölben kommt, umfängt einen eine intensive Duftwolke: In der einstigen *Abbaye St-Pierre* ist die traditionelle Fabrikation der **Anis de Flavigny** (Jan.–Juli, Sept.–20. Dez. Mo–Fr 8.30–10.30 Uhr, mit Verkauf, Tel. 03 80 96 20 88) angesiedelt, jener zarten Bonbons – es gibt sie außer mit Anis auch in anderen Geschmacksrichtungen –, die in ovalen Dosen mit wunderbar nostalgischem Schäferpaar-, Rosen- oder Veilchendekor verkauft werden. Die Produktionsstätte der Anis de Flavigny kann besichtigt werden. Auch in der *Maison au Donataire* (Tel. 03 80 96 25 34) kann man sich mit Bonbons eindecken.

Neu bewirtschaftete Weingüter abseits der klassischen Anbaugebiete Burgunds sind für Liebhaber ehrlicher Landweine von großem Interesse, z. B. der **Vignoble de Flavigny** mit der *Domaine du Pout Laizan* (Tel. 03 80 97 34 56).

Die **Sources de la Seine**, die Quellen der Seine (30 km östlich) liegen in einem frei zugänglichen, feuchten Tal. Von Alise-Ste-Reine dorthin führen kleine Straßen über die Flüsschen Ozerain, Oze und Lavau – eine erholsame Landpartie – oder eine Abzweigung der N 71 südlich von Chanceaux.

Wer das archäologische Museum in Dijon [Nr. 1] besucht hat, erinnert sich an die rätselhaft-dunklen **Holzfiguren** aus dem Sumpf nahe der Seinequellen, die zu keltischen Zeiten als Weihegaben dargebracht wurden. Den Kelten galten Quellen als heilbringend. *Napoleon III.* machte die Seinequellen im 19. Jh. zum Besitz der Stadt Paris, man schmückte die Grotte mit einer *Marmornymphe*. Nun liegt sie hinter einem Eisengitter zwischen Moos und Wassertropfen, mehr Salondame als Flussgöttin Sequana.

Das stille Tal ist mit Picknicktischen ausgestattet, eine Tafel gibt Auskunft über archäologische Aktivitäten und Ergebnisse: ein römischer *Heilbetrieb* aus dem 2.–3. Jh. wurde nachgewiesen, eine Tempelanlage und Bäder, die auf terrassiertem Gelände bis zum Talgrund reichten. Von all diesem ist allerdings wenig zu sehen, ein Drahtzaun macht das Ausgrabungsgelände unzugänglich.

Melancholischer Nationalheld: das Standbild des Vercingetorix in Alise Ste-Reine

ℹ️ Praktische Hinweise

Wegen des geringen Angebots an Hotels um Alise-Ste-Reine empfehlen sich Semur-en-Auxois [Nr. 44] oder Montbard [Nr. 39] als Standorte.

44 Semur-en-Auxois

Romantisch, lebendig, bilderbuchschön: das Herz des Auxois.

Ein Fluss mit dem wohlklingenden Namen *Armançon* umschließt in enger Schleife einen hohen rötlichen Felssporn. Auf der ovalen Klippe und ihrer schmalen Landverbindung ragt Semur-en-Auxois mit steilen Dächern empor, von einer großen Kirche dreitürmig beherrscht, von Mauern und Befestigungstürmen umklammert.

Die *Bourg*, die Altstadt vor dem befestigten Felsen, ist dank ihrer vielen kleinen Läden und Handwerksbetriebe recht lebendig. Die Straßen sind verkehrsarm oder autofrei und laden darum zum Einkaufen und Spazierengehen ein.

Von den Arkaden des Office de Tourisme an der Place Gaveau gelangt man durch die mächtige **Porte Sauvigny** von 1417 und weiter über die Rue Buffon zur Place Notre-Dame und steht dort schon vor der Hauptsehenswürdigkeit der Stadt.

Die ab 1225 erbaute Kirche **Notre-Dame** ist ein Hauptwerk burgundischer Gotik und besonders reich an Kunstschätzen (Führungsblätter sind im Office de Tourisme auch auf Deutsch erhältlich). Nach den Zerstörungen der Revolution war Notre-Dame im 19. Jh. durch *Viollet-le-Duc* gerettet worden.

Schon die *Vorhalle* des Hauptportals beeindruckt durch ihre Festlichkeit im Stil der Flamboyant-Gotik. Aber das Meisterwerk am Außenbau ist zweifellos das Tympanon der **Porte des Bleds** (Portal zu den Kornfeldern, 1230–50) am nördlichen Querhaus. Es erzählt die Geschichte des **hl. Thomas**, des Apostels, der laut *Legenda Aurea* nach Indien zog, wo er bekehrte, beriet und schließlich seinen königlichen Auftraggeber auf heiligmäßige Weise düpierte: Die ihm anvertrauten Gelder hatte er unter den Armen verteilt. Besonders realistisch, fast zeitgenössisch inszeniert mutet die Darstellung der akrobatisch nach hinten gebeugten Tänzerin an, die König Gondolfus und seinen Hofstaat unterhält.

Im **Kircheninneren** lenken die aufstrebenden gotischen Gewölbe von scheinbarer Schwerelosigkeit die Blicke nach oben. Figürlich geschmückte *Schlusssteine* und *Kapitelle* haben ihre ursprüngliche farbige Bemalung bewahrt. Festlich leuchtet die *Glasmalerei* aus dem 14. und 15. Jh. (Chapelle Notre-Dame und Kapelle der Tuchmacher). In einer Seitenkapelle

Zu entdecken am Nordportal von Notre-Dame in Semur-en-Auxois: Gastmahl für den hl. Thomas am Hof eines indischen Königs mit einer akrobatischen Tänzerin

links vom Eingang befindet sich eine *Grablegungsgruppe* aus dem 15. Jh., ein herrliches Werk der burgundischen Schule. Benachbart ist eine Gedenkkapelle für die gefallenen amerikanischen Soldaten des Ersten Weltkriegs.

Der Rundgang führt von der Kirche aus leicht bergab über die Rue Vieux Marché oder die Rue Fevret zur Rue du Rempart, vorbei an drei der insgesamt vier mächtigen Rundtürme: Tour de l'Orle d'Or, Tour de la Géhenne (= der Folter) und Tour Margot. Die **Tour Margot** dient als Kulissenspeicher für das zierliche **Théâtre** von 1848, das mit 300 Plätzen Frankreichs kleinste Opernbühne ist. Auf dem Weg öffnen sich immer wieder Blicke ins Tal des Armançon, auf die Stadtmauern und die alte Steinbrücke.

Wunderschön sind die Linden an der **Promenade des Remparts** – ein Ruheplatz. Das *Ancien Hôpital,* an dem man vorbeikommt, war einst Residenz der Gouverneure von Semur und des Grand Bailli (Administrator) des Auxois.

Andere Wege führen zum Armançon-Tal und zu seinen Gartenterrassen hinab. Das Office de Tourisme hat insgesamt fünf verschiedene Rundgänge vorzuschlagen. Das **Musée Municipal** (April–Sept. Mi–Mo 14–18, sonst Mo, Mi–Fr 14–17 Uhr, Tel. 03 80 97 24 25) im ehem. Jakobiner-Konvent zeigt *Gemälde* u.a. von Corot, aber auch Exponate zur Archäologie und Geologie.

Östlich der Stadt kann man im waldgesäumten Stausee **Lac du Pont** baden. Ähnlich wie Saulieu [Nr. 47] ist Semur eine gute Wahl als Ausgangspunkt fürs Auxois und den Morvan.

Ausflüge

In der welligen Weidelandschaft des Auxois 22 km südöstlich ist die Kirche **St-Thibault** (Mitte März–Mitte Nov. tgl. 9–12 und 14–18 Uhr) schon von weitem zu sehen. Hoch und schmal steht der Sakralbau im grünen Land, äußerst ungewöhnlich ist sein Erscheinungsbild: Das Langhaus überragt den niedrigeren Kirchturm. Besonders hoch aber ragt der **Chor** auf, er wurde Ende des 13. Jh. an eine Kapelle angebaut und sprengt mit 27 m Höhe deutlich jeden dörflichen Rahmen. Man weiß nicht genau, wie es zu dieser Kirchengestalt kam. Jedenfalls ist der Chor eines der schönsten gotischen Bau-

Semur-en-Auxois: Brückenbögen über dem Flüsschen Armançon, die Stadt darüber auf einer Felsklippe, steile Dächer, steile Straßen und freundliche Wirte

Kleiner Ort mit großer Kirche: St-Thibault besitzt ein nahezu unversehrt erhaltenes Portal samt Gewändefiguren und Tympanon-Skulpturen

werke weit und breit, mit filigranen Säulen, Pilastern, Gewölbe und Fensterrose. Die Mauern sind von hohen *Fenstern* so durchbrochen, dass sie fast wie ein Gitterwerk erscheinen. Wie geduckt wirkt dagegen das im 18. Jh. nach einem Einsturz wieder aufgebaute, wesentlich niedrigere Langhaus.

Ebenso wie die Architektur der Kirche sind deren **Kunstwerke** eine Besichtigung wert: geschnitzte *Reliefs* mit Szenen aus dem Leben des hl. Theobald, St-Thibault, dessen hier aufbewahrte Reliquien Ziel von Pilgerzügen wurden, ein großes *Kruzifix* aus dem 14. Jh. und eine liebenswerte *Madonna mit Kind* und kleinem Vogel auf der Hand. Bewundernswert ist auch der 3 m hohe *Schrein* des hl. Theobald.

Am Außenbau ist das **Portal** mit seinem Figurenschmuck überraschend gut erhalten, die Bilderstürmer der Vergangenheit scheinen den Weg nach St-Thibault nicht gefunden zu haben. Zu beiden Seiten stehen im Gewände je zwei Skulpturen, in der Mitte ist möglicherweise der Kirchenpatron *St-Thibault* dargestellt. Da es sich hier generell um nicht typisierte, sondern individuell gestaltete Figuren handelt, hat man sie als *Porträts* realer Personen verstehen wollen. Es kann sich jedoch auch ebenso gut um Darstellungen Salomos, der Königin von Saba, Aarons und Davids handeln.

ℹ Praktische Hinweise

Information

Office de Tourisme, 2, place Gaveau, Semur-en-Auxois, Tel. 03 80 97 05 96, Fax 03 80 97 08 85, www.ville-semur-en-auxois.fr

Hotels

**Hôtel de la Côte d'Or, 3, place Gaveau, Semur-en-Auxois, Tel. 03 80 97 03 13, Fax 03 80 97 34 56, www.logis-de-bourgogne.com. Stadthotel der Logis-de-France-Kette mit Restaurant.

Hôtel du Lac de Pont, **TOP TIPP 10, rue du Lac, Pont-et-Massène (3 km südöstlich der Altstadt von Semur-en-Auxois), Tel. 03 80 97 11 11, Fax 03 80 97 29 25, www.hoteldulacdepont.com. Komfortables Haus mit guter Küche und riesiger Pergola unweit eines Badesees (Restaurant Juni–Sept. So, Mo und Di mittags, sonst So abends, Mo und Di mittags geschl.).

In Burgund ist die Käseauswahl groß – und Epoisses ist die Käsehochburg

45 Epoisses

Burgschloss und Käsehochburg.

Der Weg von Semur [Nr. 44] zum Morvan führt nach kurzer Fahrt durch Weide- und Ackerland nach Epoisses, unversehens steht man vor den Toren des **Château de Epoisses** (Juli/Aug. Mi–Mo 10–12 und 15–18 Uhr, Park ganzjährig 9–19 Uhr, Tel. 03 80 96 40 56). Der Besitz, im Mittelalter von strategischer Bedeutung, hat seinen festungsartigen Grundriss bewahrt: Eine Mauer mit zugeschüttetem Graben schirmt das Gelände ab. Innen gelangt man zum Schloss nur über einen *Vorhof*, der den Dorfbewohnern als Zuflucht bei Belagerungen diente. Unter den berühmten Besuchern waren der *hl. Colomban*, der französische König Heinrich IV., die mitteilsame Madame de Sévigné, der

Geduldiger Angler am idyllischen Ufer des Canal de Bourgogne, der auf dem Weg von der Rhône zur Saône das Auxois durchquert

wir so viel Wissen über die Zeit der Allonge-Perücken verdanken [s. S. 112], sowie der Schriftsteller und Politiker François René de Chateaubriand. Seit 300 Jahren ist das Anwesen in Familienbesitz, die Mauern tragen die zeitbedingte Verwitterung mit Gelassenheit. Die kostbare **Einrichtung** stammt aus dem 17.– 19. Jh., das Schloss entstand, als die Burg nicht mehr Festung war. Im **Park** fällt ein uralter Taubenturm auf – ein Hoheitszeichen: pro Hektar Landbesitz war ein Nistfach gestattet.

Im **Städtchen** findet man am dörflichen Rand einen behäbigen Platz mit stattlicher Remise unter hohem, vorkragendem Dach. Hier, an der Place du Champ de Foire, ist auch die Käserei *Fromagerie Bertheaut* zu finden, wo man den ›**Epoisses**‹ kaufen kann, der seines Aromas wegen zu den besten Käsen der Welt zählt. Nur in Epoisses herrschen jene biologischen Bedingungen, unter denen dieser Käse reift. Und es gibt spezielle Sorten, die in Marc de Bourgogne oder in Chablis eingelegt wurden.

Ausflug

Das **Château de Bourbilly** (Juli–Mitte Sept. Mi–Mo 10–12 u. 15–18 Uhr, Park ganzjährig 10–18 Uhr, Tel. 03 80 97 05 02), in einem schattigen *Park* gelegen, ist malerisch anzusehen mit seinen spitzen Türmen und Giebeln. Bourbilly ist ein weiteres der Schlösser, in denen Madame de Sévigné das Landleben genoss. Die *Räume* sind elegant im Stil des 18. und 19. Jh. eingerichtet, besonders kostbar sind die venezianischen Kronleuchter.

46 Châteauneuf-en-Auxois

Ein Schloss, das die umliegende Landschaft beherrscht – und früher sicherte.

In stolzer Gipfellage, mit Ausblick auf die Auxois-Landschaft und auf den Canal de Bourgogne ragt das wehrhafte Gemäuer von *Châteauneuf-en-Auxois* (Führungen Mitte Mai–Mitte Sept. Di–So 10–12 und 14–19, sonst bis 18 Uhr, Tel. 03 80 49 21 89) mit seinem Bergfried aus dem 12. Jh. auf. Seit 1936 ist das Schloss in Staatsbesitz. Ein Höhepunkt beim Rundgang durch die Säle und Kemenaten ist das von acht schwarzverhüllten Trauernden gerahmte **Grabmal Philippe Pots** in der Kapelle, die

Imposantes Wasserschloss: Château Commarin bei Châteauneuf-en-Auxois

dieser selbst als Berater der burgundischen Herzöge 1481 errichten ließ (das Original der Grabskulptur befindet sich im Pariser Louvre). Interessante Stahlstiche burgundischer Sehenswürdigkeiten aus dem 19. Jh. schmücken die Wände und dokumentieren, wie gut sich das meiste erhalten hat. In die Bruchsteinhäuser des pittoresken **Dorfes** sind Restaurants, kleine Hotels und Souvenirläden eingezogen – aber wenn die letzte Reisegruppe über die Zugbrücke zu ihrem Bus zurückgegangen ist, kehrt hier wieder Stille ein.

Ausflüge

Seit Jahrhunderten bewohnt dieselbe Familie ihren Stammsitz, das **Château Commarin** (8 km nördlich, Führungen April–Okt. Mi–Mo 10–12 und 14–18 Uhr, Tel. 03 80 49 23 67), das im 17. und 18. Jh. zu einem klassizistischen *Wasserschloss* umgestaltet wurde. Zwei Rundtürme mit schiefergedeckten Kegeldächern erinnern an das kriegerische Mittelalter. Der **Park** mit weiten Rasenflächen und Linden, die Gittertore und die **Salons** mit kostbaren Tapisserien und Möbeln versetzen den Besucher in die Zeit des Ancien Régime zurück. Für die Ausstattung des Anwesens soll eine Großmutter Talleyrands gesorgt haben.

Für heiße Tage: Zwischen Commarin und Châteauneuf lockt der **Lac de Pan-** thier mit Campingplatz, kleiner Segelschule und Badestelle am Südostufer.

Die im Kern noch mittelalterliche Stadt **Arnay-le-Duc** (18 km südwestlich) am Rande des Morvan unterhält im Gebäude des historischen Hospizes die *Maison Régionale des Arts de la Table* (Mitte April– Mitte Nov. tgl. 10–12 und 14–18 Uhr, Tel. 03 80 90 11 59, www.arnay-le-duc.com), ein Zentrum gastronomischer Kultur mit jährlich wechselnder Ausstellung. Auch Weinverkostung und -verkauf gehören dazu.

ℹ️ Praktische Hinweise

Information

Office de Tourisme in Semur-en-Auxois [Nr. 44]

Einkaufen

Maison de Pays de l'Auxois Sud, an der Autobahnabfahrt Pouilly-en-Auxois zur N 81, Tel. 03 80 90 75 86. Auswahl regionaler Produkte (Sommer Mo–Sa 10–19, So 15–19, Winter 10–12 u. 14–17, So 14.30–17.30 Uhr).

Hotel

**Hostellerie du Château, Châteauneuf-en-Auxois, Tel. 03 80 49 22 00, Fax 03 80 49 21 27, www.hostellerie-chateauneuf.com. Ruhige und stilvolle Herberge beim Schloss (Mo/Di geschl.).

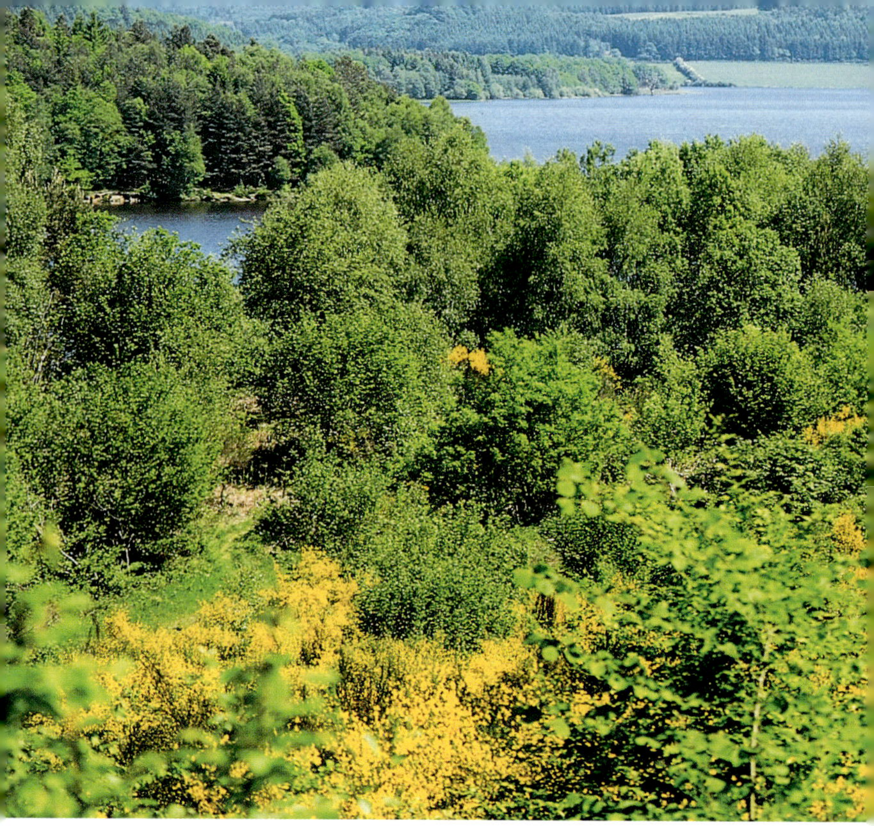
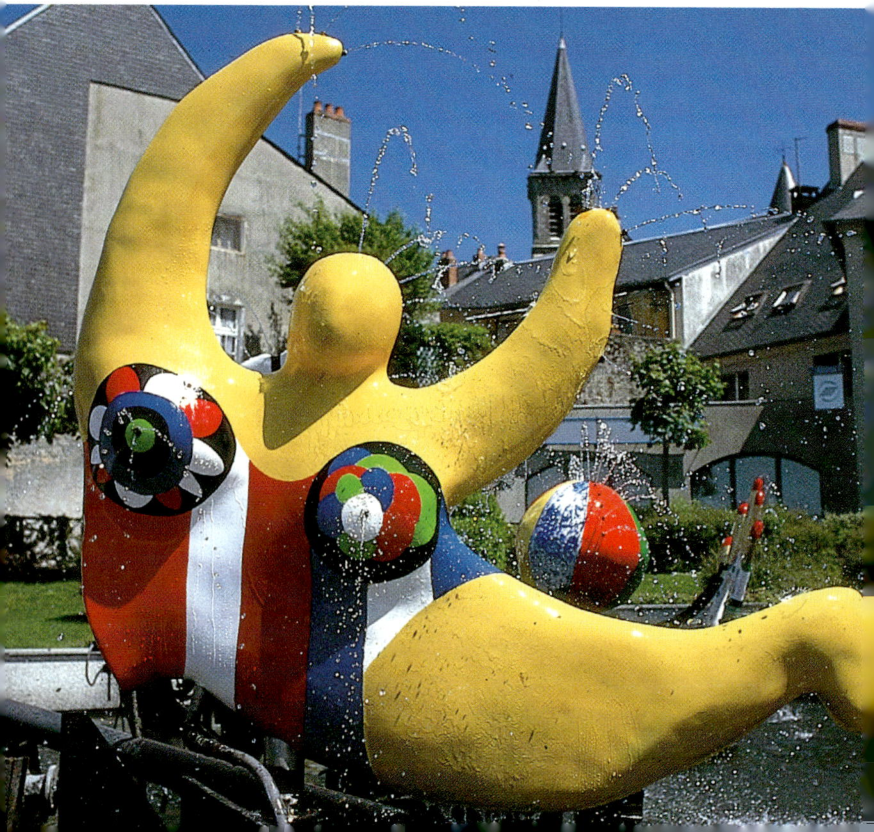

Naturpark Morvan –
Waldgebirge mit Wasserfreuden

Auf den Morvan, das einsame Land der Holzfäller und Holzflößer, schauten Städter lange mit der Arroganz der Glücklicheren herab. Auch heute noch tun sich manche schwer mit diesem Herzland Burgunds: Wie gestaltet man den Urlaub in einem Wald, der beinahe so groß ist wie Luxemburg? Darauf sprudeln die Antworten im Dutzend, seit 1971 der **Parc Naturel Régional du Morvan** geschaffen wurde, einer der größten Naturparks in Europa (rund 175 000 ha). Für Wanderer, Radfahrer und Reiter, für Angler und Kajakfahrer, für Segler und Surfer, aber auch für Felskletterer und Höhlenforscher stapeln sich die Angebote. Dazu sind attraktive kleine *Museen* entstanden und viele *Festivals* ins Leben gerufen worden, wie das Drehleier-Fest in Anost oder das Fest der Volksmusik von Saulieu (Nuit de Cajun), wo der Dudelsack schon zu Zeiten des Rabelais heimisch war. Den Liebhabern ungestörter Natur zum Trost: Genauer besehen, herrscht abseits der wenigen Städte wie *Château-Chinon* und *Saulieu* fast nur um den *Lac des Settons* betriebsamer Tourismus. Den Ökologen machen vor allem die Abfallbeseitigung und die Waldbesitzer Sorgen. Die nämlich schaffen mit ihren Motorsägen Kahlschläge im **Bois de lumière**, dem lichten gallischen Buchen- und Eichenlaubwald mit Bergulmen, Sommerlinden und Bergahorn, um lukrative Weihnachtsbaumplantagen anzulegen. Doch noch ist der Naturpark Morvan weithin so zu erleben, wie ihn der Wahlfranzose *Hans Roth* beschrieben hat, als eine »Naturzitadelle aus rosa Granit und grünem Wald, Quellen und Bächen, Fingerhut und Farn«. Natürlich ist das Rosa des Granitmassivs (das im Süd-Morvan bis zu bescheidenen 900 m ansteigt) zumeist grau verwittert, aber umso glänzender liegen die Silberspiegel der Morvan-Seen im Wald- und Wiesengrün. Fast nur an den alten Staumauern erkennt man noch, dass sie künstlich angelegt wurden, teils schon im 19. Jh., um das Wasser für das Flößen des Morvan-Holzes auf der Yonne und der Cure aufzustauen.

47 Saulieu

Zentrum der Feinschmeckerei und eine Kirche mit kostbarem romanischen Figurenschmuck.

Auf der Route Paris–Lyon war Saulieu schon zu Zeiten der Drei Musketiere und der Madame de Sévigné Poststation. Auch heute rastet man gern an diesem Platz, und die Auswahl an Hotels, die sich

◁ **Oben:** *Der Morvan, Wanderlandschaft und Ziel für Wasserfreunde – hier über den waldgesäumten Ufern des Lac de St-Agnan, wo sich ins kilometerweite Baumgrün der sonnengelb flammende Ginster mischt.*
Unten: *Niki de Saint Phalles und Tinguelys Brunnen in Château-Chinon*

an der breiten Ortsdurchfahrt unter den alten Bastionen reihen, ist dementsprechend groß – wie die der ambitionierten Gastronomie. Zur erhöhten Gästefrequenz trägt die neue Rolle Saulieus als touristisches **Tor** zum **Naturpark Morvan** wesentlichen bei.

Sein anderes Gesicht zeigt das nur etwa 3000 Einwohner zählende Städtchen in den Gassen der Altstadt um die **Basilique St-Andoche** (April–Okt. Di–Sa 9–12 und 14–18.30, So 9–12, sonst Di–Sa 9–12 und 14–16.30 Uhr), benannt nach dem hl. Andochius, einem Märtyrer der christlichen Mission, der aus dem Vorderen Orient nach Burgund kam. Ihretwegen ist Saulieu auch ein Hauptziel für die Bewunderer burgundischer Sakralarchitektur, trotz schwerer Zerstörungen im Lauf der Jahrhunderte. Saulieus Kostbarkeit ist der **Zyklus** an den **Säulenkapitellen** der fünf Langhausjoche von St-Andoche, mit nahezu unversehrten Skulpturen (Mitte 12. Jh.). Eindringliche Darstellungen sind zu erkennen, z. B. von Tierkämpfen, aber auch biblische Szenen wie die *Flucht nach Ägypten* (4. Säule rechts), der *Selbstmord des Judas* (der Teufel assistiert; 3. Säule rechts) oder das *Noli me tangere*, das Erscheinen des auferstandenen Christus vor Maria Magdalena (2. Säule rechts). Auch die Kapitelle von St-Lazare in Autun [Nr. 15], die Gislebertus geschaffen hat, zeigen dieses Bildprogramm. Doch während in Autun die Gesichtszüge der Figuren dramatischer wirken, ist in Saulieu die formale, dekorative Meisterschaft weitaus eindrucksvoller.

Links vom Chor ist die Replik eines besonders kostbaren Evangeliars, *Evangeliaire de Charlemagne*, mit höchst qualitätvollen Elfenbeinschnitzereien ausgestellt, die auf das 6. Jh. datiert werden und noch ganz der römischen Kunsttradition verpflichtet sind.

Gleich hinter St-Andoche wird im **Musée François Pompon** (place du Docteur Roclore, April–Sept. Mi–Sa 10–12.30 und 14–18, So 10–12.30 und 14–17, Mo 10–12.30, März und Okt–Dez. Mi–So 10.30–12 und 14.30–17.30, Mo 10–12.30 Uhr, Tel. 03 80 64 19 51) das Werk des prominenten Tier-

Edelgastronomie in Saulieu – im Restaurant ›Le Relais Bernard Loiseau‹ wird das Kochen als Kunst zelebriert

bildhauers Pompon aus Saulieu vorgestellt. Außerdem sind *gallorömische Grabstelen*, traditionelle *Handwerksgeräte* und vor allem Zeugnisse *kulinarischer Leistungen* der Region Saulieu ausgestellt. In Saulieu treffen sich alljährlich im Mai die Kenner zu den **Journées Gourmandes**. Die Stadt ist nach wie vor stolz auf Bernard Loiseau. Der Spitzenkoch nahm sich 2003 das Leben, nachdem der Gault-Millau ihn und seinen Gourmettempel ›Côte d'Or‹ abgewertet hatte. Ihm zu Ehren betreiben Ehemalige des alten Restaurants nun an gleicher Stelle das ›Le Relais Bernard Loiseau‹.

ℹ Praktische Hinweise

Information
Office de Tourisme, 24 rue d'Argentine, Saulieu, Tel./ 03 80 64 00 21, Fax 03 80 64 21 96, www.saulieu.fr

Einkaufen
La Fouchale, 4, place de la République, Saulieu. Erstklassiges Käsehaus – uriger Bauernkäse, bester Ziegenkäse. Versand ist möglich.

Hotel
***La Poste**, 1, rue Grillot, Saulieu, Tel. 03 80 64 05 67, Fax 03 80 64 10 82, www.hotel-de-la-poste.fr. Komfortables und traditionelles Haus mit ambitionierter Küche.

Restaurants
TOP TIPP **Le Relais Bernard Loiseau**, 2, rue d'Argentine, Saulieu, Tel. 03 80 90 53 53, Fax 03 80 64 08 92, www.bernard-loiseau.com. Hier wird zu Ehren und im Stil des berühmten Küchenchefs gekocht. Ein Magnet für Feinschmecker mit drei Michelin-Sternen in einer Luxusherberge mit Flair.

Le Lion d'Or, 5, rue Courtépée, Saulieu, Tel. 03 80 64 16 33. Brasserie und Restaurant mit schönem Garten.

48 Quarré-les-Tombes

Das Rätsel der Sarkophage.

Um die gotische Kirche **St-Georges** am Marktplatz sind über 100 steinerne **Sarkophage** aufgereiht – teils vollständig, teils Deckel, alle solide Steinmetzarbeit. Einst waren es noch viel mehr, wohl an die 1000. Man weiß auch, dass sie im 7.–10. Jh.

Auch im touristischen Zentrum des Morvan findet sich ein ruhiges Plätzchen für einen erholsamen Urlaub – etwa am Lac des Settons

hergestellt wurden, aus Kalkstein, der in mindestens 25 km entfernten Steinbrüchen gewonnen wurde. Aber man weiß nicht, warum gerade hier und warum in solcher Zahl. Zwei Theorien werden angeboten: Der Legende nach eilte der **hl. Georg** auf einem weißen Pferd aus dem Paradies zu Hilfe, als der Ort von den Sarazenen bedroht war. Darum wollten seither auch Menschen von weither gerade hier begraben sein. Vielleicht waren die Einwohner aber auch auf die Sargfabrikation spezialisiert und konnten dank guter Lage an der Straße Autun–Auxerre besonders günstig exportieren.

Heute bietet Quarré-les-Tombes, das nach seinen Grabsteinen heißt, makaberer Weise eine verlockende Auswahl an Süßigkeiten und Konfitüren.

Ausflug

Dem berühmten Festungsbaumeister des Sonnenkönigs Ludwig XIV., Sébastien le Prestre de Vauban (1633–1707), widmet sein Geburtsort **St-Léger-Vauban**, 6 km nordöstlich von Quarré-les-Tombes, das **Ecomusée du Morvan Maison Vauban** (Juli/Aug. Mi–Mo 10–12.30 und 14.30–19, Juni und Sept. Mi–So 10–12 und 14–18, April/Mai und Okt. Sa/So 10–12 und 15–18 Uhr, Tel. 03 86 32 26 30, www.vaubanecomusee.org). Die Ausstellung zeigt den Burgunder nicht nur als Militärarchitek-

ten, sondern auch als vielseitig interessierten Humanisten mit Ideen zu Sozialreformen, Stadtplanung und als einer der ersten zu Statistik.

ℹ️ Praktische Hinweise

Information

Syndicat d'Initiative, Mairie, rue des Écoles, Quarré-les-Tombes, Tel. 03 86 32 22 20, Fax 03 86 32 23 43

Einkaufen

Maison Fontaine – Les Tombelines, 24, place de l'Église, Quarré-les-Tombes. Köstliche Konfitüren und Gelees nach Großmutterart.

Hotel

**Auberge des Brizards, Quarré-les-Tombes (auf halbem Weg nach St-Agnan), Tel. 03 86 32 20 12, Fax 03 86 32 27 40. Ländliches Juwel mit individuell gestalteten Zimmern und großem Garten. Das Restaurant profitiert von der eigenen Gemüse- und Viehzucht.

49 St-Brisson

Das Informationszentrum des Naturparks.

Ein Schlösschen aus dem 19. Jh., das sich der gräfliche Grundherr nach der Rückkehr aus dem Revolutionsexil erbauen ließ, wurde in den 70er-Jahren des 20. Jh.

mitsamt den umliegenden Gutsgebäuden umfunktioniert zur **Maison du Parc**.

Hier sitzt heute die Verwaltung des **Parc Naturel Régional du Morvan** und die Zentrale des aus mehrern Häusern – u.a. in St-Léger-Vauban [s.o.] – bestehenden **Ecomusée du Morvan** (Juli/Aug. tgl. 10–13 und 14–18, Mai–Juni und Sept. Mi–Mo 10–13 und 14–18, April, Okt.–Mitte Nov. 10–13 und 14–17 Uhr). Dazu gehört das **Musée de la Résistance**, das daran erinnert, dass der Morvan während der deutschen Besatzung im Zweiten Weltkrieg ein Zentrum des Widerstands war.

Friedliche Entdeckungen sind in einem *Arboretum* und einem winzigen *botanischen Garten* zu machen, z. B. all jene Pflanzen, die östlich vom Morvan nicht gedeihen, weil das Waldgebirge als Wetterscheide zwischen atlantischem und kontinentalem Klima wirkt. Kinder erfreuen sich an einem Tiergehege und einem Spielplatz.

Außerdem werden in der Maison du Park Produkte der Region präsentiert und alle **Informationen** für einen Morvan-Urlaub geboten: Wo kann man sich einmieten oder campen, Mountainbikes oder Pferde leihen, wo angeln, Wildwasser- oder Ballonsport betreiben? Fürs **Mountainbike**, das in Frankreich VTT (vélo tout terrain) heißt, gibt es z. B. rund 2500 km markierte, nach Schwierigkeitsgraden unterschiedene Routen. Die herausgegebenen detaillierten Karten verzeichnen die zu bewältigenden Höhenunterschiede, Sehenswürdigkeiten sowie Geschäfte und Quartiere.

Achtung: Von November bis Februar ist Jagdzeit. Es wird dringend empfohlen, an den Jagdtagen, die in der Mairie zu erfahren sind, nicht auf Tour zu gehen. Manche Routen sind dann auch gesperrt.

Morvan-Wanderern werden etwa 80 halb- bis viertägige Routen empfohlen, darunter zwei **Fernwanderwege** (Grande randonnée), die GR 13, die den Morvan von Vézelay [Nr. 26] bis zur Südgrenze durchquert, und der Rundwanderweg GRP Tour de Morvan (Grande randonnée pays). Auch mehrtägiges *Wandern ohne Gepäck* wird angeboten.

ℹ **Praktische Hinweise**

Information

Office de Tourisme, Maison du Parc, St-Brisson, Tel. 03 86 78 79 57, Fax 03 86 78 74 22, www.parcdumorvan.org

50 Sechs-Seen-Rundfahrt

Der Norden des Morvan ist reich an Seen und Wildbächen – und ruht außerhalb der Hochsaison in großer Stille.

Je nachdem, wie oft man sich mit einem Bad erfrischt, einen Abstecher zu einer Sehenswürdigkeit einlegt oder einen Spa-

Schickes Freizeitdesign am Lac des Settons. In den familienfreundlichen Hotels und Restaurants rund um den See lebt man eher im traditionellen Stil

ziergang, kann dies einer der schönsten **Tagesausflüge** sein oder aber auch eine Woche und mehr dauern (Gesamtstrecke rund 200 km). Die Fahrt geht von einem See zum andern, bis man zumindest die sechs großen Morvan-Seen (Gesamtfläche 1400 ha) kennen gelernt hat. Ob als Trinkwasserspeicher, zur Hochwasserregulierung oder Wasserkraftgewinnung angelegt – alle sind für Schwimmer, Surfer und auch für Angler freigegeben. Auf dem Lac des Settons sind außerdem sogar Motorboote und Wasserski zugelassen.

Der **Startpunkt** der Tour ist beliebig, könnte z. B. St-Brisson [Nr. 49] sein. Schon 6 km weiter südlich lohnt ein schäumender Wasserfall, der **Saut de Gouloux** im bezaubernd romantischen Tal der Cure, einen ersten Abstecher zu Fuß (ausgeschildert). Westlich, in Richtung Saulieu (D 977 und D 106), erreicht man den still in Wald und Wiesen eingebetteten **Lac Chamboux** mit Plätzen zum Baden, Angeln und Campen.

Südlich geht die Rundfahrt über die D 121 und D 193 zum touristischen Highlight des Morvan, dem beliebten und belebten **Lac des Settons**, an dem es zahlreiche familienfreundliche Hotels, Bade- und Campingplätze, Spazierwege und Bootverleiher gibt. Die überschaubare Wasserfläche durchpflügt sogar ein Ausflugsschiff.

Ziel des nächsten Abstechers, südwärts über eine schöne Strecke (D 17 und D 2), ist **Anost** mit dem kleinen Museum *La Maison des Galvachers* (Juli/Aug. Mi–Mo 14–18 Uhr, Juni und Sept. nur Sa/So 14–17 Uhr, Tel. 03 85 82 78 16) am Dorfplatz. ›Galvache‹ hieß die lange Reise, auf der die Galvachers Holz auf ihren Ochsenkarren aus dem Morvan in die Städte transportierten.

Auf direktem Weg fährt man anschließend vom Lac des Settons über Nebenstraßen (D 520, D 37, D 505) zum **Lac de Pannecière-Chaumard**, dem lang gestreckten, größten Morvan-See, zu dem die Yonne unter malerisch aufsteigenden Waldhängen aufgestaut wurde. Hier gibt es Dörfer wie Chaumard und Montigny-en-Morvan sowie freundliche Hotels. Unter hohen Baumkronen kann man sich beispielsweise auf der Terrasse des Restaurants **La Chaumière à Tetelle** (Tel. 03 86 84 78 80, außerhalb der Saison Mi geschl.) nahe der Talsperre ausruhen.

Durch Wiesentäler und stille Dörfer führen schmale Straßen weiter nach Norden zum **Lac de Chaumeçon** und zum

Lac du Crescent (kaum touristische Strukturen, ohne Karte wären beide sogar leicht zu verfehlen!). Das Wasser der Cure wird vom Lac du Crescent unterirdisch zu einem Kraftwerk geführt. Ein Stück talabwärts erblickt man auf steilem Fels das **Château Chastellux-sur-Cure**, seit bald einem Jahrtausend im Besitz derselben Familie (nicht zugänglich).

Ostwärts geht es dann über die D 128 und – von Quarré-les-Tombes [Nr. 48] an – über die größere D 10 in Richtung **Lac de St-Agnan** mit seiner Wassersportbasis und den am Waldrand versteckten Badeplätzen. In der Nachbarschaft kann man die **Abbaye de la Pierre-qui-Vire** aufsuchen, einen der geheimnisumwitterten Orte des Morvan. Ihren Namen hat die Benediktinerabtei von einem Granitblock, der sich beim Angelus-Läuten bewegt haben soll. Die Mönche betreiben heute nicht nur eine Töpferei, sie bieten auch Unterkunft für Gäste, die meditieren wollen.

ℹ Praktische Hinweise

Hotels

*La Morvandelle, Lac-des-Settons, Montsauche-les-Settons, Tel. 03 86 84 56 16, Fax 03 86 84 52 07. Ufernah am Wald, mit Garten und Restaurantterrasse.

*La Vieille Auberge, St-Agnan, Tel. 03 86 78 71 36, Fax 03 86 78 71 57, www.vieilleauberge.com. Rustikales Haus mit 8 gemütlichen Zimmern und Restaurant (Mo/Di geschl.), auch Menu gastronomique.

La Galvache, Anost, Tel. 03 85 82 71 11, Fax 03 85 82 79 62. Günstig für Reiter und Radler, mit Bar und Spielplatz (Restaurant Mo geschl.).

51 Château-Chinon

François Mitterrand stiftete der Kleinstadt mit uralter keltischer Vergangenheit seine Staatsgeschenke.

Der Politiker von Weltläufigkeit und wohl berechneten großen Gesten, **François Mitterrand** (1916–1996), leugnete nie seine Herkunft aus der französischen Provinz. In dem 3000-Einwohner-Städtchen Château-Chinon war er 22 Jahre Bürgermeister, auch 35 Jahre lang Abgeordneter des Département Nièvre. *Force tranquille* (ruhige Kraft) war 1981 sein Slogan

Château-Chinon: Goldfinger ohne 007

gund unabhängigen Grafschaft. Um den Stadthügel öffnen sich die Morvan-Wälder zu einem hügeligen Hochland aus Weiden und Feldern. Der Ausblick nach Westen geht bis in die Loire-Ebene.

Praktische Hinweise

Information

Office de Tourisme, Maison du Morvan, place Saint-Christophe, Château-Chinon, Tel. 03 86 85 06 58

Hotel

**Le Vieux Morvan, 8, place Gudin, Château-Chinon, Tel. 03 86 85 05 01, Fax 03 86 85 02 78. Schon *Tonton François*, Onkelchen Franz, wie Mitterrand gern genannt wurde, quartierte sich im Haus der Logis-de-France-Kette ein.

im Wahlkampf um das Amt des Präsidenten der Französischen Republik. Château-Chinon verdankt ihm viel. Beispielsweise die Stiftung seiner Staatsgeschenke 1986 und ein Museum, das zu den meistbesuchten Burgunds zählt.

»Es scheint mir natürlich, dass die Geschenke, die ich in meiner Funktion als Präsident der Republik erhalten habe, allen zugänglich sind«, steht in Mitterrands Handschrift am Eingang des **Musée du Septennat** (6, rue du Château, Juli/Aug. Mi–Mo 10–13 und 14–19, Mai/Juni, Sept. bis 18 Uhr, Febr.–April, Okt.–Dez. Mi–Mo 10–12 und 14–18 Uhr, Tel. 03 86 85 19 23). Abertausende Besucher zieht es zu den glitzernden Orden, dem kostbaren und manchmal kitschigen Kunsthandwerk, zu den juwelengeschmückten Ehrensäbeln und den silbergerahmten Fotos der Staatsoberhäupter-Kollegen aus Mitterrands siebenjähriger Amtsperiode als Staatspräsident.

Nebenan findet man das **Musée du Costume** (4, rue du Chateau, Juli/Aug. tgl. 10–13 und 14–19, Mai/Juni, Sept. Mi–Mo 10–13 und 14–18, Febr.–April, Okt. Mi–Mo 10–12 und 14–18 Uhr, Tel. 03 86 85 18 55), mit wechselnden Ausstellungen zur französischen Modegeschichte.

Bunter als alle Moden ist der Brunnen, die *Fontaine monumentale* von Niki de Saint Phalle und Jean Tinguely mit bewegten munter-komischen Figuren an der Place François-Mitterrand.

Château-Chinon nennt sich die ›historische Hauptstadt des Morvan‹ und war im 13. Jh. Sitz einer vom Herzogtum Bur-

52 Mont Beuvray

TOP TIPP *Zurück zu den Anfängen! Frankreich sucht nach seiner keltischen Vergangenheit – und zeigt die Fundstücke.*

Durch idyllische bewaldete Täler ist der Mont Beuvray (821 m), wahlweise von Autun im Osten oder von Château-Chinon im Nordwesten, auf guten Straßen zu erreichen (jeweils etwa 30 km). Wer sich für die Erkundung Zeit nehmen möchte, kann den Berg im Rahmen einer mehrstündigen Wanderung und ohne große Anstrengung besteigen.

Staatsgeschenk: Emailvase aus Japan im Musée du Septennat von Château-Chinon

Geschichte In den Laubwäldern am Mont Beuvray entdeckte 1867 *Jean Gabriel Bulliot* keltische Spuren und begann mit Grabungen, die er fast drei Jahrzehnte lang fortsetzte. Ein Jahrhundert später, 1985, erklärte François Mitterrand dieses Gebiet, das keltische **Bibracte**, zum *Grand site national,* zu einer Stätte von nationalem Rang. 1987 folgte die Gründung des *Forschungszentrums* im benachbarten **Glux-en-Glenne**. Wieder zwei Jahre später wurde das Projet Bibracte–Mont Beuvray offiziell in die Reihe der Großen Kulturprojekte des Staates aufgenommen und die Gründung eines keltischen Museums beschlossen. 1994 konnte das Forschungszentrum seine Arbeit beginnen, 1995 wurde das Museum in einem Teilbereich eröffnet, 1997 war die permanente Ausstellung fertig gestellt.

Trotz allem aber weiß die Archäologie vom keltischen Bibracte noch lange nicht genug. Gesichert scheinen eine jungsteinzeitliche **Befestigung** um 5000 v. Chr., **Siedlungen** der Bronze- und Eisenzeit und ein keltisches Oppidum, eine befestigte Siedlung, seit etwa 150 v. Chr. Prominentester Zeuge für die Bedeutung des Ortes ist **Julius Caesar**, der sich mit seinen Truppen im Winter des Jahres 52 v. Chr. am Bibracte aufhielt und hier an seinem Werk ›Bellum Gallicum‹ arbeitete. Zuvor war der Fürst der Averner, Vercingetorix, auf dem Bibracte zum Führer der gallischen Stämme gewählt, jedoch von Caesar bei Alésia [s. S. 110] besiegt worden.

Bibractes vermutete Bedeutung als einer der Hauptorte der gallischen **Häduer** schwand nach ihrer Niederlage im Abwehrkampf gegen Rom. Wahrscheinlich wurde der Ort nach der Gründung des 25 km entfernten Autuns aufgegeben. Gefunden wurden noch Reste einer frühchristlichen *Kirche* aus merowingischer Zeit. Sagen entstanden wie die vom *Pierre de Wivre*, den man noch heute aufsuchen kann – vielleicht öffnet sich ja eines Tages der Fels und gibt seinen Schatz frei.

Besichtigung Einblick in das Leben der keltischen Bewohner gibt das **Musée de la Civilisation Celtique de Bibracte** (St-Leger-sous-Beuvray, Mitte März–Mitte Nov. tgl. 10–18, Juli/Aug. bis 19 Uhr, Tel. 03 85 86 52 35) am Fuß des Berges. Anhand von Modellen, Rekonstruktionen und auf vielen Videoschirmen sowie mit zahlreichen originalen Fundstücken wird die untergegangene Kultur der kelti-

Das ›Keltische Museum von Bibracte‹ entstand an einem uralten Siedlungsort der vorrömischen Kultur Galliens

schen Stämme dokumentiert: eines der ganz großen Themen der europäischen Vergangenheit zwischen Böhmen und Atlantik. In diesem großzügig konzipierten Museum ist auch manches für Kinderaugen interessant – Asterix lässt grüßen.

Am Museum gibt es einen großen schattenlosen Parkplatz. Man kann aber auch auf der Forststraße bis zum **Ausgrabungsgelände** weiterfahren, fast bis aufs Gipfelplateau des Mont Beuvray und nach Süden wieder bergab. Die freigelegten Mauerreste der keltischen Stadt und der mittelalterlichen Klosteranlagen sind öffentlich zugänglich, soweit nicht gerade Archäologen an der Arbeit sind. Besonders interessant ist der rekonstruierte Abschnitt der einst rund 5 km langen gallischen **Mauer** und ein 1987 entdecktes elliptisches Wasserbecken aus dem 1. Jh. v. Chr. Der Ausblick auf die Hügelketten des Morvan ist an klaren Tagen hinreißend.

ℹ **Praktische Hinweise**

Unterkunft

L'Eau Vive – Le Bourg, St-Prix-en-Morvan, Tel. 03 85 82 59 34. Vier komfortable Zimmer in einem traditionellen Bauernhof und Garten. Vor der Tür erwarten den Urlauber viele Wanderwege ums Wiesental. 10 km sind es von diesem Standort z. B. zum Mont Beuvray (Mitte Nov.–Mitte März geschl.).

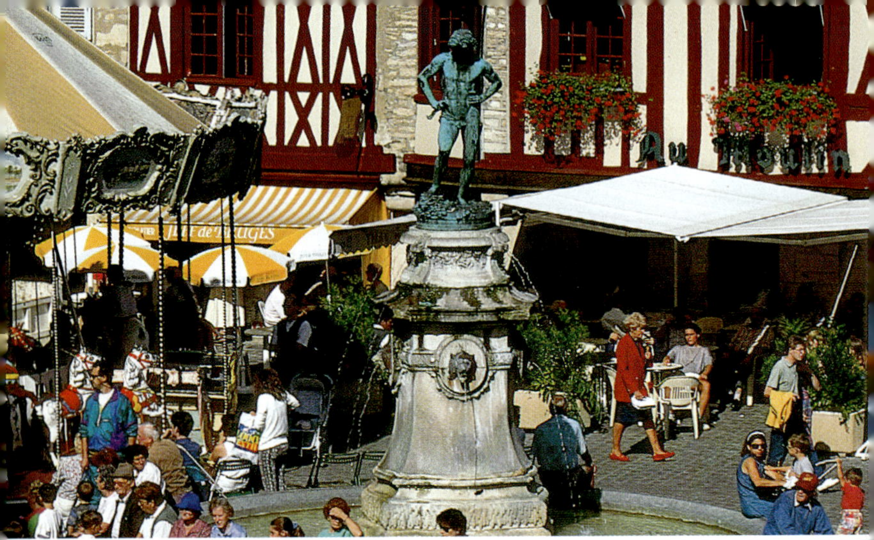

Burgund aktuell A bis Z

■ Vor Reiseantritt

ADAC Info-Service:
Tel. 018 05/10 11 12, Fax 018 05/30 29 28 (0,14 €/Min.)

ADAC im Internet:
www.adac.de
www.adac.de/reisefuehrer

Burgund im Internet:
www.burgund-tourismus.com,
www.franceguide.com

Informationen und Prospekte erhält man beim Französischen Fremdenverkehrsamt, **Maison de la France**:

Deutschland
Zeppelinallee 37, 60325 Frankfurt/Main; oder: Postfach 100128, 60001 Frankfurt/Main, Tel. 090 01 57 00 25, Fax 090 01 59 90 61 (0,49 €/Min.), info.de@franceguide.com

Österreich
Lugeck 1-2 /Stiege 1/7, 1010 Wien, Tel. 09 00/25 00 15 (max. 0,68 €/Min.), Fax 01/503 28 72, info.at@franceguide.com

Schweiz
Rennweg 42, Postfach 3376, 8021 Zürich, Tel. 04 42 17 46 00, Fax 04 42 17 46 17, info.ch@franceguide.com

Auch das **Comité Régional du Tourisme de Bourgogne**, BP 20263, 21006 Dijon Cedex, Tel. 03 80 28 02 80, Fax 03 80 28 03 00, www.burgund-tourismus.com, bietet Hilfe an.

■ Allgemeine Informationen

Reisedokumente

Reisepass oder Personalausweis, für Kinder unter 16 Jahren ein Kinderausweis oder Eintrag im Elternpass.

Kfz-Papiere

Zusätzlich zu Führerschein und Zulassungsbescheinigung Teil 1 (vormals Fahrzeugschein) ist die nternationalen Grüne Versicherungskarte empfehlenswert.

Krankenversicherung

Seit dem 1. Januar 2006 ist die Europäische Krankenversicherungskarte in die übliche Versicherungskarte integriert. Sie wird in ganz EU-Europa anerkannt und garantiert die medizinische Versorgung. Sicherheitshalber empfiehlt sich der Abschluss einer zusätzlichen Reisekranken- und Rückholversicherung.

Hunde und Katzen

Für Hunde und Katzen ist bei Reisen innerhalb der EU ein gültiger, vom Tierarzt ausgestellter EU Heimtierausweis vorgeschrieben, ebenso Kennzeichnung durch Mikrochip oder Tätowierung. Bis zum Jahr 2011 gelten Übergangsregelungen.

Zollbestimmungen

Reisebedarf für den persönlichen Gebrauch obliegt **innerhalb der EU** keinen Beschränkungen und darf abgabenfrei eingeführt werden. Richtmengen für den Privatreisenden: 800 Zigaretten, 400 Zigarillos, 200 Zigarren, 1 kg Tabak, 10 l Spirituosen, 20 l Zwischenerzeugnisse, 90 l Wein (davon maximal 60 l Schaumwein), 110 l Bier.

Bei Reisen von und durch **Drittländer** (Schweiz) dürfen zollfrei mitgeführt werden: 1 Stange Zigaretten, 1 l Spirituosen über 22 % oder 2 l Spirituosen unter 22 %, 50 ml Parfum, 250 ml Eau de Toilette, 500 g Kaffee und 100 g Tee.

Geld

Die gängigen **Kreditkarten** werden in Banken, Hotels und vielen Geschäften akzeptiert. **EC-Geldautomaten** sind weit verbreitet.

Tourismusämter im Land

Das Netz der *Office de Tourisme* ist engmaschig und effizient. In den Städten stehen diese, zumindest im Juli/August, die ganze Woche für Auskünfte und Buchun-

◁ *La douce France: Cafés an der Place Rude in Dijon, Anispastillen in hübscher Verpackung, burgundische Genüsse im Keller von Schloss Aloxe-Corton und in der ›Auberge de la Coquille‹ in Vézelay*

gen (z. T. mehrsprachig) zur Verfügung. In kleineren Orten variieren die Öffnungszeiten. Die Adressen der Tourismusämter sind bei den jeweiligen Orten unter **Praktische Hinweise** verzeichnet. Folgende zentrale Tourismusbüros stehen in Burgund zur Verfügung:

Côte-d'Or Tourisme, BP 1601, 21035 Dijon cedex, Tel. 03 80 63 69 49, Fax 03 80 49 90 97, www.cotedor-tourisme.com

Agence Développement Touristique de la Nièvre, 2, avenue St-Just, BP 10318, 58003 Nevers cedex, Tel. 03 86 36 39 80, Fax 03 86 36 36 63, www.nievre-tourisme.com

Comité Départemental du Tourisme de Saône-et-Loire, 389, avenue du Maréchal-de-Lattre-de-Tassigny, 71000 Mâcon, Tel. 03 85 21 02 20, Fax 03 85 38 94 36, www.bourgogne-du-sud.com

Agence Développement Touristique de l'Yonne, 1–2, quai de la République, 89000 Auxerre, Tel. 03 86 72 92 00, Fax 03 86 72 92 09, www.tourisme-yonne.com.

Notrufnummern

Einheitlicher Notruf (Polizei, Unfallrettung, Feuerwehr, auch mobil): Tel. 112

Pannennotruf des AIT (Assistance): Tel. 08 00 08 92 22 (rund um die Uhr)

ADAC-Notrufstation Frankreich: Tel. 04 72 17 12 22 (rund um die Uhr)

ADAC-Notrufzentrale München: Tel. 00 49/89/22 22 22 (rund um die Uhr)

ADAC-Ambulanzdienst München: Tel. 00 49/89/76 76 76 (rund um die Uhr)

ÖAMTC Schutzbrief-Nothilfe: Tel. 00 43/(0)1/2 51 20 00

TCS Zentrale Hilfsstelle: Tel. 00 41/(0) 2 24 17 22 20

Diplomatische Vertretungen

Deutschland
Botschaft der Bundesrepublik Deutschland, 13/15 avenue Franklin-D.-Roosevelt, 75008 Paris, Tel. 01 53 83 45 00, Fax 01 53 83 46 50, www.paris.diplo.de

Österreich
Botschaft der Republik Österreich, 6, rue Fabert, 75007 Paris, Tel. 01 40 63 30 63, Fax 01 45 55 63 65, www.amb-autriche.fr

Schweiz
Botschaft der Schweizerischen Eidgenossenschaft, 142, rue de Grenelle, 75007 Paris, Tel. 01 49 55 67 00, Fax 01 49 55 67 67,www.eda.admin.ch/paris

Besondere Verkehrsbestimmungen

Tempolimits (km/h): Pkw auf Autobahnen 130, bei Regen 110, auf Schnellstraßen 110, bei Regen 100, auf National- und Départementsstraßen 90, bei Regen 80, in Ortschaften 50.

Wer den Füherschein noch keine zwei Jahre besitzt, darf außerorts höchstens 80 km/h, auf Schnellstraßen 100 km/h und auf Autobahnen 110 km/h fahren. Bei Regen und Schnee ist Abblendlicht obligatorisch. Es herrscht Anschnallpflicht. Die **Promillegrenze** liegt bei 0,5.

Parken: In den Innenstädten gibt es meist Kurzparkzonen (*Zone bleue*), die Parktickets zieht man an Automaten, meist ist das Parken von 12–14 Uhr gratis. Gelbe Streifen am Fahrbahnrand bedeuten Parkverbot.

■ Anreise

Auto

Umfangreiches **Informations-** und **Kartenmaterial** können Mitglieder kostenlos bei den *ADAC Geschäftsstellen* oder unter Tel. 018 05/10 11 12 (0,14 €/Min.) anfordern.

Wer über die Autobahn aus Deutschland anreist, nimmt aus dem Südwesten den Weg über Mulhouse, aus Mittel- oder Norddeutschland den über Metz.

Autobahnen sind überwiegend **mautpflichtig** (*Péage*). Gebühren zahlt man bar oder mit Kreditkarte. In den **ADAC Geschäftsstellen** erhalten Mitglieder eine Liste dieser Autobahnen mit Preisangaben.

Bahn

Burgund verfügt über ein dichtes Bahnnetz. Der Hochgeschwindigkeitszug **TGV** verbindet Burgund mit Lausanne und mit Paris. Reservierungen sind unbedingt notwendig.

Fahrplanauskunft:

Deutschland
Deutsche Bahn, Tel. 118 61, Tel. 08 00/150 70 90 (sprachgesteuert) www.bahn.de

Deutsche Bahn AutoZug, Tel. 018 05/24 12 24, www.autozug.de

Österreich
Österreichische Bundesbahn, Tel. 05 17 17, www.oebb.at

Schweiz
Schweizerische Bundesbahnen, Tel. 09 00 30 03 00, www.sbb.ch

Flugzeug

Der **Aéroport de Dijon-Bourgogne**, Tel. 03 80 67 67 67, www.aeroport.dijon.cci.fr, bietet bislang keine direkte Flugverbindung mit deutschen Städten.

◼ Bank, Post, Telefon

Banken

Öffnungszeiten: Mo–Fr 9–12 und 14–16.30 Uhr. In größeren Städten öffnen manche Banken auch am Samstag.

Post

Öffnungszeiten: Mo–Fr 9–19 und Sa 9–12 Uhr. In kleineren Orten Mittagspause 12–14 Uhr und eventuell frühere Schließzeit. Briefmarken (Timbres) gibt es auch in autorisierten Tabakläden (Tabac).

Telefon

Internationale Vorwahlen:
Frankreich 00 33
Deutschland 00 49
Österreich 00 43
Schweiz 00 41

Die französischen Telefonnummern sind zehnstellig und beginnen mit 0. Bei Gesprächen vom Ausland nach Frankreich lässt man diese 0 weg.

Öffentliche Fernsprecher funktionieren meist mit **Telefonkarten** (*Télécartes*), die in Postämtern und in autorisierten Tabakläden erhältlich sind. Die Benutzung handelsüblicher **Mobiltelefone** ist in ganz Frankreich möglich. Man sollte sich jedoch vor Reiseantritt über das günstigste Netz vor Ort informieren und das eigene Mobiltelefon entsprechend programmieren.

◼ Behinderte

Die Zahl der Hotels, die für Körperbehinderte zugänglich sind (Rollstuhl-Symbol), wächst. Darüberhinaus findet sich an Ho-

Ein vielseitiges Angebot charakterisiert auch diesen Souvenirladen in Tournus

tels, Campingplätzen, Museen und anderen Einrichtungen immer häufiger das blaue, staatlich vergebene Quadrat **Tourisme Handicap**, das mit Symbolen den Zugang für Mentalbehinderte, Seh-oder Hörbehinderte anzeigt. Informationen sind u.a. bei den jeweiligen Offices de Tourisme zu erhalten.

◼ Einkaufen

Öffnungszeiten: in der Regel Di–Sa 9–13 und 14–19 Uhr, große Kaufhäuser und Einkaufszentren Mo–Sa 10–21 oft bis 22 Uhr. Kleine Lebensmittelläden – wie viele Bäckereien – haben auch So vormittags geöffnet.

Märkte

Die Wochenmärkte sind immer eine Augenweide und mit ihrem Angebot voll ländlicher Frische besonders zu empfehlen, wenn man im Ferienhaus kocht. Die jeweiligen Markttage erfährt man in den Fremdenverkehrsämtern.

Souvenirs

Wer gerne in *Antiquitäten* kramt, findet edle und auch altertümlich chaotische Läden in den größeren Orten. Bäuerliche *Korbwaren* (Schulterkörbe zur Weinlese), Gebrauchsgegenstände rund um den *Wein* (Flaschenöffner, Gläser, Flaschenhalter) erinnern an genussreiche Mahlzeiten. Wer *Keramik* oder *Steingut* liebt, entdeckt charakteristische Krüge, Becher und Teller in allen Landesteilen, verschieden in Struktur und Dekor. Künstlerisch hochwertig sind die bemalten *Fayencen* von Nevers, hergestellt in traditionellen Familienbetrieben.

Diese als Aushängeschilder präsentierten Flaschen sind leer, die vollen liegen im Keller, wo das Klima bekömmlicher ist

Burgundische Speisekarte

Die appetitanregende Speisefolge eines **Menu de terroir** mit burgundischen Spezialitäten kann folgende Auswahl an Köstlichkeiten bieten:

Les Entrées, die Vorspeisen: Jambon Persillé (gekochter Schinken in Petersiliensülze). Œufs en Meurette (verlorene Eier in Rotweinsauce). Escargots (Weinbergschnecken). Mit dem Zusatz ›de Bourgogne‹ kommen sie tatsächlich aus Burgund, ›à la Bourguignonne‹ bedeutet, dass sie importiert sind). Gougères (salzige Windbeutelkrapfen mit Käse).

Les Viandes, die Fleischgerichte: Vorzüglicher Fleischlieferant ist das weiße Charolais-Rind. Bœuf bourguignon (geschmortes zartes Rindfleisch, mit Marc de Bourgogne gewürzt). Côte de Bœuf (Rinderlende). Rumpsteak (à point oder medium = halb durchgebraten; bien cuit = gut durchgebraten). Pot au feu (Rindfleisch-Gemüse-Eintopf).

Les Volailles, das Geflügel: Die Bresse [Nr. 9] im östlichen Teil von Burgund ist für ihr vorzügliches Geflügel bekannt. Auf den Märkten erstaunt die Vielzahl von frischen Geflügelarten. Coq au vin (Hähnchen in Weinsauce). Poulet à la crème (Huhn in einer Sauce aus Weißwein und Crème fraîche).

Les Poissons, der Fisch: Aus den Flüssen und Seen kommt herrlicher Süßwasserfisch von Aal bis Zander in vielen köstlichen Zubereitungsarten. La Pôchouse, (Flussfischragout) gehört in Chalon-sur-Saône, aber nicht nur dort, zu den besonderen kulinarischen Spezialitäten.

Les Fromages, der Käse: Das Angebot aus Kuh- und aus Ziegenmilch, ist duftend und verlockend. Entdecken Sie die örtlichen Spezialitäten, den Epoisses zum Beispiel, der nur in diesem Ort hergestellt wird, oder den Cîteaux, den die Mönche bereiten.

Les Desserts, die süßen Sachen: Lebkuchen aus Dijon, Kirschkuchen aus Paray-le-Monial, Nougatinen aus Nevers, ganz schwarze Schokolade aus La Clayette, Honig aus dem Morvan und bis hin zur Mousse, eine lange, verführerische Liste.

Les Vins, die Weine: Die hochberühmten und besten Burgunderweine wachsen an der Côte de Beaune (elegante Rotweine aus der Pinot-noir-Traube, große Weißweine) und an der Côte de Nuits (vollmundige Rotweine). Die Weine der Hautes-Côtes sind besonders gut und kräftig. Südlich schließt die Region Chalon mit delikaten Rot- und Weißweinen an, sowie das Mâconnais mit aromatischen Weißweinen und einigen kräftigen Rotweinen. Östlich von Auxerre [Nr. 31] dehnen sich die Rebhänge von Chablis übers hügelige Land. Von dort stammen berühmte trockene Weißweine aus der Chardonnay-Traube. Frische Rot- und Weißweine verkostet man an den Côteaux de l'Auxerrois (südlich von Auxerre). Kenner schätzen die Weine des Loire-Ufers nördlich von Nevers, insbesondere der Pouilly-Fumé ist seines Aromas wegen beliebt.

Zu den burgundischen Genüssen gehören geräucherter Schinken und Käse

Lebensmittel

Verlockendes, das gut zum Urlaubsnachklang passt: Wild- oder Entenpasteten in Gläsern und *Dijoner Senf* in Dutzenden von Geschmacksrichtungen. Bei Maille, 32, rue de la Liberté, Dijon, findet man alle Senfvariationen sowie einen Querschnitt durch das Angebot an burgundischer Keramik in Form von Senftöpfen. *Lebkuchen* aus Dijon bieten Geschäfte in der Rue Liberté und deren Nebenstraßen, *Konfekt* kommt insbesondere aus Nevers und La Clayette, *Anispastillen* in nostalgischen Dosen aus Flavigny, *Honig* aus dem Morvan, ebenso hausgemachte *Konfitüren* und Säfte.

Wein

Dégustation liest man an vielen Toren, wenn man durch die Dörfer mit den berühmten Lagennamen fährt. Wo beginnen, wie eine kluge Weinauswahl treffen, was ist der Mindestpreis pro Flasche?

Diese und viele Fragen mehr beantwortet der Prospekt ›De Vignes en Caves‹ (auch auf Deutsch: *Von der Kelter in den Keller*, erhältlich beim Comité Régional du Tourisme de Bourgogne (s. S. 127) oder beim Bureau Interprofessionnel des Vins de Bourgogne (s. u.), mit 150 Adressen von Winzern in allen burgundischen Weingebieten, die sie mit der ›Charta für freundlichen Empfang‹ auf Gäste eingestellt haben. Hinzu kommen Infos über Öffnungszeiten, Mindestpreise und Gebühren – häufig ist die Weinprobe kostenlos.

Die Preise für die **Premiers crus**, erst recht für die **Grands crus**, die besten auserlesenen Lagen, sind hoch, fast ohne Obergrenze. Nicht gar so berühmte, gleichwohl schmackhafte Weine lassen sich schon für etwa 5–10 € pro Flasche erstehen. Große Auswahl an Weinen der jeweiligen Region bieten die **Maisons du vin** in Marey-les-Fussey (Hautes-Côtes), Chalon-sur-Saône, Mâcon und der Marché aux vins in Beaune.

Die Offices de Tourisme in Dijon und Beaune organisieren *Busfahrten* zu Weinproben. *Weinseminare* von zwei Stunden bis zu einer Woche veranstaltet z. B.

L'École des Vins de Bourgogne, 6, rue du 16ème Chasseurs, 21200 Beaune, Tel. 03 80 26 35 10, Fax 03 80 26 35 11, www.ecoledesvins-bourgogne.com

▮ Essen und Trinken

Nirgendwo sonst in Frankreich gibt es eine solche Dichte und Vielfalt von **Feinschmeckerrestaurants** wie in Burgund. Die Konkurrenz hebt auch das allgemeine Niveau. Fast jeder Wirt hält darauf, beste Qualität, besonders was die Frische von Fleisch, Fisch und Gemüse anbelangt, auf den Tisch zu bringen.

Angeboten werden drei- bis fünfgängige Menüs, deren billigstes etwa 15 € kostet (ohne Getränke). Beim **Menu Gourmet** ist man schnell beim Doppelten oder Dreifachen, aber für 25–30 € wird man in guten Häusern schon sehr angenehm verköstigt. *Grundsätzlich gilt:* Wer à la carte speist, zahlt für zwei Gänge meist mehr als für das preiswerteste Menü. Viele genießen eine üppige Speisenfolge nur einmal am Tag. Wenn man mittags schnell etwas Warmes möchte, geht man in eine Brasserie oder in ein Bistro-Café.

Anderswo gibt es die **Table d'hôte** kaum mehr, aber von den burgundischen Wirten der *Chambres d'Hôtes* wird sie häufig angeboten: Man isst das jeweilige Menü des Hauses mit den anderen Gästen zusammen an langer Tafel. Reichlich und gut essen kann man auch in den **Fermesauberges**: rustikale Speisen und auch Weine aus eigenem Anbau. Adressen dieser Bauernhof-Lokale, die oft nur am Wochenende öffnen, gibt es bei den Fremdenverkehrsämtern.

Ob Ferme-auberge oder Drei-Sterne-Restaurant: **Reservierung** empfohlen! Als **Trinkgeld** wird in der Regel etwa 10 % des Rechnungsbetrages gegeben, auch wenn auf der Karte bereits *Service compris* (Service inkl.) ausgewiesen ist.

▮ Feste und Feiern

Feiertage

1. Januar (Neujahr/*Nouvel an*), Ostermontag (*Lundi de Paques*), 1. Mai (Tag der Arbeit/*Fête du Travail*), 8. Mai (Ende des Zweiten Weltkriegs/*Armistice 1945*), Christi Himmelfahrt (*Ascension*), Pfingstmontag (*Lundi de la Pentecôte*) 14. Juli (Nationalfeiertag/*Fête National*), 15. August (Mariä Himmelfahrt/*Assomption*), 1. November (Allerheiligen/*Toussaint*), 11. November (Ende des Ersten Weltkriegs/*Armistice 1918*), 25. Dezember (Weihnachten/*Noël*).

Feste

Im Folgenden eine Übersicht der wichtigsten volkstümlichen und religiösen Feste und Veranstaltungen in Burgund:

Januar

St-Vincent-Tournante (am Samstag nach dem 22. Januar): Großes Fest im Namen des Schutzpatrons der Winzer, jedes Jahr in einem anderen trinkfreudigen Weinort.

Februar/März

Chalon-sur-Saône, Auxonne etc.: *Carnaval*. Straßenkarneval zu Fastnacht.

März

Dijon, Beaune: *Les Grands Jours de Bourgogne*. Weinpräsentation (für Professionelle) mit Verkauf.

Mai

Mâcon: *Foire des Vins de France*. Große französische Weinmesse.

Saulieu: *Journées Gourmandes*. Messe für Feinschmecker, Morvan-Spezialitäten.

Chalon-sur-Saône (Pfingsten): *Montgolfiades*. Heißluftballonfest.

Semur-en-Auxois (Ende Mai): *Fêtes médiévales*. Kostümfestzüge, Ringstechen der Reiter.

Paray-le-Monial (Ende Mai): *Sacré-Cœur*. Wallfahrt.

Juni

Mont-St-Vincent (am Wochenende um den 24. Juni): *Johannisfeuer.*

St-Jean-de-Losne: *Grand Pardon des Mariniers*. Segnung der Flussschiffe mit Jahrmarkt.

Juli

Burgund (14. Juli): *Fête National*. Nationalfeiertag mit Paraden und Feuerwerk.

Chalon-sur-Saône (2. Julihälfte): *Festival National des Artistes de Rue*. Festival der Artisten und Straßenkünstler.

Magny-Cours bei Nevers: *Großer Preis von Frankreich* der Formel-1.

Vézelay (22. Juli): *Pélerinage de Madeleine*. Wallfahrt.

Château de Saint-Fargeau: *Spectacle historique*. Historisches Schauspiel.

August

Burgund (15. Aug.): *Assomption*. Mariä Himmelfahrt mit Feuerwerk und Umzügen.

La Charité-sur-Loire: *Bluesfestival* und *Fest des Buches*.

Saulieu: *Fête du Charolais*. Jahr- und Viehmarkt.

August/September

Dijon: *Folkloriades Internationales et Fêtes de la Vigne*. Folklore und Volkstanz.

Oktober

Route des Grands Crus: *Marathonlauf* (Joigny, Nuits-Saint-Georges, Poilly-sur-Loire).

November

Beaune, Meursault, Nuits-St-Georges: *Les Trois Glorieuses*. Großes Weinfest, in Nuits-St-Georges mit Kapitelsitzung der *Chevaliers du Tastevin*, in Beaune mit der traditionellen Versteigerung der Hospiz-Weine und in Meursault mit dem Festbankett *La Paulée*.

Klima und Reisezeit

Im frischen Maigrün und in Herbstfarben ist Burgund am schönsten zu erleben! Das *Frühjahr* ist mild, allerdings ist Burgund atlantischen Störungen und Mittelmeertiefs ausgesetzt, die noch im Mai kühlen Regen bringen können. *Juli* und *August*, die Ferienmonate der Franzosen, können recht heiß werden. Der *Herbst* ist die regenarme Zeit, bei rascher Abkühlung im Oktober. Die *Winter* sind mild, schneearm und feucht.

Klimadaten Dijon

Monat	Luft (°C) min./max.	Sonnenstd./Tag	Regentage
Januar	-1/ 4	2	11
Februar	0/ 7	3	9
März	2/11	5	11
April	5/15	6	10
Mai	9/19	7	12
Juni	12/22	8	9
Juli	14/25	9	7
August	14/24	7	8
September	11/21	7	8
Oktober	7/15	4	9
November	2/ 9	2	11
Dezember	0/ 5	2	11

Kultur live

Theater wird vor allem in größeren Orten gespielt. Viele attraktive Konzerte, klassische Musik, Volksmusik, Jazz, werden auch in kleineren Ortschaften veranstaltet. Informationen über das aktuelle Programm erteilen die Office de Tourisme.

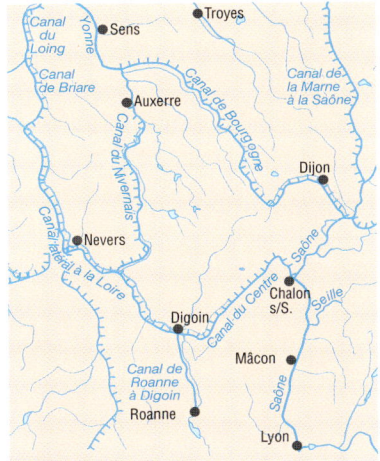

Urlaub auf Burgunds Kanälen

Fast 1200 km lang sind Burgunds Wasserstraßen – ein Netz von acht Kanälen und mehreren schiffbaren Flüssen, das allsommerlich Hunderte von Freizeitkapitänen befahren [s. S. 135]. An den eingezeichneten Orten stehen die wichtigsten Dienstleistungen zur Verfügung wie Treibstoff- und Lebensmittelverkauf oder die Möglichkeit, das Boot zu Wasser zu lassen. Die meisten Schleusen sind nach dem Freycinet-Maß ausgelegt (38,50 m x 5,20 m), nur im Canal du Nivernais sind sie zwischen Cercy-la-Tour und Sardy kleiner.

Nachtleben

Das Nachtleben sollte nicht vorrangiger Grund für eine Reise nach Burgund sein. Nachtschwärmer finden Bars und Discos vor allem in größeren Städten, wie z. B. in Dijon, und in manchen Ferienorten. Die Eintrittspreise für Nachtklubs sind allerdings recht hoch.

Sport

Für sportlichen Urlaub ist Burgund eine gute Wahl. Ganz oben stehen Wandern und Radfahren, aber auch für Felskletterer, sogar Heißluftballonfahrer gibt es Angebote. Viele ländliche Hotels bieten Tennisplätze, die Golfplätze sind zahlreich. Adressen und Faltblätter sind bei den Offices de Tourisme erhältlich. Rund-um-Auskunft enthält die Broschüre ›Bourgogne-Loisirs-Nature‹ vom Comité Regional du Tourisme de Bourgogne [s. S. 127].

Radfahren

Burgund ist sehr fahrradfreundlich: Leihräder sind in vielen Orten zu haben, auch auf Campingplätzen. Radfahrer können in der Landschaft zwischen Loire, Yonne und Saone entweder kräftezehrende Berg-und Taltouren oder Genussfahrten entlang der Kanäle machen. Es gibt Strecken für Tourenräder und/oder Mountainbikes (VTT – vélo tout terrain). Allein die **Tour de Bourgogne à vélo** wird demnächst 800 km umfassen, größtenteils auf ehem. Treidelpfaden des Canal de Bourgogne, des Canal latèral de la Loire und des Canal du Nivernais, sowie auf stillgelegten Bahnstrecken und ruhigen Landstraßen. Die Offices de Tourisme der Départements, z. B. in Auxerre [Nr. 29], vermitteln auch Veranstalteradressen für Radtouren mit Gepäckbeförderung und vorausgebuchten Quartieren.

Reiten und Wandern

Für Auskünfte speziell zum Wandern, auch zu Pferde, zu organisierten Touren sowie zu den verschiedenen Rundwanderwegen wende man sich an die *Maison du Parc Naturel Régional du Morvan* [s. S. 122], Tel. 03 86 78 79 57, www.parcdu morvan.org. Weitere Adressen und Angebote sind über die Offices de Tourisme oder im Internet unter dem Stichwort ›randonner Bourgogne‹ zu finden.

Unvergessliches Urlaubslebnis – im bunten Ballon auf Reisen bei Beaune

Fitte Ferien auf dem Fahrrad – auf Tour bei Ozenay an der Côte d'Or

Wassersport

Angler finden gute Möglichkeiten an den Morvan-Seen, aber auch an Flüssen und Kanälen. In den Morvan-Seen ist *Baden* fast überall erlaubt, und wer lieber an einem Waldrand als in einer Badeanstalt ins Wasser geht, ist hier in seinem Element. Möglich sind auch *Segeln* und *Windsurfen* (auch auf der Saône und der Yonne) oder Wasserski, sowie originellere Wassersportarten wie *Rafting*, Wildwasserfahrten in Schlauchbooten, und *Tubing* auf einer großen Boje. Die *Fédération Française de Canoe-Kayak* bietet Ausbildung, Tages- und Langstreckenfahrten an. *Kanusport* auf der Loire ist eher geruhsam, im Sommer werden aber öfters die Wasserläufe des Morvan gestaut und dann die Wehre geöffnet: Wildwasser wie auf Bestellung, speziell für *Kajakfahrer*.
Die **ADAC Sportschifffahrt** – der größte Wassersportverein in Europa – bietet Mitgliedern umfassende wassertouristische Leistungen. Adressen und Informationen z.B. über Bootsscheine, Charterfirmen, Liegeplätze, Kanalgebühren unter Tel. 089/767 60, Fax 089/760 75 72 26 13, www.adac.de/sportschifffahrt.

Statistik

Lage: Zwischen Loire, Seine und Saônebecken gelegen ist Burgund seit je ein wichtiges Durchgangsland mit historischen Verkehrswegen. Im Süden reicht Hochburgund vom Jura im Osten bis zum Morvan im Westen. Nach Norden erstreckt sich Niederburgund bis zum Pariser Becken, dessen Schichtstufen im Osten mit den Hängen der Côte d'Or, den Monts du Charolais und den Monts du Mâconnais Frankreichs edelste Weine hervorbringen.

Fläche und Bevölkerung: Mit 31 592 km² ist Burgund annähernd so groß wie das deutsche Bundesland Baden-Württemberg, aber mit 1,6 Mio. Einwohnern viel dünner besiedelt (B.-W.: über 10,7 Mio.).

Verwaltung: Als politische Einheit existiert Burgund erst wieder seit 1972. Damals wurden die vier Départements Côte d'Or, Saône-et-Loire, Nièvre und Yonne zur Région Bourgogne zusammengeführt, mit der **Hauptstadt Dijon**.

Wirtschaft: Jeder kennt Burgund als gelobtes Land des Weins, man weiß vom Bresse-Geflügel und von Charolais-Rindern. Landwirtschaft prägt auch heute gemeinsam mit der Forstwirtschaft – ein Drittel der Region ist bewaldet – das Bild Burgunds. Um den Gebirgsstock des Morvan dehnen sich vor allem im Norden und Westen riesige Getreidefelder. Als Wirtschaftsfaktor steht die Landwirtschaft jedoch weit hinter der hochspezialisierten Industrie und dem dominierenden Dienstleistungssektor zurück. In den 80er-Jahren des 20. Jh. ging die Ära der burgundischen Schwerindustrie um Le Creusot zu Ende. Die Umstellung auf High-Tech-Produktion verlief zwar erfolgreich, konnte aber steigende Arbeitslosigkeit nicht verhindern. Um so wichtiger ist heute der Tourismus, auch wenn die direkten Einnahmen nur etwa 10 % des Bruttosozialprodukts ausmachen.

Unterkunft

Camping

Campingplätze mit gutem Komfort sind zahlreich. Im Juli/August empfiehlt sich Reservierung. Adressen geprüfter Plätze nennt der jährlich erscheinende **ADAC-Camping-Caravaning-Führer, Band 1 Südeuropa**, der auch als CD-ROM im Buchhandel oder bei den ADAC-Geschäftsstellen erhältlich ist. Wildes Camping ist verboten, Camping auf Privatgrund nach Vereinbarung gestattet.

Chambres d'Hôtes

Chambres d'Hôtes sind private Gästezimmer auf Bauernhöfen, Burgen oder Schlössern, zumeist liegen sie in schönster Landschaft, seltener in der Stadt. Es gibt sie in *vier Güteklassen*, die oberste kann sogar luxuriös sein. Frühstück ist häufig im Preis inbegriffen, oft wird den Hausgästen angeboten, abends an der

Table d'hôte gut und preisgünstig zu essen und dazu Wein aus eigenem Anbau zu genießen. Sehr informativ ist hierzu der Katalog ›Chambres d`Hôtes Bourgogne‹, der alljährlich vom Comité Régional du Tourisme de Bourgogne [s. S. 127] herausgegeben wird. Da maximal sechs Zimmer angeboten werden, sollte man stets recht früh reservieren (Tel. 03 80 45 97 15, Fax 03 80 45 97 16, www.gites-de-france-bourgogne.com).

Ferienhäuser, Jugendherbergen etc.

Gîtes ruraux sind Ferienhäuser auf dem Lande, die meist nur für volle Wochen vermietet werden. *Gîtes d'étape* sind Unterkünfte für Wanderer, oft Mehrbettquartiere ähnlich einer Jugendherberge.

Außer den Feriendörfern, *Villages de vacances*, vor allem für Familien, gibt es *Jugendherbergen* mehrerer Organisationen. Die örtlichen *Offices de Tourisme* als auch die der *Départements* bieten Auskünfte und Verzeichnisse [s. Praktische Hinweise und S. 128]. Zu den Jugendherbergen erhält man Informationen beim *Deutschen Jugendherbergswerk*, Bismarckstr. 8, 32756 Detmold, Tel. 0 52 31/7 40 10, Fax 0 52 31/74 01 74, www.djh.de, und bei der *Fédération Unie des Auberges Jeunesse*, 6, rue Mesnil, 76116 Paris, Tel. 01/2 61 84 03, www.fuaj.org.

Hotels

Die Sterne vor den Hotelnamen in den **Praktischen Hinweisen** entsprechen Preiskategorien für ein Doppelzimmer (in der Regel ohne Frühstück):

**** über 150 €, bei besonderem Luxus deutlich höher
*** 100–150 €
** 70–100 €
* bis 70 €

Einzelzimmer werden kaum angeboten, eine Person zahlt für das Zimmer mit großem Bett so viel wie zwei. Sowohl die örtlichen *Offices de Tourisme* [s. Praktische Hinweise] als auch die der *Départements* geben Hotelverzeichnisse mit aktuellen Preisen heraus, z. B. ›Bourgogne Hôtels‹ des *Comité Régional du Tourisme de Bourgogne* [s. S. 127]. Preisgünstige Hotels mit verlässlichem Standard sind z. B. die **Logis de France** genannten Häuser, auf der teuren Seite findet man u. a. die Hotels der exklusiven Weltmarke **Relais et Châteaux**. Viele Häuser schließen im Winter zumindest zeitweise.

Hotelschiffe

Luxuskreuzfahrten durch Burgund bieten Hotelschiffe an, für etwa 1000–2000 € pro Person und Woche inkl. Vollpension, Wein und Exkursionen, Auskunft gibt das *Comité Régional du Tourisme de Bourgogne* [s. S. 127].

Verkehrsmittel im Land

Bahn

Innerhalb Burgunds verbinden Bahnlinien alle größeren Städte. Die Züge *Rapides* und *Directs* entsprechen etwa unseren IC/EC- bzw. Interregiozügen, *Autorails* den Nahverkehrszügen. Detaillierte Informationen erteilt SNCF im Internet unter www.voyages-sncf.com. Für Fans gibt es auch touristische Klein- und Museumsbahnen.

Bus

Das Linienbusnetz ist weitmaschig und kaum flächendeckend, auf dem Land fahren die Busse oft nur zweimal täglich. Die öffentlichen Verkehrsmittel sind daher für Besichtigungstouren nicht geeignet. Die örtlichen *Offices de Tourisme* vermitteln aber organisierte Busreisen.

Hausboot

Ferien auf den Kanälen [s. S. 133] sind so beliebt, dass die Boote, eingerichtet wie Wohnwagen, oft schon weit im Voraus ausgebucht sind. Die meisten darf man ohne Bootsführerschein lenken, bei beschaulichem Tempo und je nach Schleusenzahl bringt man es in einer Woche im Durchschnitt auf 150 km. Manche Kanäle (Canal du Nivernais, Canal de Bourgogne) haben kaum noch kommerziellen Verkehr, aber viele Schleusen und verträumte Ufer. Von Mitte November bis Mitte März werden die Kanäle in der Regel geschlossen. Alles Wissenswerte sowie einen Vermittlungs-Coupon enthält das Heft ›Auf Wasserstraßen durch Burgund‹ des *Comité Régional du Tourisme de Bourgogne* [s. S. 127].

Mietwagen

Die gängigen Autovermieter sind in allen größeren Orten zu finden. Die **ADAC Autovermietung GmbH** bietet Mitgliedern günstige Konditionen. Buchungen in den ADAC Geschäftsstellen oder unter Tel. 018 05/31 81 81 (0,14 €/Min.).

Sprachführer

Französisch für die Reise

■ Das Wichtigste in Kürze

Ja/Nein	Oui/Non
Bitte/Danke	S'il vous plaît/Merci
In Ordnung./ Einverstanden.	Très bien./ D'accord.
Entschuldigung!	Pardon!/Excuse(z)-moi!
Wie bitte?	Comment?/Vous dites?
Ich verstehe Sie nicht.	Je ne vous comprends pas.
Ich spreche nur wenig Französisch.	Je ne parle que peu le français.
Können Sie mir bitte helfen?	Pourriez-vous m'aider, s'il vous plaît?
Das gefällt mir (nicht).	Cela (ne) me plaît (pas).
Ich möchte ...	Je voudrais ...
Haben Sie ...?	Avez-vous ...?
Gibt es ...?	Y a-t-il ...?
Wie viel kostet das?	Cela coûte combien?
Kann ich mit Kreditkarte bezahlen?	Puis-je régler avec une carte de crédit?
Wie viel Uhr ist es?	Quelle heure est-il?
Guten Morgen!/ Guten Tag!	Bonjour!
Guten Abend!	Bonsoir!
Gute Nacht!	Bonne nuit!
Hallo!/Tschüs!	Salut!
Mein Name ist ...	Je m'appelle ...
Wie ist Ihr Name, bitte?	Quel est votre nom, s'il vous plaît?
Wie geht es Ihnen?	Comment allez-vous?
Auf Wiedersehen!	Au revoir!
Bis bald!	A bientôt!
Bis morgen!	A demain!
gestern/heute/ morgen	hier/aujourd'hui/ demain
am Vormittag/ am Nachmittag	le matin/ l'après-midi
am Abend/ in der Nacht	le soir/ la nuit
um 1 Uhr/ 2 Uhr ...	à une heure/ à deux heures ...
um Viertel vor/ nach ...	à ... moins le quart/ et quart
um ... Uhr 30	à ... heure(s) trente
Minute(n)/Stunde(n)	minute(s)/heure(s)
Tag(e)/Woche(n)	jour(s)/semaine(s)
Monat(e)/Jahr(e)	mois/an(s)/année(s)

■ Wochentage

Montag	lundi
Dienstag	mardi
Mittwoch	mercredi
Donnerstag	jeudi
Freitag	vendredi
Samstag	samedi
Sonntag	dimanche

■ Monate

Januar	janvier
Februar	février
März	mars
April	avril
Mai	mai
Juni	juin
Juli	juillet
August	août
September	septembre
Oktober	octobre
November	novembre
Dezember	décembre

■ Zahlen

0	zéro	19	dix-neuf
1	un	20	vingt
2	deux	21	vingt-et-un
3	trois	22	vingt-deux
4	quatre	30	trente
5	cinq	40	quarante
6	six	50	cinquante
7	sept	60	soixante
8	huit	70	soixante-dix
9	neuf	80	quatre-vingt
10	dix	90	quatre-vingt-dix
11	onze	100	cent
12	douze	200	deux cents
13	treize	1000	mille
14	quatorze	2000	deux mille
15	quinze	10 000	dix mille
16	seize	100 000	un million
17	dix-sept	½	un demi
18	six-huit	¼	un quart

■ Maße

Kilometer	kilomètre
Meter	mètre
Zentimeter	centimètre
Kilogramm	kilogramme
Pfund	livre
Gramm	gramme
Liter	litre

Unterwegs

Nord/Süd/West/Ost	nord/sud/ouest/est
oben/unten	en haut/dessous
geöffnet/geschlossen	ouvert/fermé
geradeaus/links/	tout droit/gauche/
rechts/zurück	droite/ en arrière
nah/weit	proche/loin
Wie weit ist das?	A quelle distance
	d'ici se trouve-t-il?
Wo sind die Toiletten?	Où sont les toilettes?
Wo ist die (der)	Où se trouve ...
nächste ...	
Telefonzelle/	la cabine
	téléphonique/
Bank/	la banque/
Post/	le bureau de poste/
Polizei/	le poste de police/
Geldautomat?	le distributeur
	de billets
	la/le plus proche?
Wo ist ...	Où se trouve ...
der Bahnhof/	la gare/
die U-Bahn/	le métro/
der Flughafen?	l'aéroport?
Wo finde ich ...	Où se trouve ...
eine Bäckerei/	une boulangerie/
ein Fotogeschäft/	un magasin
	photographiques/
ein Kaufhaus/	un grand magasin/
ein Lebensmittel-	une épicerie/
geschäft/	
einen Markt?	un marché?

Ist das der Weg/	Est-ce que c'est le
die Straße nach ...?	chemin/ la route/
	la rue pour ...?
Gibt es einen	Y a-t-il un
anderen Weg?	autre chemin?
Ich möchte mit dem	Je voudrais prendre
Zug/Schiff/	le train/le bateau/
Fähre/Flugzeug	le ferry-boat/l'avion
nach ... fahren.	pour ...
Ist der Preis für	Est-ce que c'est le
Hin- und Rückfahrt?	prix aller-retour?
Wie lange gilt	Pour combien de
temps	
das Ticket?	le ticket sera valide?
Wo ist das Fremden-	Où se trouve
verkehrsamt/	l'Office de Tourisme/
Reisebüro?	l'agence de voyages?
Ich benötige eine	J'ai besoin
Hotelunterkunft.	d'un hôtel.
Wo kann ich mein	Où puis-je laisser
Gepäck lassen?	mes bagages?
Ich habe meinen	J'ai perdu ma valise.
Koffer verloren.	
Ich möchte eine	Je voudrais déposer
Anzeige erstatten.	une plainte.
Man hat mir ...	On m'a volé ...
Geld/	de l'argent/
meine Tasche /	mon sac/
meine Papiere/	mes papiers/
die Schlüssel/	les clés/
meinen Fotoapparat/	mon appareil photo/
meinen Koffer/	ma valise/
mein Fahrrad	ma bicyclette.
gestohlen.	

Hinweise zur Aussprache

ai	wie ›ä‹, Bsp.: l**ai**t
au	wie ›o‹, Bsp.: **au**to, g**au**che
eu	wie ›ö‹, Bsp.: p**eu**, d**eu**x
ou	wie ›u‹, Bsp.: r**ou**ge
ue	wie ›ü‹, Bsp.: r**ue**, aven**ue**
c	vor ›e‹ und ›i‹ wie ›s‹, Bsp.: **c**e, **c**ide
c	vor ›a‹ und ›o‹ wie ›k‹, Bsp.: **c**abinet, **c**ompagnie
ch	wie ›sch‹ Bsp.: **ch**ips
h	am Wortanfang ist immer stumm, Bsp.: **h**ommage
g	vor ›e‹ und ›i‹ wie ›dsch‹, Bsp.: **g**entille, **g**ilet
gn	wie ›nj‹, Bsp.: co**gn**ac, a**gn**eau
p, s, t	sind am Wortende meist stumm, Bsp.: tro**p**, trè**s**, mo**t**
-tion	bei dieser Silbe ›t‹ wie ›s‹, Bsp.: na**tion**
q, qu	wie ›k‹, Bsp.: co**q**, **qu**i
v	wie ›w‹, Bsp.: **v**ie
z	wie ›s‹, Bsp.: **z**éro

Freizeit

Ich möchte ein ...	Je voudrais louer ...
Fahrrad/	une bicyclette/
Motorrad/	une moto/
Surfbrett/	une planche à voile/
Mountainbike/ Boot/	un v.t.t./un bateau/
Pferd mieten.	un cheval.
Gibt es ein(en)	Y a-t-il ...
Freizeitpark/	un parc
	d'attractions/
Freibad/	une piscine/
Golfplatz/	un terrain de golf/
Strand in der Nähe?	la plage près d'ici?
Wann hat ...	Quelles sont les
geöffnet?	horaires
	d'ouverture ...?

Bank, Post, Telefon

Brauchen Sie	Avez-vous besoin de
meinen Ausweis?	ma carte d'identité?
Wo soll ich	Où dois-je
unterschreiben?	signer?

Ich möchte eine Telefonverbindung nach ...
Je voudrais une communication avec ...

Wie lautet die Vorwahl für ...?
Quel est le préfixe pour ...?

Wo gibt es ...
Münzen für den Fernsprecher/
Telefonkarten/
Briefmarken?
Où peut-on trouver ... des jetons/
des cartes téléphoniques/
des timbres?

🟨 Tankstelle

Wo ist die nächste Tankstelle?
Où est-ce que se trouve la station d'essence la plus proche?

Ich möchte ... Liter ...
Super/
Diesel
bleifrei/
mit ... Oktan.
Je voudrais ... litres ... de super/
de gasoil
sans plomb
à ... octane.

Volltanken, bitte.
Faites le plein, s'il vous plaît.

Prüfen Sie bitte ...
Vérifiez s'il vous plaît, ...

den Reifendruck/
la pression de gonflage/

den Ölstand/
le niveau d'huile/

den Wasserstand/
le niveau d'eau/

das Wasser für die Scheibenwischanlage/
l'eau pour le système essuieglaces/

die Batterie.
la batterie.

Würden Sie bitte ...
Pourriez-vous s'il vous plaît ...

den Ölwechsel vornehmen/
faire la vidange d'huile/

den Radwechsel vornehmen/
effectuer le changement de roue(s)/

die Sicherung austauschen/
échanger le fusible/

die Zündkerzen erneuern/
échanger les bougies/

die Zündung nachstellen?
régler l'allumage?

🟨 Panne

Ich habe eine Panne.
Je suis en panne.

Der Motor startet nicht.
Le moteur ne démarre pas.

Ich habe die Schlüssel im Wagen gelassen.
J'ai laissé les clés dans la voiture.

Ich habe kein Benzin/Diesel.
Je n'ai plus d'essence/de diesel.

Gibt es hier in der Nähe eine Werkstatt?
Est-ce qu'il y a un garage près d'ici?

Können Sie mein Auto abschleppen?
Pourriez-vous remorquer ma voiture?

Können Sie mir einen Abschleppwagen schicken?
Est-ce que vous pouvez m'envoyer une dépanneuse?

Können Sie den Wagen reparieren?
Pouvez-vous réparer la voiture?

Wann wird er fertig sein?
Quand sera-t-elle prête?

🟨 Mietwagen

Ich möchte ein Auto mieten.
Je voudrais louer une voiture.

Was kostet die Miete ...
pro Tag/pro Woche/
Combien coûte la location ...
par jour/par semaine/

mit unbegrenzter km-Zahl/
avec kilométrage illimité/

mit Kaskoversicherung/
avec assurance tous risques/

mit Kaution?
avec la caution?

Wo kann ich den Wagen zurückgeben?
Où puis-je rendre le véhicule?

🟨 Unfall

Hilfe!
Au secours!

Achtung!/Vorsicht!
Attention!

Bitte rufen Sie schnell ...
einen Krankenwagen/
die Polizei/
die Feuerwehr.
S'il vous plaît, appelez vite ...
une ambulance/
la police/
les sapeurs-pompiers.

Es ist (nicht) meine Schuld.
C'est (ce n'est pas) de ma faute.

Geben Sie mir bitte Ihren Namen und Ihre Adresse.
Veuillez me donner votre nom et adresse, s'il vous plaît.

Ich brauche die Angaben zu Ihrer Autoversicherung.
J'aurais besoin des données de votre assurance automobile.

🟨 Krankheit

Können Sie mir einen guten Deutsch sprechenden Arzt/
Zahnarzt empfehlen?
Pourriez-vous me conseiller un bon médecin/
dentiste qui parle allemand?

Wann hat er Sprechstunde?
Quelles sont ses heures de consultation?

Wo ist die nächste Apotheke?
Où est-ce que se trouve la pharmacie la plus proche?

Ich brauche ein Mittel gegen ...
Durchfall/
J'aurais besoin d'un médicament contre ...
la diarrhée/

Fieber/	la fièvre/
Insektenstiche/	les piqûres d'insecte/
Verstopfung/	la constipation/
Zahnschmerzen.	le mal de dents.

eine Gabel/	une fourchette/
einen Löffel	une cuillère,
bringen?	s'il vous plaît?
Darf man hier rauchen?	Peut-on fumer ici?
Die Rechnung bitte!	L'addition, s'il vous plaît!

Im Hotel

Ich habe bei Ihnen ein Zimmer reserviert.	J'ai réservé une chambre chez vous.
Haben Sie ein ... Einzel-/	Auriez-vous ... une chambre à un lit/une
Doppelzimmer ...	chambre à deux lits
mit Dusche/	avec douche/
mit Bad/WC?	avec salle de bains/WC?
für eine Nacht/	pour une nuit/
für eine Woche?	pour une semaine/
mit Blick aufs Meer?	avec vue sur la mer?
Was kostet das Zimmer ...	Combien coûte la chambre ...
mit Frühstück/	avec petit-déjeuner/
mit Halbpension/	avec demi-pension/
mit Vollpension?	avec pension complète?
Wie lange gibt es Frühstück?	Jusqu'à quelle heure peut-on prendre le petit-déjeuner?
Ich möchte um ... Uhr geweckt werden.	Je voudrais qu'on me réveille à ... heure(s).
Ich reise heute Abend/ morgen früh ab.	Je pars ce soir/ demain matin.
Haben Sie ein Faxgerät/ Hotelsafe?	Avez-vous un fax/ un coffre-fort?

Im Restaurant

Wo gibt es ein gutes/günstiges Restaurant?	Pourriez-vous m'indiquer un bon restaurant/un restaurant pas trop cher?
Die Speisekarte/ Getränkekarte, bitte.	Je voudrais la carte/ la carte des boissons, s'il vous plaît.
Ich möchte das Tagesgericht/Menü (zu...)	Je voudrais le plat du jour/le menu (à ...).
Welches Gericht können Sie besonders empfehlen?	Quel plat pourriezvous recommander particulièrement?
Ich möchte nur eine Kleinigkeit essen.	Je voudrais manger qu'un petit quelque chose.
Haben Sie vegetarische Gerichte?	Avez-vous des plats végétariens?
Können Sie mir bitte ...	Pourriez-vous m'apporter ...
ein Messer/	un couteau/

Essen und Trinken

Apfel	pomme
Artischocke	artichaut
Austern	huîtres
Bier	bière
Brot/Brötchen	pain/petit pain
Butter	beurre
Ei	œuf
Eiscreme	glace
Erdbeeren	fraises
Essig	vinaigre
Fisch	poisson
Flasche	bouteille
Fleisch	viande
Fruchtsaft	jus de fruits
Gemüse	légume
Glas	verre
Hammelfleisch	mouton
Himbeeren	framboises
Hummer	homard
Joghurt	yaourt
Kaffee mit Milch	café au lait
Kaffee, schwarzer	café noir
Kalbfleisch	veau
Kartoffeln	pommes de terre
Käse	fromage
Krabben, Garnelen	crevettes
Kuchen	gâteau
Lammfleisch	agneau
Leber	foie
Leberpastete	pâté de foie
Meeresfrüchte	fruits de mer
Milch	lait
Mineralwasser (mit/ ohne Kohlensäure)	l'eau minérale (gazeuse/ non gazeuse)
Obst	fruits
Öl	huile
Pfeffer	poivre
Pfirsiche	pêches
Reis	riz
Rindfleisch	bœuf
Salz	sel
Schinken	jambon
Schweinefleisch	porc
Spinat	épinards
Suppe	soupe
Tomaten	tomates
Wein (Weiß/Rot/Rosé)	vin (blanc/rouge/rosé)
Zwiebeln	oignons

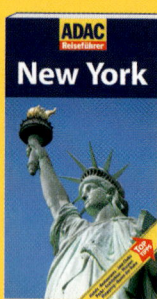
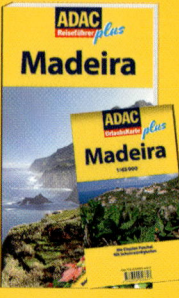

Register

Impressum

Lektorat und Bildredaktion: Gabriele Ebbecke
Aktualisierung: Renate Nöldeke, München
Karten: Mohrbach Kreative Kartographie, München
Herstellung: Martina Baur
Druck, Bindung: Stürtz GmbH, Würzburg

Printed in Germany

Ansprechpartner für den Anzeigenverkauf:
Kommunalverlag, München

ISBN 978-3-89905-618-1

Gedruckt auf chlorfrei gebleichtem Papier

Neu bearbeitete Auflage 2008
© ADAC Verlag GmbH, München
© des abgebildeten Werkes von Niki de Saint Phalle bei VG Bild-Kunst, Bonn 2008

Bildnachweis

Umschlag-Vorderseite: Weingut zwischen Burgunderreben an der Côte d'Or – Pernand-Vergelesses. Foto: Ifa Bilderteam, Ottobrunn (Jon Arnold Images)

Titelseite
Oben: Augenweide – Schmuckdächer des Hôtel-Dieu in Beaune (Wh. von S. 30)
Mitte: Wasserschlossromantik – Château de Tanlay (Wh. von S. 102)
Unten: Rebenmeer der Côte d'Or (Foto: Ifa Bilderteam, Ottobrunn/Charles)

Conservation Départementale des Musées, Nevers: 124 unten – Huber, Garmisch-Partenkirchen: 38 (Friedmar Damm) – C.R.T. Bourgogne, Dijon: 71 (Alain Doire) – Alain Doire, Couchey 132 – Friedrich Gier, Bonn: 23, 28, 29 unten, 31, 36/37, 69, 72 unten, 80, 81, 98, 102, 106/107 – laif, Köln: 15 unten (Biskup), 16/17, 114, 134 (Paul Hahn) – LOOK, München: 6/7 (3), 11 unten, 20, 21 (Christian Heeb), 22 (N.N.), 26, 29 oben, 32 (Christian Heeb), 37 unten (Karl Johaentges), 40 oben (Christian Heeb), 42 unten (N.N.), 45, 47, 48, 49 (2), 50, 53, 54, 55, 61 unten, 62, 66 unten, 70, 72 oben, 77, 82, 83, 84, 85, 87, 92, 95, 96 (2), 98/99, 104, 109, 111, 113 oben, 115, 116 unten (Christian Heeb), 116 oben (N.N.), 117, 121, 122, 125, 126 Mitte rechts, 130 unten (Christian Heeb) – Sabine Leutenegger-Nitzschke, Wil: 51 – Michael Neumann, Tutzing: 8/9 (3), 10, 52, 58 oben, 60, 66 oben, 73, 78, 90 Mitte, 113 unten, 118 (2), 124 oben, 126 unten – Arthur Thill Productions, München: 74 – Martin Thomas, Aachen: 11 oben, 19, 24, 27, 33, 34, 35, 42 oben, 43, 44, 57 (2), 58 unten, 59, 61 oben, 63 (2), 64, 79, 86 (2), 89, 90 oben und unten, 91, 94, 100, 101, 120, 126 Mitte links und oben, 129, 130, 133